nordest *nuova serie*, 209

In copertina: Disegno di Gigio Brunello.

ISBN 978-88-5520-235-0

via Ciro Ferrari 5, 37066 Sommacampagna, Verona
tel. 045 8581572
edizioni.cierrenet.it • edizioni@cierrenet.it

Piero Brunello

Dubbi sull'esistenza di Mestre

Esercizi di storia urbana

Postfazione di Matteo Melchiorre

CIERRE edizioni

Indice

RICERCHE

ARCHIVI DOMESTICI

DISCUSSIONI

OSSERVAZIONI

Introduzione

Dove le parole fanno più luce vedi meno lontano.
G. Celati, *L'esitazione del pensiero* (1985)

1. Alla metà degli anni Ottanta, periodo a cui risale il primo degli scritti su Mestre qui raccolti, girava un'espressione: «storia locale». Per secoli era stata praticata da parroci e notabili di paese, che l'avevano intesa come ricerca di radici identitarie e legittimazione dell'ordine sociale. In molti casi si continuava ancora così, eppure la formula assumeva un'aria nuova, progressista se non militante, complice il fatto di richiamare alla mente la microstoria allora in voga: e per la prima volta c'erano storiche donne. Inoltre la storia locale era vista come un modo con cui avvicinare gli studenti, fin dalle elementari, a una materia scolastica poco amata, e soprattutto far sperimentare loro le fasi della ricerca storica, seppure a diversi livelli di complessità.

All'interno c'erano gerarchie implicite. Storia di Mestre? Storia locale. Storia di Venezia? Storia generale. La praticavano molti che non erano storici di professione; chi insegnava all'università li definiva «storici scalzi», come se mancasse loro qualcosa per essere all'altezza delle regole di creanza. La definizione evocava quei «medici scalzi» che in Cina si dedicavano a curare i contadini che non avevano accesso ai servizi offerti dalle città, perciò l'espressione poteva essere assunta con orgoglio. Ma alla fine eravamo tutti storici, a prescindere dal mestiere che facevamo per vivere, e si dava per scontato che seguissimo tutti le regole della disciplina, e che gli uni leggessero gli scritti degli altri, anche i pensionati che facevano ricerche genealogiche o compilavano liste di parroci. Le persone colte comperavano libri di storia, e l'interesse per la storia non era veicolato né dall'università né dalla scuola ma dai movimenti nella società.

Non so dire quando la storia locale si è trasformata in un'altra cosa. Senz'altro vi ha contribuito, a partire grosso modo dal 2000, quella che in storiografia si chiama la svolta globale. Ma in Veneto una delle cause del mutamento è stata la politica della Regione. Dal 2003 infatti la Regione Veneto prese a finanziare «iniziative di ricerca, di promozione e di valorizzazione del patrimonio culturale su cui trova fondamento l'identità veneta», coinvolgendo Pro Loco, scuole di ogni grado, musei, fattorie didattiche, rievocazioni storiche e spettacoli in costume. L'utilizzo del discorso storico in vista di una «coesione delle comunità locali» era molto vivo nell'ambiente di chi produceva storia locale, quindi le istituzioni regionali non facevano che assecondare una spinta diciamo dal basso[1]: ma finanziando tali ricerche, la politica identitaria della Regione Veneto di fatto capovolgeva il significato che la nuova storia locale prometteva.

Nata per sovvertire gerarchie e modi di guardare, la storia locale diventa così «storia veneta», con il compito di confermare una cornice precostituita dall'alto, dai Paleoveneti a oggi, la Serenissima il clou. Dalla storia del Veneto si passa alla storia dei Veneti; una mobilitazione dall'alto appare partecipazione dal basso, in nome dei gruppi esclusi dalla storia. «O si è veneti, o non lo si è – scrivevo nel 2001 riferendomi alla politica della Regione –: i veneti sono più simili ai Paleoveneti che ai lavoratori stranieri immigrati»[2]. L'annuale Festa del Popolo Veneto, con i premi per i migliori progetti finanziati dalla Regione Veneto, mostra quanto la politica promossa da un assessorato che dal 2000 si chiama «alle politiche per la cultura e l'identità veneta», esprima una tonalità delle ricerche storiche sempre più trasversale agli schieramenti politici, volta alla conferma di un lessico identitario e di un quadro prefissato di

[1] Rinvio a L. Pes, *Pro o contro l'obbligo alla conoscenza delle storie locali nelle scuole?*, in «Protagonisti. Trimestrale di ricerca e informazione», n. 65, a. XVII (1996), pp. 44-5.

[2] P. Brunello, *Identità a Nord-Est*, in «A. Rivista anarchica», n. 273, giugno 2001, pp. 35-6, ripubblicato in *Identici a chi? Contro l'Assessorato alle politiche per la cultura e l'identità veneta*, a cura di P. Brunello e L. Pes, Quaderno n. 4 di «Osservatorio veneto», 2002, pp. 235-7; cfr. inoltre P. Brunello, *Rompere il cerimoniale*, in «A. Rivista anarchica», a. 32, n. 286, dicembre 2002-gennaio 2003.

periodizzazioni, gerarchie, rapporti tra ex Dominante e centri minori. Presentando gli atti del convegno "Identici a chi?" organizzato a Mestre nel 2001 per contestare la nuova denominazione dell'assessorato, Luca Pes e io scrivevamo che quella decisione attribuiva «un significato etnico al termine «popolo» e introduceva «l'idea che i veneti siano un popolo distinto all'interno della Repubblica Italiana». Questa politica – così notavamo – comporta effetti radicali sulla definizione della cittadinanza, perché l'ente locale «diventa espressione di un popolo con una sua identità, lingua, storia e tradizioni»[3].

Nel frattempo la storia è diventata una branca del marketing territoriale. Non vendi un formaggio Dop se non hai un bel racconto, e viceversa non trovi un pubblico se non promuovi "un prodotto del territorio": per non parlare dell'excursus storico che accompagna la richiesta di inserire un borgo, una città o una località nella lista del Patrimonio Unesco. Oggi il discorso storico, da qualsiasi istituzione venga promosso, università compresa, proclama in via preliminare di avere come «mission», per usare il lessico corrente, «la valorizzazione del patrimonio storico-artistico-enogastronomico locale ai fini dello sviluppo sostenibile del nostro territorio»[4]. Quello che si chiede alla Storia – «public history», «public and digital history», «storytelling», «digital storytelling» – è una forma di comunicazione persuasiva che risponde più a una strategia di mercato che alle esigenze della filologia. E infatti l'inclusione di un territorio nel Patrimonio Unesco prelude non alla salvaguardia del suo patrimonio artistico ma al suo sfruttamento turistico.

2. Quando inizia la storia di Mestre? Negli anni Ottanta e Novanta del Novecento, anche a Mestre il problema delle origini attirava l'attenzione degli eruditi municipali, che non nutrivano dubbi: benché le lapidi che non avevano mai trovato posto in un museo cittadino – che non c'era – testimoniassero un passato romano, la città cominciava nel

[3] Brunello, Pes, *Introduzione*, in *Identici a chi?*, cit., p. 11.

[4] *Con Alice tra specchi che ballano*, in C. Moriggi, G. Corazzol, P.E. Badola, *Addio mia bella Clio. Tre svoli in mongolfiera*, Edizioni Lamecademechècche, Gruppo DBS-SMAA srl, Rasai di Seren del Grappa-Belluno 2022, pp. 129-146 (a p. 145 la frase fatta sul patrimonio ai fini di uno sviluppo turistico va da sé sostenibile).

Medioevo, quando era circondata da un sistema difensivo di cui rimaneva un'unica torre, per non parlare di un castello ancora precedente di cui si erano perse le tracce già nel Quattrocento ma di cui si continuava a celebrare la memoria. Gli scritti qui raccolti non cercano origini in mura e castelli che dividono chi sta dentro e chi sta fuori, ma quel «senso vero di una città» che Luciano Bianciardi per la sua Grosseto individuava in una «città tutta periferia, aperta ai venti ed ai forestieri, fatta di gente di tutti i paesi». «Kansas City, Kansas City è la nostra realtà, altro che storie», scriveva Bianciardi con una battuta[5]. Se per Grosseto la data di fondazione era l'arrivo degli americani nel 1944, per Mestre e Marghera la storia cominciava con la costruzione della zona industriale. Alla fine degli anni Ottanta questa periodizzazione si poteva cogliere con chiarezza perché si capiva che il ciclo industriale era alla fine.

Nel 1917 il territorio dei Bottenighi affacciato alla laguna, dove sarebbe sorto il polo industriale di Porto Marghera, era stato annesso al Comune di Venezia, che allora contava circa 160.000 abitanti senza le isole, dando luogo a quella che voleva essere «una più grande Venezia»; nei primi anni Venti la stessa sorte toccò alle isole di Pellestrina e di Burano, e alla striscia di terra che divide la laguna nord dall'Adriatico, con i paesi di Cavallino e Treporti e con spiagge che dalla fine dell'Ottocento si vanno sempre più estendendo dopo la costruzione di una diga; nel 1926 infine furono annessi a Venezia i Comuni di Mestre, Favaro, Chirignago e Zelarino, centri che tutti assieme all'epoca non arrivavano ai 40.000 abitanti.

Sessant'anni dopo, sul finire degli anni Ottanta, Venezia senza isole aveva dimezzato la popolazione scendendo a 80.000 abitanti, mentre Mestre con poco meno di 200.000 era diventata una delle più grandi città della regione: ciononostante l'assetto amministrativo era rimasto invariato. Intanto Mestre aveva reciso la dipendenza funzionale che la legava a Venezia; i servizi – amministrativi, sanitari, commerciali, creditizi, assicurativi e così via, persino la sede dello storico quotidiano «il Gazzettino» – erano localizzati a Mestre: il flusso immigratorio verso Mestre era cessato e la città cominciava a perdere abitanti verso i co-

[5] L. Bianciardi, *Il lavoro culturale*, Nuova edizione con un ripensamento, Feltrinelli, Milano 1964^2, p. 15.

muni vicini; una vivace mobilitazione civica si svolgeva all'interno dei confini dei quartieri, dove avveniva l'apprendistato politico[6]. Un altro mutamento riguardava il senso comune che, dopo l'alluvione del 1966, giudicava il polo industriale magari compatibile con la vita degli operai ma incompatibile con la laguna e quindi con Venezia, come per secoli era avvenuto con i fiumi[7]. Una canzone dei Pitura Freska del 1991, che diceva «Marghera senza fabriche sarìa più sana», cantava un paesaggio in cui il processo di deindustrializzazione era ormai evidente, mentre anticipava una protesta che si sarebbe sviluppata negli anni successivi. Negli anni Novanta, e soprattutto con il processo alla Montedison, avrebbe preso piede infatti un nuovo clima culturale, che attribuiva alle industrie sia la nocività del lavoro operaio che l'avvelenamento di chi vive a Mestre, Marghera e in terraferma. Da allora le fabbriche cessarono di essere la fonte dell'educazione sentimentale degli abitanti, com'era successo per un paio almeno di generazioni: non a caso un negozio di abbigliamento in piazza Barche, aperto nel 1949, aveva scelto di chiamarsi "Tutto per l'operaio".

3. Nella seconda metà degli anni Ottanta Gianni Celati aveva mostrato l'importanza di guardare alle cose banali che abitualmente non attirano l'attenzione, facendoci scoprire come bastasse uscire di casa per trovarsi in un pianeta sconosciuto. Per saper guardare il paesaggio italiano post-industriale, suggeriva Celati, conveniva avere uno sguardo straniante; solo lo spaesamento consentiva di vedere cose di cui altrimenti non ci si accorge. Per fare ciò bisognava liberarsi dagli automatismi della percezione, dalle gerarchie preorganizzate dagli spazi architettonici, dagli sguardi codificati da quanto abbiamo letto e sentito dire. In altre parole il modo di guardare ai luoghi di Celati era quanto di più lontano si possa immaginare da una storia locale che cerca invece le radici in nome di una ideologia dell'identità territoriale.

[6] P. Brunello, *Salvare Venezia. E salvare Mestre?*, in Associazione storiAmestre, *Mestre infedele. Confini comunali in terraferma e rapporti tra Mestre e Venezia*, a cura di P. Brunello, Nuova Dimensione, Portogruaro 1990, pp. 111-129.

[7] P. Brunello, *Storie di Mestre*, in *La città invisibile. Storie di Mestre*, a cura di D. Canciani, Arsenale, Venezia 1990, pp. 13-22.

La rivista «Altrochemestre» che Luca Pes e io fondammo negli anni Novanta deve molto allo sguardo sul «nuovo paesaggio italiano» che Celati aveva indicato, e con lui fotografi, urbanisti e artisti che diedero vita a quell'esperienza intellettuale[8]. I luoghi non seguivano né i confini né i punti di riferimento comunali, e si allargavano all'area metropolitana entro cui si svolgeva la vita di chi la frequentava. Il sottotitolo della rivista – *Documentazione e storia del tempo presente* – intendeva suggerire esercizi per imparare a guardare e a trovare il tono di voce adatto a descrivere ciò che vedevamo, che avevamo sentito dire, che pensavamo di sapere o che non sapevamo. Ci proponevamo di fare cioè quello che fanno gli antropologi, che osservano non *i* villaggi ma *nei* villaggi. In questo modo volevamo prendere le distanze da quelle storie di paese che raccontavano una continuità nel corso del tempo immaginando che eventi successi secoli prima, spesso all'ombra dei campanili, possano essere sentiti come «nostri»[9].

4. Un enorme stendardo esposto in Curva Sud dello stadio Penzo alla fine del campionato di calcio 1997-98 rappresentava graficamente un'immagine della città. Si riconoscevano la basilica e il campanile di San Marco, il palazzo ducale e il ponte di Rialto per Venezia; la torre, il municipio e gli altri edifici più antichi del centro per Mestre; i tralicci dell'alta tensione raffiguravano Marghera e la zona industriale[10].

Questa immagine tripartita del territorio comunale è uno dei possibili modi con cui la città è stata rappresentata nel corso del tempo

[8] Sul fatto di concentrarsi su Mestre «tenendo per modello le *Condizioni di luce sulla Via Emilia* di Gianni Celati», vedi V. Freguglia, *Dopo il terzo numero*, in «Altrochemestre. Documentazione e storia del tempo presente», n. 4 (1996), pp. 48-49; vedi *L'ultimo* di Gianni Celati, a cura di Altrochemestre, ivi, n. 5 (1997), pp. 47-48; un riferimento allo sguardo di Gianni Celati per descrivere i "quartieri urbani" e le "campagne urbanizzate" in P. Brunello, *Introduzione*, in *Mestre infedele*, cit., pp. 7-8.

[9] L. Pes, *Per una raccolta di soggetti storici*, in «Altrochemestre. Documentazione e storia del tempo presente», n. 1 (primavera 1994), pp. 18-9; A. Berardinelli, *Sull'utilità di descrivere ciò che si vede*, ivi, n. 2 (autunno 1994), pp. 22-25; L. Pes, *Ipermercati e periferie*, ivi, n. 3 (estate 1995), pp. 46-49.

[10] F. Benfante, P. Brunello, *Città. 7 giugno 1998, Unione-Fidelis Andria 1-1*, in F. Benfante, P. Brunello, *Lettere dalla curva sud: Venezia 1998-2000*, Odradek, Roma 2001, pp. 141-153.

e a seconda degli ambienti: in altre parole è una posta in gioco del conflitto politico e culturale, come si può vedere dall'analisi dei cinque referendum sulla divisione del Comune di Venezia tenutisi nell'arco di quarant'anni dal 1979 al 2019.

Il primo referendum (1979) proponeva un'immagine bipartita dell'ambito comunale: Venezia, isole ed estuario e cioè una città d'acqua da un lato; Mestre, Marghera e «Terraferma» e cioè una città di terra dall'altro. La bipartizione era condivisa da entrambi gli schieramenti. Poco più del 72% degli elettori (155.000 voti) si espresse per il No, cioè per il mantenimento dell'unità del Comune; gran parte (37.000) dei circa 59.000 voti per il Sì (in totale poco più del 27%) provenne dall'area del vecchio Comune di Mestre (quartiere Piave, San Lorenzo e Carpenedo). I voti per il Sì in Terraferma riflettevano in altre parole i confini del Comune di Mestre assorbito da Venezia cinquant'anni prima; quelli per il No in Terraferma provenivano in grande maggioranza dal vecchio territorio dei Bottenighi che avrebbe dovuto dar vita a "una più grande Venezia".

La visione bipartita del territorio comunale fu ribadita dal secondo referendum, che si tenne nel 1989, e in cui il No prevalse ancora, ma con una percentuale scesa al 57%. La differenza di comportamento elettorale tra il territorio dei Bottenighi e il vecchio Comune di Mestre persisteva, e sarebbe rimasto un dato costante: la novità fu la comparsa nel dibattito dell'immagine della futura città metropolitana (in Italia ancora non ne esistevano), di cui avrebbero fatto parte, in un contesto più ampio, sia Venezia sia Mestre (unite o divise che fossero), e con un decentramento basato su municipalità che avrebbero assorbito i vecchi quartieri.

Una decina di anni dopo, negli anni 1998-2000, i successi calcistici raggiunti dalla squadra che la stragrande maggioranza della tifoseria chiamava VeneziaMestre o Unione – e non Venezia secondo il nome ufficiale – diffusero, o accentuarono, un senso di appartenenza metropolitana, basato su quell'immagine tripartita del territorio comunale usata per la già citata coreografia allestita in curva per la fine del campionato 1997-98 e la promozione in serie A[11]. Questo sentimento doveva essere

[11] F. Benfante, *Tifosi*, in «Altrochemestre. Documentazione e storia del tempo presente», 5 (primavera 1997), pp. 43-46; Benfante, Brunello, *Lettere dalla curva sud*, cit.

ancora vivo pochi anni dopo, se il referendum, che si tenne nel 2003, non raggiunse il quorum. Nel frattempo si era svolto un terzo referendum (1998), ma si era votato solo a Cavallino e Treporti, che da allora divenne un Comune autonomo.

L'immagine bipartita del territorio venne riproposta ancora una volta dal quinto referendum (2019), ma in un contesto molto cambiato. Benché la città metropolitana fosse realizzata, le municipalità – quattro per la Terraferma, due per Venezia e isole – diversamente dalle attese erano esautorate, di fatto cancellate. Altro mutamento riguardava il piano simbolico, in particolare la natura del legame della terraferma con Venezia, che il progetto di «una più grande Venezia» immaginava nei termini del rapporto filiale che si deve alla madre. Nei primi due referendum del 1979 e del 1989, in anni cioè di lotte operaie a Porto Marghera, l'appartenenza territoriale era tradotta in un linguaggio di classe; per esempio i partiti di Sinistra, fautori dell'unità del Comune, affidavano alla classe operaia di Porto Marghera il compito di salvare Venezia dallo strapotere delle società immobiliari e dall'invadenza del turismo. Linguaggio di classe, come si vede: tuttavia era una variante, consona al linguaggio dell'epoca, del vecchio appello al sentimento di amore filiale verso la madre. Nel referendum del 2019 chi appoggiava l'unità del Comune continuava a ripetere che «Mestre e Marghera sono figlie di Venezia»; chi auspicava la divisione vedeva invece nei rapporti tra Venezia e Mestre un rapporto di coppia giunto alla fine. Il ruolo della donna, grazie a una iconografia secolare che la rappresenta dominatrice dei mari, spettava sempre a Venezia; ma se per decenni l'idea di separazione era venuta da Mestre che disconosceva un rapporto filiale in nome di una raggiunta maturità, stavolta era lei, la donna, ad avanzarla in nome di una emancipazione personale. Chi risiedeva a Venezia e chiedeva la separazione da Mestre lo faceva per difendere la socialità e le funzioni urbane dall'invadenza del turismo, e facendo leva sul senso comune secondo cui le categorie che vivono dei proventi del turismo a scapito dei residenti non vivono a Venezia ma in terraferma[12].

[12] P. Brunello, *Venezia a Mestre. Mappe mentali e idee di città*, in Id., *Gondole a Feltre. Domande di oggi, storie di ieri*, Cierre, Sommacampagna (Vr) 2022, pp. 153-163.

5. L'ultimo scritto qui raccolto è del 2021. I confini comunali rimanevano quelli di quarant'anni prima, se si eccettua l'assenza di Cavallino e Treporti diventati, come già ricordato, Comune autonomo. Oltre all'attuazione della città metropolitana e all'esautoramento delle municipalità, mutamenti altrettanto considerevoli riguardavano l'assetto demografico. La popolazione di Venezia senza le isole infatti era ulteriormente scesa a 50.000 abitanti; anche quella di Mestre, intesa come territorio comunale di Terraferma, era passata da circa 200.000 a 177.000 abitanti, con tendenza a ulteriore diminuzione. Come nel passato, Mestre era segnata da flussi immigratori. Solo il 55% dei residenti infatti era nato a Mestre, mentre a Venezia i nativi rappresentavano il 65% dei residenti. Marcata a Mestre la presenza degli stranieri, quasi il 20% degli abitanti – ma c'erano quartieri, come Marghera, in cui 1 residente su 4 era straniero –, mentre a Venezia non raggiungevano il 3%.

L'elemento che può dare un senso a questi dati è l'accelerazione con cui il turismo, dopo aver preso il posto dell'industria, ha cambiato non solo Venezia, ma anche Mestre e la Terraferma. Lo si vede da quanto la zona attorno alla stazione ferroviaria di Mestre assomigli sempre più a un enorme check-in, con un flusso continuo di persone che si tirano dietro trolley da e per Venezia; lo si vede nella costruzione di alberghi, studentati, ostelli lungo via Ca' Marcello o al cavalcavia che tutti ancora conoscono come «Vempa»; lo si capisce dai progetti di ampliamento dell'aeroporto Marco Polo con annesse strutture sportive e ricettive; e comunque basta fare una ricerca online su Airbnb a Mestre e a Marghera, oltre che a Venezia, per rendersene conto.

Già alla fine degli anni Ottanta, quando iniziano questi scritti, era evidente che «una parte crescente delle strutture ricettive indotte dallo sviluppo turistico di Venezia» si sarebbe riversata su Mestre[13]. Oggi questo processo si è realizzato, in nome della speculazione edilizia e

[13] G. Zanetto, *Le funzioni di Mestre in un contesto metropolitano*, in Associazione storiAmestre, *Mestre infedele*, cit., pp. 50-51. Altrettanto evidente era il contrasto tra una retorica che deprecava il turismo giornaliero («mordi e fuggi») e una politica che lo incoraggiava: «Delle due l'una: o si fanno scelte diverse, o si dicono cose diverse» (Brunello, *Salvare Venezia. E salvare Mestre?*, cit., p. 122).

della monocultura turistica: una nuova versione di quella «più grande Venezia» iniziata un secolo fa con la costruzione del polo industriale ai Bottenighi.

6. Il libro raccoglie prefazioni o capitoli di libri, articoli di giornali e di riviste, interventi in pubblico, discussioni entro l'associazione storiAmestre di cui ho fatto parte, contributi al sito storiamestre.it, pezzi pubblicati nella rivista «Altrochemestre», interviste, canzoni, appunti, ricerche storiche (iniziate, da fare, mai completate). Ho attinto a questi materiali, scritti tra il 1986 e il 2021, per comporre il Quaderno 17 di storiAmestre, *Mestre è un goniometro. Note, incontri e sopralluoghi* (2019), di cui questo libro è una seconda edizione rivista e corretta. Per l'occasione ho aggiunto undici pezzi (*Due modi di giocare a calcio; Catechismo veneto; Gita fuori porta per la Pedemontana Veneta; Quartieri invisibili, città immaginate;* sette degli otto pezzi raccolti nella sezione "Archivi domestici"), insieme a questa *Introduzione*. Un'altra novità rispetto al Quaderno è la *Postfazione* firmata da Matteo Melchiorre.

Non è una guida alla città attuale, sono esercizi di storia urbana e di documentazione su paesaggi, progetti e discorsi che la riguardano, nei quattro decenni a cavallo tra XX e XXI secolo. Invitano a camminare, osservare, annusare, discutere in pubblico, parlare con persone che si incontrano, descrivere, raccontare, tracciare mappe, compilare schede, ricostruire vicende, volgere cose serie in *divertissement* e cose frivole in analisi seriose; oggetti dello sguardo sono elementi del paesaggio, confini mentali, riti, usi degli spazi, simboli, definizioni e autodefinizioni, generi di discorso, culti domestici, mitologie, stratificazioni storiche.

Questi esercizi non preludono a una "storia di Mestre" dalle origini, o dal Novecento, ai nostri giorni, semmai pongono interrogativi alla pretesa di esercitare uno sguardo a tutto tondo, come si suol dire, con un inizio, una trama e un finale entro confini prestabiliti. Ricordano il modo di procedere degli archeologi quando fanno un inventario di oggetti, indicando con precisione lo strato del terreno e il punto – quello e non un altro – in cui si situano; inoltre vorrebbero mostrare quanto la scelta e la posizione degli oggetti dipendano dall'angolo di visuale in cui ci si situa, e dalla consapevolezza che le cose più importanti in una fotografia potrebbero essere quelle che circondano l'inquadratura o riguardare chi orienta l'obiettivo.

Questi scritti testimoniano un periodo storico concluso, non solo perché Mestre negli ultimi quarant'anni è molto cambiata dal punto di vista urbanistico, ma anche perché è cambiata la natura dell'associazionismo culturale. Almeno per quanto riguarda l'associazionismo, il periodo del Covid (2020-2022), epoca in cui si chiude questa antologia, non ha rappresentato una parentesi ma una accelerazione di processi in atto. La chiusura delle reti sociali – dovuta a segregazione, auto-isolamento, sorveglianza digitale – ha infatti solo aggiunto ulteriori ostacoli a modi di agire di associazioni che già non erano state in grado di rispondere ai cambiamenti in corso. L'associazionismo nato negli anni Ottanta del Novecento contava infatti sulla disponibilità di persone a cui il lavoro fisso lasciava tempo libero, una condizione oggi negata dalla precarietà del lavoro; le associazioni di storia locale in particolare hanno perso interlocutori nella scuola, anche perché la storia locale a scuola ha perso a sua volta quella centralità che per un certo periodo aveva avuto nelle pratiche scolastiche che puntavano al rinnovamento della didattica. Infine l'associazionismo – parlo di quello culturale – nasceva per costituire uno spazio pubblico in cui proporre e chiarire i temi in discussione, rendendo visibile quello che non lo è. Oggi invece il Terzo Settore – come viene chiamato – non si costituisce all'interno di un processo in cui si forma un'opinione pubblica (per quanto anche questa fosse un'aspirazione più che una realtà), ma dentro un sistema di bandi e di finanziamenti che ha cambiato lo spazio di azione civica. Il sistema di bandi orienta – in un modo o nell'altro – temi, argomenti, linguaggi, orizzonti dei progetti, è così burocratico che assorbe ogni energia, ha bisogno di esperti che conoscano le procedure, mette le piccole associazioni in concorrenza con enti no profit più strutturati, subordina la costruzione di reti sociali ai tempi e ai finanziamenti dei progetti: in altre parole è un dispositivo che coopta le forze culturali, fa tacere le voci critiche e le inserisce in un circuito dell'intrattenimento, del mercato e della comunicazione. Il fenomeno, diffuso in tutte le città italiane, è ben evidente anche a Mestre da quando il Comune concede l'uso di spazi pubblici, come se appartenessero alla Giunta comunale, a chi entra in un format, e in un calendario, che si chiama «Città in

Festa», dietro apposita richiesta e approvazione da parte del Gabinetto del Sindaco: in questo modo le associazioni sono indotte sempre più a mettere da parte progetti che possono risultare sgraditi e a pensare ad attività culturali dentro logiche di mercato[14].

Saranno utili oggi esercizi di storia urbana sperimentati sostanzialmente prima di internet? Mi auguro di sì, se continuiamo a credere nella funzione critica del procedimento storico: e cioè nell'importanza di discutere in pubblico fonti, documentazione, interpretazioni e punti di vista. Esercitare uno sguardo storiografico in pubblico significa assicurare uno standard nel trattamento dei dati, e promuovere la ricerca di una qualche verità verificabile, consapevole dell'angolo di visuale in cui essa si situa e del fatto di essere provvisoria. Questo – mi auguro – il contributo che la ricerca storica potrà dare alla costruzione di una società civile.

Mogliano Veneto, 16 maggio 2023

[14] L. Tozzi, *L'invenzione di Milano. Culto della comunicazione e politiche urbane*, Cronopio, Napoli 2023, p. 78.

> Ogni generazione si chiede stupita: chi sono io e chi erano i miei antecessori? Farebbe meglio a chiedersi: dove sono io? e a tener per sicuro che gli antecessori non erano così o cosà, ma semplicemente in un altro luogo.
> R. Musil, *L'uomo senza qualità* (1933)

Ringraziamenti

Devo le riflessioni esposte nell'Introduzione a fitti scambi tenuti nel corso del 2021 con Filippo Benfante e Luca Pes sul senso politico di occuparsi di storia oggi rispetto a quarant'anni fa, e sulla necessità che le associazioni di storia ripensino alla propria natura e ai propri scopi; Filippo, editor di quasi tutti gli scritti qui raccolti, mi ha aiutato da par suo anche in quest'ultima fatica. Ringrazio mia moglie Giannarosa per le continue discussioni, per aver letto e commentato i testi e per i suoi consigli di scrittura (e di lettura). Grazie a mio fratello Gigio per l'immagine in copertina. Grazie a Matteo Melchiorre, autore della Postfazione, con cui ho condiviso molte riflessioni sulla storia, sulla storia locale e sul modo di raccontarla. Sono grato a Gian Pietro Francescon e a mio fratello Lucio per avermi permesso di pubblicare brani di interviste da loro realizzate, e a Mario Davanzo e Claudio Zanlorenzi per la possibilità di riprendere interviste che abbiamo fatto assieme. Grazie a Gigi Corazzol per la sua generosità e per le conversazioni che nel corso degli anni ho avuto modo di intrattenere con lui.

Alla memoria di Mario Tonello e Luisa Colio
mestrini di adozione
amici di una vita

PROLOGO

Lettera a Erodoto

Gentile signor Erodoto,
la sua visita questa mattina è stata così imprevista da sembrarmi un'apparizione. Le sue parole già non le ricordavo più mentre mi vestivo e svegliavo i bambini. Solo più tardi mi è parso di ricordare che a un certo punto la sua veste diventava sempre più smorta e svaniva nel colore grigio indistinto che spesso hanno i sogni. Poi lei diceva di aver parlato con alcuni amici, mi pare Ecateo di Mileto ed Ellanico di Lesbo, per capire da dove venivano certe idee di «Altrochemestre». Quasi per scusarsi, ha anche aggiunto di non aver potuto seguire negli ultimi tempi gli scritti di storia.

Avrei voluto rispondere che molte cose le abbiamo imparate dalle sue *Storie*, ma ero troppo confuso. Per questo ho pensato di scriverle una lettera. Faccia come per i primi tre numeri: prenda la rivista dal comodino, ne lascerò sempre un paio di copie per lei e per i suoi amici.

Si sarà accorto innanzitutto che dalle sue *Storie* abbiamo imparato una, se non la prima regola del mestiere, e cioè che gli storiografi, a differenza dei poeti e degli scrittori di romanzi, precisano sempre se riportano osservazioni personali, oppure se riferiscono cose apprese da altri, e in questo caso dicono da chi e come le hanno apprese. Abbiamo imparato che se uno vuol conoscere un luogo o una situazione, va a vedere di persona. Dalle sue *Storie* inoltre, gentile maestro (mi permetterà di chiamarla così?), abbiamo imparato che la storiografia consiste non in discorsi contro o a favore, come conviene all'oratoria, ma nella discussione libera e pubblica delle testimonianze.

Molte volte lei ricorda di essere tenuto a riferire tutto quello che si dice, ma non di credere a tutto. È lei stesso a scrivere in un punto (si ricorda?): «dal momento che viene narrato, conviene che sia riferito». Questo le consente di riportare le opinioni sapendo che «ciascuno è convinto che le sue proprie usanze sono di gran lunga le migliori di tutte». Solo in un secondo momento lei spiega perché preferisce un'opinione a un'altra. Per esempio un sacerdote egizio le racconta che il Nilo sgorga in mezzo ai monti tra Siene ed Elefantina. Lei lo riferisce. Poi aggiunge che il sacerdote voleva scherzare, perché andando a vedere si può verificare che i vortici del fiume sono provocati dalle rocce. Allo stesso modo lei non presta fede alle *Storie* raccontate «per vanteria». Non crede per esempio a quei persiani che volevano esaltare le gesta di Ciro il Grande invece di «raccontare la verità». E quando non è in grado di scegliere tra due o più versioni, lo ammette e lascia la decisione a chi legge. Lei sembra quasi considerare i suoi lettori più intelligenti. Perciò è così attento a riferire i dettagli, anche quando non li capisce o non li sa interpretare, perché conta sul fatto che qualcun altro, magari nel futuro, potrà farlo.

In altre parole a noi piace questo: che lei non declama mai dall'alto di una tribuna, come fanno gli oratori, i sofisti, i politici, gli avvocati e i giudici, bensì parla per così dire rasoterra, chiamando le cose col loro nome, con chiarezza, precisione e cura del particolare. Qualcosa del genere cerca di fare anche «Altrochemestre». Chi ci scrive infatti non guarda le cose della storia come se le vedesse dall'alto di una collina con la testa volta all'indietro in un giorno di sole, bensì va a piedi e si guarda attorno: si chiede dove si trova e da dove sta guardando; prova a individuare i contorni delle cose, spesso nella penombra; riflette sulle parole, cercando quelle più adatte.

Scriviamo per il futuro? Probabilmente in questo preferiamo prendere a esempio gli scritti di Tucidide di Atene (a proposito, ha occasione di vederlo?), piuttosto che le sue *Storie*. Le dispiacerà forse, ma «dal momento che viene narrato, conviene che sia riferito», non crede? Dicevo che gli articoli di «Altrochemestre» sembrano scritti per chi li leggerà nel futuro, e quindi avrà bisogno di molti dettagli per capire. Chissà se Tucidide, quando dice di non volere rivolgersi a un pubblico contemporaneo bensì di scrivere «per l'eternità», pensava a questo. Quanto a noi scrivere per i posteri ci sembra il miglior modo per parlare ai contemporanei. Pensiamo infatti che ciò aiuti a riportare con maggiore esattezza i dati e le testimonianze, senza lasciarsi condizionare dagli amici o dalle persone importanti. Per lo stesso motivo a volte proviamo a guardare le cose dal futuro, come se il tempo presente fosse un'epoca passata.

Per il resto, avrà senz'altro notato che gli scrittori e le scrittrici di «Altrochemestre» si basano sull'udito e sulla vista, secondo l'insegnamento delle sue *Storie*. Quando è possibile annusiamo anche gli odori, tocchiamo gli oggetti, assaggiamo un cibo o una bevanda. Alcuni tuttavia preferiscono l'ascolto, e quindi prendono in esame, proprio come ha fatto lei, il periodo delle tre generazioni precedenti. Altri invece, un po' come Tucidide, parlano solo di cose osservate con i propri occhi, e quindi riferiscono avvenimenti di cui sono testimoni.

Ho risposto in qualche modo alla sua curiosità? Venga ancora a trovarmi. Avrei molte cose da chiedere a lei e ai suoi amici. Dica a tutti loro che non li abbiamo dimenticati.

[1996]

MAPPE

Dubbi sull'esistenza di Mestre e prove della sua inesistenza

Premessa

I due libri che oggi vengono qui presentati hanno per titolo *La città invisibile. Storie di Mestre*, a cura di D. Canciani (Arsenale, Venezia 1990) e *Mestre infedele. Confini comunali in terraferma e rapporti tra Mestre e Venezia*, a cura di P. Brunello (Nuova Dimensione, Portogruaro 1990); il primo raccoglie gli atti di un convegno promosso dal Movimento di Cooperazione Educativa e da storiAmestre nel marzo 1988, il secondo gli atti di un convegno promosso da storiAmestre nel maggio 1989[1].

Premetto subito che, pur condividendo molte delle cose contenute nei due libri, è sulla loro impostazione che mi trovo in disaccordo. Se è buona regola infatti che i libri, prima di essere scritti, accertino scrupolosamente l'esistenza degli oggetti su cui essi vertono, devo dire che nel caso dei due volumi che stiamo esaminando, questa semplice avvertenza è stata purtroppo trascurata.

Si trattasse di un aspetto marginale, anche il critico più severo avrebbe chiuso un occhio; ma nel nostro caso l'inavvertenza è particolarmente grave perché riguarda l'oggetto centrale che i libri prendono in esa-

[1] Autori del volume *La città invisibile* sono Sergio Barizza, Piero Brunello, Domenico Canciani, Collettivo 150 ore «Bandiera e Moro», Rosalia Di Blasi Burzotta, Gianni Facca, Maura Mosena Zanin, Giovanna Lazzarin, Roberta Pellegrinotti, Chiara Puppini, Giorgio Sarto, Paola Sartori, Maria Teresa Sega, Alessandro Voltolina. Autori del volume *Mestre infedele* sono Sergio Barizza, Armando Bonetto, Piero Brunello, Domenico Canciani, Delia Murer, Giorgio Sarto, Paola Sartori, Maria Teresa Sega, Alessandro Voltolina, Gabriele Zanetto.

me. Mi riferisco a Mestre, la cui esistenza tutti gli autori senza eccezione (anche quelli normalmente attenti e scrupolosi, e nella vita di tutti i giorni sobri ed equilibrati) accettano non solo senza verifica alcuna, ma – quel che è peggio – senza dubbi o almeno senza apparenti incertezze.

Per quanto senta la gravità delle cose che sto per dire attorno alla presunzione dell'esistenza di Mestre, solleverò molti e legittimi dubbi a tale riguardo; e mi sforzerò di illustrare come e in quali fasi storiche una sorta di abbaglio si sia imposto a tutti, non solo alla gente comune, ma agli stessi intellettuali cittadini chiamati a esercitare un'attenta funzione critica.

L'orrore del vuoto tra educazione permanente e socializzazione primaria

Cominciamo da una semplice e banale osservazione che tutti senz'altro abbiamo fatto: chiediamoci per quale motivo sempre più frequentemente nei vuoti tra gli edifici che ci circondano vengano eretti monumenti bronzei, fontane, elementi lignei a forma di totem o di menhir, enormi palle in pietra, colonne e basamenti in cemento armato (preferibilmente nel mezzo di parchi), edicole contenenti fotografie e cartoline, capannoni per la vendita degli oggetti più vari, palchi adibiti a esibizioni canore rifiutate da Venezia eccetera.

L'elenco potrebbe essere lungo, ma già possediamo un paio di preziosi elementi di osservazione, che possiamo esporre in questo modo: 1. siamo attorniati e direi perfino accerchiati dall'orrore del vuoto che porta appunto a riempire qualsiasi interstizio; 2. l'erezione di questo variegato insieme di elementi negli interstizi tra edifici in cemento non ha altro scopo che quello di dare l'illusione che quegli stessi vuoti costituiscono in realtà dei luoghi e degli spazi. Per quanto possa essere spiacevole, confessiamolo a noi stessi: se togliessimo gli elementi che abbiamo prima ricordato – colonne, basamenti, edicole, fontane, palle, totem, menhir – cosa vedremmo? vedremmo la realtà per quella che essa è, e cioè dei vuoti (o se si preferisce, degli interstizi, oltretutto di modestissima se non irrisoria dimensione) tra un edificio e un altro: solo questo e niente di più.

Cerchiamo ora di approfondire quest'ultima osservazione, e chiediamoci se ci troviamo dinanzi a un fenomeno nuovo, o se non si tratti invece di un fenomeno di medio-lungo periodo: e nel caso di una risposta positiva, vediamo di stabilire delle prime approssimative periodizzazioni.

Chi ha costruito gli edifici che ci circondano e nei quali viviamo era senz'altro determinato a non lasciare nessun vuoto in mezzo, e questa constatazione risulta evidente proprio dalla lettura, per quanto frettolosa, dei due volumi che stiamo esaminando. E basterebbe, per rendersene conto, aprire per esempio il volume *La città invisibile* a p. 18 e lasciar parlare un capo dell'ufficio tecnico del Comune di Venezia per oltre vent'anni, il quale (come viene opportunamente citato da uno degli autori) nel 1963 individuava la bellezza di questo territorio nel fatto di essere «l'incrocio di sette linee ferroviarie, di cinque strade statali, di tre autostrade, alle quali si spera presto di aggiungere la Venezia-Monaco», e inoltre nel fatto di possedere «un'estensione di aree si può dire senza limiti perché tutte le barene dalle Tre Palade a Chioggia possono essere utilizzate per sedi di officine industriali».

Ma poiché questo intendimento non si è poi potuto compiere fino in fondo; poiché in altre parole, per quanto si sia fatto, l'orrore del vuoto non si è interamente placato con la costruzione di strade e di manufatti in cemento, e vuoti e interstizi malgrado ogni sforzo continuavano qua e là a esistere, ecco che in questi vuoti si è cominciato a vedere una presenza, e più precisamente la manifestazione stessa di una città denominata Mestre. Se l'orrore del vuoto ha portato dapprima alla soppressione per quanto umanamente possibile degli spazi vuoti, in un secondo momento, vista l'impossibilità di eliminare interamente tali vuoti, ha cominciato a vedere una presenza laddove in realtà si manifesta solo una assenza, o meglio il nulla.

Ma perché un individuo dotato di medie capacità intellettive è tratto in inganno? perché, a mano a mano che vengono costruiti edifici in cemento di vario genere, uno è portato a vedere qualcosa (detta Mestre) negli interstizi vuoti che rimangono casualmente in mezzo? Perché uno, in altre parole, è indotto in perfetta buona fede a credere nell'esistenza di una città chiamata Mestre?

Vedremo che a tale riguardo si scontrano l'interpretazione marxista, l'interpretazione neo-kantiana e quella psicoanalitica freudiana. Ma prima di prenderle separatamente in esame e di dimostrare che queste interpretazioni non sono affatto in contrasto tra di loro ma possono benissimo incontrarsi e fondersi assieme, vale la pena di elencare i diversi modi con i quali una persona è tratta nell'errore di credere nell'esistenza di Mestre.

Il primo modo nel quale si instilla l'illusione consiste nella reiterazione di usi linguistici, e più precisamente nell'uso reiterato di enfatizzazioni e di iperboli. Troviamo infatti una riviera XX Settembre laddove non v'è traccia né di fiume né di lungofiume, una piazza Carpenedo per intendere uno slargo stradale, un Parco Ponci dove non c'è un solo filo d'erba, una piazza Barche dove non si vedono né piazza né tanto meno barche, una via Torre Belfredo dove non c'è ombra alcuna di torri, un Municipio dove non si riunisce mai consiglio comunale, un Ponte della Campana dove, per quanto si giri lo sguardo, non c'è modo di scorgere nemmeno in lontananza né ponti né fiumi né campane, una Pescheria Vecchia quando non si sa se e dove sia quella Nuova, per non parlare di usi linguistici talmente iperbolici, quale Duomo di San Lorenzo, Corte del Castello o Biblioteca Comunale, che non richiedono ulteriori commenti.

Occorre precisare che questi modi di dire sarebbero prontamente irrisi da qualsiasi adulto dotato di buon senso, soprattutto se proveniente da altre località; e infatti il segreto del loro successo sta nel fatto che tali usi vengono instillati nei bambini in età prescolare e fin dalla più tenera infanzia. «Mamma, dove siamo?» «Siamo al Parco Ponci, Pierino», e dinanzi ai fondati dubbi del bambino, che non è ancora perduto ai guizzi della ragione: «Prova a dire: Parco Ponci, Par-co Pon-ci», fino a che il pargolo sarà un po' alla volta indotto a credere che a tutti questi nomi corrispondano altrettanti luoghi, e che essi nell'insieme esprimano realmente la manifestazione di una città chiamata Mestre: «Mamma, dove abitiamo noi?» «Lo sai che stiamo a Mestre, Pierino», e un po' alla volta il bambino, che pure non è mona e non vede né parco né riviera, si abituerà a sopprimere ogni ragionevole dubbio e riuscirà a dire con sicurezza e con sguardo sereno «Parco Ponci» senza pensare a un parco, o «riviera XX Settembre» senza pensare a un lungofiume, o «piazza Barche» senza pensare a una piazza (o ancora peggio, come poi vedremo, si abituerà davvero a pensare che lì ci sia realmente un parco, lì realmente una piazza, lì realmente una riviera, e che tutto questo costituisca la città in cui vive). Col tempo divengono nomi normali e ovvi: Parco Ponci, riviera XX Settembre, Biblioteca di Mestre, Ponte alla Campana.

Fin qui per quanto attiene alla socializzazione primaria. Ma ciò non sarebbe ancora sufficiente se non ci fossero istituzioni che si occupano specificamente dell'età adulta e dell'educazione permanente. Una parte grave di responsabilità ricade innanzitutto nei due giornali «Il Gazzettino» e «La Nuova Venezia», i quali subdolamente dedicano ogni giorno alcune pagine alla cosiddetta «Cronaca di Mestre», spegnendo ogni residuo dubbio e buon senso, e ribadendo in tal modo nelle lettrici e nei lettori una illusione cui viene conferita progressivamente parvenza di realtà.

Se fossero solo questi due giornali a spargere il seme dell'errore con tanta leggerezza, il compito di smascherare la mistificazione sarebbe tutto sommato facile, dal momento che la consapevolezza che tali organi di stampa calpestano quotidianamente la verità è per fortuna piuttosto diffusa nella popolazione. Ma, quel che è più grave, vi sono numerosissime associazioni che fin dal nome e dallo statuto si richiamano espressamente a Mestre. Duole ricordare che tra queste ci sia anche l'associazione che ha promosso la pubblicazione dei due libri che stiamo esaminando, la quale associazione ha scelto in modo perlomeno incauto una denominazione che, proprio per il fatto di risultare ovvia e scontata quante più volte viene pronunciata, contribuisce a perpetuare un equivoco cui sarebbe opportuno porre la parola fine.

Altre associazioni (come quella che vedo con rammarico coinvolta in una delle due pubblicazioni in esame), promuovono addirittura continui corsi di aggiornamento per insegnanti sulla cosiddetta storia di Mestre, astutamente confidando sull'influsso che tali insegnanti avranno a loro volta nella formazione delle giovani menti, facili ad assorbire qualsiasi affermazione venga loro proposta da chi si presenta in veste di educatore.

Incontri per ribadire una credenza, abbiamo detto, ma anche per sopprimere l'insorgere del dubbio: il fatto che i membri di tali associazioni organizzino reiterati incontri, a cosa può essere addebitato se non al bisogno di confermare una fede che essi stessi per primi sentono vacillare? quale altro scopo, in altre parole, si prefiggono riunioni come questa cui oggi partecipiamo, se non ribadire la fede in una entità sulla cui esistenza ciascuno di noi, nel nostro intimo, avverte sempre più di frequente il sussulto e il fremere del dubbio?

Falsa coscienza e lotta di classe nel XX secolo: l'interpretazione marxista

Fin qui ci siamo limitati a delineare alcuni modi attraverso i quali un equivoco o, se si preferisce, una menzogna riesce a imporsi presso tutti gli strati – anche i più avvertiti – della popolazione. Detto in termini più rigorosi, ci siamo attenuti ai criteri di uno studio sulla fenomenologia psichica in un contesto metropolitano alle soglie del Duemila. Quello che resta da fare è inserire queste osservazioni fenomenologiche entro una cornice teorica in grado di illuminarle alla luce di una analisi complessiva della realtà.

La prima interpretazione che prenderò in esame è l'interpretazione marxista, la quale – per riassumere – attribuisce la diffusione della credenza nell'esistenza di Mestre a un preciso Piano del Capitale che si impone in un arco cronologico che va dagli inizi del Novecento alla fine del secolo: il quale Piano, come ora dirò, è duplice, nel senso che agisce sia sul piano strutturale che in quello sovrastrutturale, e si articola in tre fasi cronologicamente successive.

In un primo momento dunque, a partire grosso modo dal 1917, il grande padronato che con Porto Marghera dà il via alla costruzione di una delle più imponenti aree industriali d'Europa, si pone il problema di come far affluire manodopera in un territorio fino ad allora praticamente deserto e alla fine, dopo aver preso in considerazione alcune soluzioni in contrasto tra loro (riflesso del temporaneo emergere di conflitti intercapitalistici) decide di reclutare operai dalle aree rurali contermini, senza contemporaneamente – e questo aspetto si rivelò determinante – dare il via a un serio e coerente piano di trasporti (che però secondo alcuni, dato il livello medio di sviluppo delle forze produttive, sarebbe stato forse prematuro e inattuabile): il che in ogni caso costringeva i lavoratori, gettati sul lastrico da una concomitante e grave crisi economica, ad abbandonare le proprie case per risiedere vicino alla fabbrica. Per parecchi anni la classe operaia, composta di giovani poco qualificati ma altamente combattivi, lottò con coraggio contro questa forma di deportazione, ma col tempo dovette cedere: uno a uno, dapprima in gruppi sparuti e poi sempre più numerosi, i giovani lavoratori, sconfitti, divisi e soprattutto stroncati dalla fatica dei viaggi, si adattarono alla volontà padronale e trovarono casa vicino al luogo di lavoro, dapprima per sé (in genere una camera in affitto) e poi chiamando tutta la famiglia.

Questo piano, che agiva esclusivamente a livello strutturale, non era tuttavia sufficiente a convincere la gente a dormire sotto le ciminiere delle fabbriche, sicché il grande padronato dovette affrontare una battaglia ideologica, che fin dall'inizio fu articolata in tre fasi, le quali avrebbero dovuto convincere per gradi successivi la classe operaia ad accettare le seguenti tre presupposizioni: 1. «Mestre esiste»; 2. «Mestre è la mia città»; 3. «Mestre è bella».

In altre parole fin dall'inizio il Capitale si rese perfettamente conto che il solo motivo economico non avrebbe mai piegato una classe operaia consapevole della propria forza, e che nessun proletario avrebbe mai confessato davanti ai propri bambini di aver accettato la deportazione solo per poter dormire più vicino al luogo del suo sfruttamento e della sua alienazione (mentre, al bambino o alla bambina che affacciandosi alla finestra si poneva i primi angosciati perché, sarebbe stato facile rispondere «questa è Mestre, questa è la tua e la nostra città»).

Il Capitale decise allora di agire, come si è detto, anche a un livello sovrastrutturale, insinuando gradatamente e con successo l'idea che i vuoti tra i palazzoni e i condomini assegnati alla riproduzione della forza lavoro (e sostanzialmente al minimo necessario di ore di sonno) costituissero una città denominata Mestre. Una volta fosse andato a buon fine, questo progetto avrebbe conculcato nei proletari una forma di falsa coscienza, deviandone la giusta lotta verso obiettivi sovrastrutturali; avrebbe in altri termini spostato la loro attenzione dai condomini, dai palazzoni, dalle scuole e dalle fabbriche (cioè dalla realtà) agli interstizi tra gli edifici (e cioè al nulla). Tutti avrebbero visto il vuoto, che non esiste, e si sarebbero dimenticati dell'assetto sociale realmente esistente, avrebbero discusso dello spirito e non della materia: e in particolare i proletari, dimenticando di liberarsi dalle proprie catene, sarebbero divenuti degli astratti cittadini impegnati nella ricerca o nella costruzione di una mitica e comune identità urbana.

Ora, delle tre fasi previste nel Piano del Capitale, la prima (riassumibile nell'assunto «Mestre esiste») va grosso modo dal 1917 a tutti gli anni Sessanta; la seconda fase («Mestre è la mia città») comprende gli anni Settanta e Ottanta; la terza fase («Mestre è bella») costituisce il compito degli anni Novanta e comunque rappresenta il futuro.

Se osserviamo infatti il periodo che va fino alla fine degli anni Sessanta, vediamo che la deportazione di grandi masse di operai in edifici prossimi alle fabbriche si accompagna ai tentativi di vincere la diffusa resistenza all'emigrazione dimostrando l'esistenza di una città, come è testimoniato per esempio dalla decisione di dare ai nuovi insediamenti costruiti sottovento rispetto alle fabbriche dapprima il curioso nome di «Città Giardino» e successivamente dei nomi che dessero ai proletari (questa volta veneziani) addirittura l'illusione di continuare a trovarsi nella loro città (ed ecco San Marco un po' ovunque, e poi le varie corte Todaro, corte Lunardo, corte Colombina, corte Mirandolina, corte Corallina, corte Orsetta eccetera).

Verso la fine degli anni Sessanta il compito di istillare la credenza nell'esistenza di Mestre poteva dirsi concluso con successo. Da allora infatti le famiglie si sono talmente abituate a non vedere più gli edifici dove abitano, e a scorgere solo i vuoti tra le costruzioni, che non c'è nemmeno il bisogno di ricordarglielo: perciò i nuovi insediamenti degli anni Settanta e Ottanta non hanno più nomi, ma semplici sigle o insieme incomprensibili di lettere quali Cep, Peep, Cita, Iacp.

Attualmente anche la seconda fase può dirsi conclusa. La consapevolezza che Mestre non solo esista, ma sia anche quella che viene definita «la nostra città» non trova praticamente più opposizione; nascono anzi di continuo gruppi di studio, movimenti e perfino partiti politici che si dedicano alla celebrazione e alla diffusione di questa sorta di religione civica. Non sempre i celebranti di questo culto laico sono a loro volta dei credenti genuini; talvolta devono soffocare le proprie opinioni e adeguarsi loro malgrado al clima generale che li circonda. Per esempio quegli stessi che hanno promosso due referendum per staccare Mestre da Venezia al solo scopo di dimostrare che se qualcosa può essere staccato, allora esiste, questi stessi promotori, come leggo nel volume *Mestre infedele* a p. 125, invitano poi in un loro volantino a votare Sì «per entrare nel Veneto»: ma se Mestre non si trova nel Veneto, dove mai esiste? è chiaro che *non* esiste ed essi, con questo lapsus, dimostrano di esserne consapevoli. È molto probabile inoltre che qualche sacca di scetticismo si annidi perfino nei gruppi preposti alla celebrazione dell'esistenza di Mestre, come starebbe a indicare il titolo del primo volume che oggi presentiamo, *La città invisibile*, titolo che potrebbe celare un conflitto sotterraneo e un compromesso tra due gruppi rivali, l'uno dei quali nega l'esistenza della città senza però trovare il coraggio di proclamare pubblicamente la propria incredulità o quanto meno il proprio agnosticismo.

Abbiamo detto che la seconda fase messa in atto dal Grande Capitale è praticamente finita. Di più: allorché Domenico Canciani, nell'*Introduzione* a *La città invisibile*, individua oggi il «riconoscersi» degli abitanti in Mestre e nella sua storia (p. 11), dimostra chiaramente che siamo al punto di snodo tra la seconda fase e l'inizio della terza, alla fine della quale tutti saranno convinti che Mestre non solo esiste ed è «la nostra città», ma è perfino bella.

Se mi sono dilungato a illustrare l'interpretazione marxista, è perché (come del resto voi sapete) credo che essa sia in grado di spiegare meglio di altre la complessità del sociale. Tuttavia non sarò così dogmatico da ritenere che essa sia esaustiva. Riconosco che altre questioni restano aperte, in particolare le seguenti: se è vero che il Capitale ha tutto l'interesse a inculcare nel proletariato una falsa coscienza, come mai il proletariato stesso, che come abbiamo visto è vigile e combattivo, si lascia così facilmente persuadere ad andare contro i propri interessi di classe? e come mai la fede nell'esistenza di Mestre è fatta propria da tutti, anche dagli strati non operai della popolazione? Su questi punti io credo ci soccorrano le altre due interpretazioni attualmente più accreditate, e cioè l'interpretazione neo-kantiana e quella psicoanalitica, come cercherò brevemente di dimostrare.

Rumori e odori urbani: l'interpretazione neo-kantiana

Prima di prendere in esame l'interpretazione neo-kantiana, sarà opportuno richiamare sommariamente gli elementi fondamentali della teoria della conoscenza in Kant, il quale osserva che la conoscenza si ha nell'unione di determinazioni o intuizioni sensibili e di concetti puri o categorie a priori. Le forme empiriche che noi percepiamo (quali rumori, odori, spigoli, intralci o impedimenti fisici eccetera) di per sé non ci direbbero niente se esse non fossero organizzate, e quindi rese intelligibili, da forme a priori che le collocano nello spazio e nel tempo e quindi conferiscono loro un senso. Torniamo ora al nostro tema e ricordiamo quanto si diceva all'inizio, che cioè nessuno di noi vedrebbe gli interstizi se non fossimo stimolati da qualche intuizione o determinazione sensibile (causata da elementi lignei, bronzei o di pietra) che ci costringe a farlo; ma a loro volta queste intuizioni sensibili non sarebbero intelligibili se noi non le organizzassimo attorno a una categoria a priori – per esempio l'idea di pieno contrapposto a vuoto, o l'idea di Pòlis –, in base alla quale siamo portati ad affermare: esistono luoghi e spazi i quali rappresentano per così dire un pieno – in contrapposizione al vuoto – e contengono una città detta Mestre.

Ora, se la costruzione di elementi lignei, bronzei e di pietra a forma di totem, colonne, sfere o menhir, persegue l'obiettivo di rivelare luoghi organizzati attorno all'idea di Pòlis laddove esiste il nulla, ciò significa che la popolazione tende per sua natura ad assopire le intuizioni sensibili e a percepire sempre di meno l'esistente attorno a sé, e deve perciò essere di continuo stimolata da nuove e più forti determinazioni sensibili che possano essere collegate in qualche modo all'idea di Pòlis (con la conseguente classificazione interna di Centro e di Periferia), o meglio di Mestre come Pòlis, con il suo centro e le sue periferie.

Vanno così sorgendo tangenziali ed enormi cavalcavia a pochi passi dalle case, di modo che la popolazione, affacciandosi alla finestra, possa dire: «*Questa* è una superstrada, quindi *questa* è una città»; gli odori industriali devono essere abilmente miscelati e mantenuti a un certo livello e anzi incrementati se si vuole che la popolazione ammetta a sé stessa: «*Questa* è una città industriale»; le discariche devono essere molte e ben visibili e continuamente alimentate dalle pubbliche amministrazioni (non solo di giorno, ma anche di notte), affinché si possa dire senza tema di smentita: «*Qui* c'è una discarica, dunque *qui* c'è una periferia, mentre *lì* c'è il centro» (e per analogia: «Se *questa* è la Biblioteca Comunale, io vivo a Mestre»; «Se non riesco a salire su *questo* autobus, *questa* è Mestre» eccetera).

Come si è visto, le categorie che rendono intelligibili le intuizioni sensibili non sono solo quelle newtoniane legate allo spazio e al tempo (come erroneamente riteneva Kant), bensì anche quelle legate all'archetipo di Pòlis. In questo senso possiamo dire che nessun dato fenomenico (nemmeno il fatto di annusare o vedere una discarica o di sbattere in bicicletta contro il pilone di una tangenziale) sarebbe di per sé intelligibile se non fosse immediatamente illuminato da questo archetipo.

Diventa ora più chiaro il motivo di nomi quali «Riviera», «Castello», «Torre», «Piazza», «Parco», che non hanno alcun riferimento reale e che si spiegano solo coll'esistenza di un archetipo di Pòlis (nel nostro caso si direbbe una città medievale su modello di Siena), il quale archetipo richiede appunto che una città abbia le sue Piazze, il suo Duomo, le sue Torri, il suo Castello: e stupisce di non trovare per esempio un «Lungomare» («Lungomare Daniele Manin», perché no?) in un territorio al quale per il resto non manca niente di quello che si suppone debba costituire una città ideale[2].

Tutto ciò sta a dimostrare che Mestre, frutto di un bisogno oscuro e primitivo di dare una forma nota e perciò rassicurante a ciò che viene percepito come esterno e altro da sé, non è niente di più che il prodotto dell'inconscio collettivo. Ma questo punto va ulteriormente chiarito: se è abbastanza comprensibile infatti il peso che giocano determinazioni sensibili – quali barriere fisiche e architettoniche, odori, rumori, colori – nella costruzione dell'idea di Mestre, resta da capire come possa venire unanimemente accettata l'idea stessa che rende intelligibili le determinazioni sensibili. Questo tema ci porta ad affrontare la terza e ultima interpretazione, che è appunto quella psicoanalitica.

[2] Oltre all'influsso esercitato dall'archetipo di Pòlis, probabilmente gioca anche un ruolo la geometria euclidea, e cioè l'idea che se esiste un punto per il quale passa una retta, ne esiste necessariamente anche un altro: il quale postulato, una volta banalizzato dalla scolarizzazione di massa, si traduce nell'affermazione che se esiste una cosa ne consegue che deve necessariamente esistere anche un'altra, e che perciò se esiste Siena o se è esistita un tempo Venezia, deve necessariamente esistere anche Mestre. Ma questo apre il problema, da lungo tempo dibattuto, di una seria e radicale riforma della didattica della geometria, o almeno dell'introduzione a scuola della geometria non-euclidea.

Nevrosi ossessiva e ambivalenza dei sentimenti: l'interpretazione psicoanalitica

L'interpretazione psicoanalitica, nella versione freudiana, chiarisce un quesito che finora non ha avuto risposta: come mai l'esistenza di Mestre, pur essendo manifestamente infondata, raccoglie una così vasta, anzi totale, adesione di massa? Riprendendo alla lettera gli insegnamenti di Freud, tale scuola di pensiero risponde: 1. che siamo dinanzi a un classico esempio di segreto tribale; 2. che la coazione nevrotica a pensare e a ribadire l'esistenza di Mestre si spiega col fatto che Mestre esprime due opposti significati, in un senso significa «sacro, consacrato», e nell'altro «inquietante, pericoloso, proibito, impuro»[3].

La caratteristica principale di questa nevrosi ossessiva consiste dunque in una sorta di atteggiamento ambivalente del soggetto verso l'oggetto-Mestre: nel mentre desidera prepotentemente compiere un'azione in qualche modo connessa con Mestre, il soggetto aborre da tale azione e ne prova orrore; è consapevole del divieto imposto dalla ragione, ma desidera inconsciamente e intensamente violarlo; sa che ogni azione connessa con Mestre (e perfino l'idea stessa) è proibita dal buon senso, ma prova contemporaneamente una fortissima attrazione a soddisfare il desiderio proibito; è attratto dalla trasgressione e la teme, ed è perciò diviso tra la paura della tentazione e il piacere di assecondarla.

Tale nevrosi ossessiva, per sua natura contagiosa, si traduce collettivamente in un segreto tribale, da tutti condiviso e da tutti religiosamente rispettato: la popolazione infatti si aspetterebbe chissà quali punizioni (quasi le venisse letteralmente a mancare la Terra sotto i piedi e all'improvviso la Storia sospendesse il suo cammino) nel caso qualcuno osasse svelare il segreto della non-esistenza di Mestre e affermasse pubblicamente la verità che essa conosce e vuole tenere nascosta ai profani.

Questo spiega il motivo di un'usanza apparentemente strana, ma in realtà perfettamente comprensibile, l'usanza cioè dei membri della tribù di usare il termine «Mestre» solo ed esclusivamente quando si

[3] S. Freud, *Il tabù e l'ambivalenza emotiva*, in Id., *Totem e tabù. Concordanze nella vita psichica dei selvaggi e dei nevrotici*, Introduzione di K. Kerényi, Boringhieri, Torino 1969, p. 50.

Mestre - Piazza IV Cantoni

62 - Mestre - I quattro cantoni

rivolgono ai non-iniziati, in particolare quando si rivolgono ai bambini (che devono ancora essere iniziati e perciò devono credere nell'esistenza reale di Mestre) e agli stranieri (che sono tenuti all'oscuro del segreto). Tra gli iniziati invece, i quali sono al corrente del segreto, il termine «Mestre» non viene mai nominato. Mentre infatti, nel rivolgersi ai non-iniziati (bambini e stranieri), i custodi del segreto tribale dicono «Sto a Mestre», quando parlano tra di loro e sono certi di non essere ascoltati dai profani, evitano accuratamente il nome «Mestre» (che, come si è detto, percepiscono come termine interdetto, sacro e impuro allo stesso tempo) e ricorrono alle denominazioni più varie: astenendosi dall'usare il termine proibito, dicono per esempio «Sto a Favaro», «Sto a Chirignago», «Sto a Catene», «Sto a Ca' Solaro» eccetera.

Abbiamo detto che le denominazioni cui essi ricorrono per evitare l'uso di «Mestre» sono varie; finora ne sono state raccolte almeno 38 e cioè, in ordine alfabetico: Altobello, Aretusa, Asseggiano, Bissuola, Bottenigo, Ca' Brentelle, Campalto, Carpenedo, Ca' Sabbioni, Ca' Solaro, Catene, Cavergnago, Cep, Chirignago, Cipressina, Cita, Dese, Favorita, Gatta, Gazzera, Giustizia, Macallè, Malcontenta, Marghera, Marocco, Peep, Piave, Piraghetto, Quattro Cantoni, San Giuliano, San Giuseppe, San Teodoro, Terraglio, Tessera, Trivignano, Villaggio San Marco, Villaggio Sartori, Zelarino.

Conclusioni

Mi avvio rapidamente alla conclusione del discorso. Spero di aver portato argomenti convincenti. (Ma se aveste ancora qualche dubbio residuo, pensate alla seguente dimostrazione per assurdo: ammettiamo per assurdo che Mestre esista; ma allora perché mai, quando una persona che pure ammette di abitare a Mestre, dice «Vado a Mestre» quando esce di casa? non è questo un residuo linguistico del tempo in cui l'abbaglio doveva ancora imporsi e appariva per quello che effettivamente era?)

Riassumendo quello che ho cercato di illustrare: nella prima interpretazione, quella marxista, Mestre è l'oppio dei popoli, nella seconda, di ispirazione neo-kantiana, Mestre è una sintesi a priori, nella terza, psicoanalitico freudiana, Mestre è un totem e perciò un tabù.

Lungi dall'essere in contrasto tra di loro, come gli studiosi hanno fin qui affrettatamente sostenuto, le tre interpretazioni si sorreggono a vicenda l'un l'altra. Mi auguro che almeno una di queste vi convinca.

Non vorrei comunque aver dato l'impressione di un giudizio totalmente negativo sui due volumi che oggi vengono presentati. Torno a dire che il materiale è ben distribuito, lo stile è vivace e a tratti anche piacevole: nel complesso si leggono volentieri. Se questi libri appartenessero al filone della letteratura d'evasione o dei viaggi fantastici (come le opere che ci parlano di Atlantide, del Cipango o del Catai) non troverei niente da dire, e mi sentirei di consigliarne la lettura perfino ai bambini. Ma quando vogliono contrabbandare per una verità storica quello che, nel migliore dei casi, è il frutto di un inconscio collettivo, è nostro dovere denunciare l'inganno.

Devo confessare che per lungo tempo sono vissuto anch'io nell'errore, e ho cercato anzi di propagarlo e di diffonderlo. Non solo ho partecipato ai due volumi che oggi vengono presentati, ma ho anche concorso nella mia vita alla pubblicazione di un altro libro di analoga intonazione, seppure falsamente circoscritto a questioni relative ad alcune fortificazioni militari[4]. Con il discorso di oggi ho finalmente l'occasione di liberarmi di un peso che mi era diventato negli anni troppo pesante. Spero che anche voi troviate il coraggio di fare altrettanto.

Vi prego, liberatevi dal segreto che vi opprime, ora che ne avete l'opportunità. Trovate qui due volumi che rappresentano un esempio insuperabile del livello di mistificazione a cui siamo giunti. Smascherate questo gioco, ponete fine alla Grande Menzogna. Evitate che tali opere vadano in mano a gente sprovveduta, risparmiate ad altri l'esperienza dell'errore. Togliete di mezzo questi libri prima che siano diffusi, fate che non venga immesso nelle librerie nemmeno un esemplare. Acquistateli adesso, quando sono in vendita a prezzo intero, prima che gli editori, disposti a tutto pur di spargere il loro veleno, li distribuiscano su bancarelle improvvisate a prezzo ridotto e perfino dimezzato, perché allora le pubblicazioni entreranno in ogni ambiente sociale, anche

[4] N. Anoè, P. Brunello, G. Facca, C. Zanlorenzi, *I forti del campo trincerato di Mestre: storia, ambiente, prospettive di riuso*, a cura di P. Brunello, Libreria Utopia Due, Venezia 1988.

il meno preparato, e nessuno sa quale sorte il futuro vorrà riservarci. Comperate questi due volumi e comperatene in più copie, fate che siano tolti per sempre dalla circolazione.

Se avessi convinto anche una sola persona a ravvedersi e a seguire il mio consiglio, sentirei di aver raggiunto il mio scopo.

Grazie, cittadine e cittadini di Mestre.

[1990]

Al posto del posto

Zoghémo che qua intorno / no ghe gèra gnénte,
ma campi e solo campi / che finiva in acqua,
canne, copagati, chironòmidi
e fémo qua per tèra / un segno a bissabòvo*l*a
(un fiume che sarà el Marzènego),
e al posto de Mazzorbo, / Muràn, Buràn, Torcè*l*o
supiémo forte e fémo / na bòra a mu*l*inè*l*o,
prova a pensar el Dese / tra l'erba e gnente ciése,
e mi sarò Fetonte, / el fondator troiano,
cugin de quell'Antènore / che gèra 'ndà fin Padova,
e fémo che piantavo / su*l*a gronda lagunare
'na selva fetontea / de càrpini, morèri, bago*l*ari,
olmi, pioppeti e zìzo*l*e,
na fauna ben studiada de giuràssiche zanzare
adatte all'acqua dolce e a que*l*a sa*l*ada.

Al posto dall'acqua sa*l*ada cossa ghe va?
Ghe metarémo in ordine do zone industria*l*i.

Zoghémo che mi gèro / turnista dentro a*l*a Sava
tre giorni sie e do / tre giorni do e diéze,
tre giorni notte,
po' fémo che ghe gèra / de*l*e ciminière alte
coi silos e coi depositi / coe gru e coi container,
e sora po' metémoghe / i fili de alta tensión
e brómbo*l*e de fumo / un fià za*l*o e un fià aranción,
po' nuvoloni grigi / bèi s-gionfi de vapór,

e mi scrivarò sui muri / «Sava autogestita resisteremo»,
ti invesse ti passavi / *l*a cera su*l*e piastrée
e co' tornavo a casa / me mettarò *l*e pianèe
par no strissar par tèra, / e fémo che ghe gèra
un orto drìo *l*a casa / par méttarghe i gerani e *l*e sparesèe.

Al posto dell'orto coi gerani, cossa ghe va?
Metémo 'na gettata / pa'l masse e pìndo*l*o
e gessi colorati / pal campanón.
No! al posto dell'orto / metémoghe un garage.

E drento del garage ghé metarémo
in riga su*l*e scansìe bòzze de vin,
martèl scarpèl e ciòdi, / vide cerniere e tràpani
ròde de scorta e scato*l*e / coe scarpe e coi stivai,
e drento del garage / tricicli, carozzèe e bici de òmo
po' motorini e moto, moto Morini
e la Cinquecento Fiat, / e la lavatrice Zoppas
el banco da lavoro, / e la bombola del gas
e drento del garage / la vècia radio a vàlvo*l*e
e picà soto el soffitto / coi ganci metarémo el portapachi
e in t'un cantón la grèa / e'l sacco mèzo vèrto de*l*a carbonèa,
e tra un lavoro e n'altro / col Dódeze 'ndaremo a Mestre Centro.

Al posto del Centro cossa ghe va?
Metémoghe 'na piassa / col Duomo e co i pòrteghi
tipicamente veneti, / ghe passerà el Marzènego.

Metémoghe un bel ponte fato in pièra,
e fémo che ghe gèra / tacada 'naltra piassa
che come *l*a piova andava / finir drento un canal,
e al posto del Marzènego / i Grandi Magazzini
e fémo che mi gèro / par zógo to moroso
su e zó pae sca*l*e mobili / e sora su*l*a terrassa
e al posto de sta piassa / metémo 'na rotonda
col monumento in mèzo / coa spada e col león.

E al posto del canal cossa metémo?

Slarghémo *l*a rotonda / par farghe star *l*e machine,
scurtémo un fià el canal, / tombémo ancora el fosso
e po' scavemo ancora / el fiume zà interà
e sora che metémo / un ponte finto antico
e dopo stroparémo / de nóvo come prima,
fémoghe 'na strada spartitraffico
par bici tram e autobus / che porta drito a*l*e fabriche,
e al posto de*l*e fabriche / metémoghe de nóvo
'na selva fetontèa
e al posto de*l*a selva, / coa bòra a mu*l*inèo
supièmo forte e al posto / de Mestre e Carpenéo
zoghémo che dintorno / no ghe gèra gnénte
ma campi e solo campi / che finiva in acqua,
canne, copagati, chironòmidi / e fémo qua per tèra
un segno a *bissabòvola* / (un fiume che sarà el Marzènego).

[1993]

L'ordine della città metropolitana

1. Il libro di Vittorio Beretta racconta un momento decisivo della programmazione urbanistica nell'area metropolitana formatasi nel Novecento attorno a Porto Marghera[1]. Il territorio comprende Venezia, Marghera, Mestre e i Comuni di terraferma che vengono chiamati «della prima cintura», immaginando dei cerchi concentrici che si allontanano da un luogo di lavoro e di servizi. Il periodo è quello tra la fine degli anni Cinquanta e la metà degli anni Sessanta, in cui si pensava a una terza zona industriale al di fuori del Comune di Venezia, oltre Fusina. Il progetto comportava il raddoppio del porto industriale, con imbonimento di vaste aree di barena, scavo di un canale per superpetroliere, ampliamento della rete di oleodotti, strade e autostrade. In dieci anni ci si aspettava di passare dai 35.000 operai di allora a oltre 150.000; alle industrie di base lungo la laguna si sarebbe accompagnato, verso l'interno, un grande sviluppo della media e piccola industria[2].

Tranne alcune realizzazioni, il progetto non venne attuato, ma le industrie di Marghera continuavano a espandersi. Negli anni Cinquanta la seconda zona industriale era in crescita: ad assumere erano le nuove fabbriche della Edison e gli impianti che avrebbero dato vita al Petrolchimico.

Nuove industrie, più case. Sulla questione si scontrarono interessi economici, modelli abitativi, esigenze di controllo sociale, indirizzi urbanistici, spinte speculative, culture e abitudini popolari, volontà di distin-

[1] V.R. Beretta, *Fare ordine nella città metropolitana. Mestre, Spinea, terraferma e il progetto di terza zona industriale (1950-1970)*, Cierre, Sommacampagna (Vr) 2002.

[2] C. Chinello, *Storia di uno sviluppo capitalistico. Porto Marghera e Venezia 1951-1973*, Editori Riuniti, Roma 1975, p. 72.

zione sociale e di status, vincoli normativi, pratiche amministrative, bilanci famigliari, immagini del futuro, diverse idee di città e di campagna.

Si trattava di decidere (o almeno così si presumeva) dove mettere il centro o i centri, dove collocare le fabbriche e il verde pubblico, dove far vivere le famiglie degli operai e degli impiegati, dove tracciare strade e dove mantenere campi coltivati, che cosa fare di Mestre, di Venezia e dei Comuni di terraferma. I documenti su cui si basa la ricerca di Vittorio Beretta – relazioni allegate a piani regolatori, delibere di consigli comunali e di uffici provinciali – dimostrano la volontà di classificare e di assegnare un posto per ogni cosa, per ogni gruppo sociale, per ogni funzione. Il piano regolatore di Venezia di quegli anni suddivideva il territorio per tipi di costruzioni, vi assegnava il tipo di abitanti e la funzione urbana, e attribuiva un posto specifico anche alla produzione di veleni da immettere nell'ambiente. In una delle norme di attuazione del prg si diceva: «Nella zona industriale troveranno posto prevalentemente quegli impianti che diffondono nell'aria fumo, polvere o esalazioni dannose alla vita umana, che scaricano nell'acqua sostanze velenose, che producono vibrazioni e rumori»[3].

Dopo aver esaminato le politiche urbanistiche del Comune e della Provincia di Venezia (la Regione Veneto ancora non c'era), Beretta prende in esame il caso specifico di uno dei Comuni della prima cintura. È da Spinea che l'autore ricostruisce la vicenda e che guarda a un'area centrale formata da Venezia, Marghera e Mestre.

2. Un'inchiesta condotta nei primi anni Sessanta da Francesco C. Rossi per la rivista genovese «Itinerari» registrava un rapidissimo processo di urbanizzazione in tutta la campagna dalla Riviera del Brenta al Terraglio. Le costruzioni andavano addensandosi senza sosta lungo le strade: una «vasta frangia urbana» cancellava i confini comunali, un nuovo «organismo urbano» prendeva il posto dei vecchi borghi[4].

I paesi di campagna mostravano maggiori capacità di attrazione,

[3] Ivi, p. 42.

[4] *Contadini del Veneto*, inchiesta a cura di F.C. Rossi con la collaborazione di A. Musacchio e G. Barbero, numero monografico di «Itinerari. Rivista mensile di cultura» diretta da F.C. Rossi, n. 63-66, a. X gennaio-aprile 1963, pp. 98-99.

perché i terreni e le case costavano di meno e la densità abitativa era minore. Certo, bisognava fare i conti con la distanza dalle industrie. Circa il 54% dei lavoratori di Marghera impiegava da un minimo di tre quarti d'ora a un massimo di un'ora e tre quarti per recarsi al lavoro. Di qui i frequenti cambi di casa. All'epoca dell'indagine la metà degli operai di Marghera risultava aver cambiato residenza dal tempo dell'assunzione[5].

L'autore dell'inchiesta fu ospite di un contadino a Crea, una frazione di Spinea. Era uno dei pochissimi contadini rimasti. Aveva fatto l'operaio, e rimpiangeva quel periodo. Sarebbe tornato a farlo, se avesse avuto l'età. Un figlio maschio, lo avrebbe mandato in fabbrica. Un uomo presente all'incontro spiegò perché gli operai venissero ad abitare a Crea o a Spinea, piuttosto che a Mestre. Un metro quadro di terreno costava a Crea sulle milleduecento, millecinquecento lire; a Spinea 7000 lire; a Mestre fino a 120.000. La gente comprava un pezzo di terra e si faceva la casa, anche perché molte fabbriche assumevano più volentieri operai che avessero un po' di terra, «per potergli dare una paga inferiore, con la scusa che hanno poi la terra con cui integrare il salario»[6].

Come ci racconta in questo libro Vittorio Beretta, le casette operaie autocostruite con il lavoro del sabato e della domenica caratterizzarono la crescita edilizia della Spinea degli anni Cinquanta. Le pratiche per richiedere l'autorizzazione erano sbrigative. In quegli anni, edifici di questo tipo, a un piano, sorgevano dovunque nell'area metropolitana. Prima che il Comune decidesse la toponomastica, davano il nome alla strada e alla località: si abitava «alle casette».

Nell'appendice al libro, Claudio Zanlorenzi racconta da vicino la storia di una di queste casette a un piano, costruita a Zelarino, un quartiere di Mestre[7]. Fa vedere come si sceglieva il terreno, come ci si metteva d'accordo con il geometra, le pratiche da svolgere in mu-

[5] Ivi, p. 100. L'inchiesta fa riferimento a dati pubblicati nella rivista «Il Progresso Veneto» e a una ricerca condotta nel 1958 dal Servizio di Studi Economici di Ca' Foscari.

[6] Ivi, pp. 111-113.

[7] Il saggio può essere un esempio di ricerca costruita su testimonianze orali e su documenti che le famiglie di solito conservano; per una ricerca di questo tipo si veda D. Pitkin, *La casa che Giacomo costruì. Romanzo antropologico*, Introduzione di V. Lanternari, Dedalo, Bari 1992.

nicipio, i lavori di costruzione, i materiali usati, i rapporti tra vicini. L'esterno era adibito a orto, con ortaggi e alberi da frutta; un magazzino con tetto in lamiera serviva per i lavori meccanici; nei «casotti» attorno si tenevano galline e conigli. I materiali per i lavori nel magazzino o nell'orto provenivano spesso dall'impresa o dalla fabbrica in cui si lavorava. Col tempo la baracca che faceva da magazzino sarebbe diventata un garage, e sarebbero scomparsi conigli e galline; gli orti si sarebbero trasformati in giardini.

3. La casetta era fonte di soddisfazione e di orgoglio: dava un senso di benessere. Lo testimoniano i quaderni di scuola dei bambini di Martellago che avevano per maestro Angelo Grimaldo, di recente riproposti da Silvano Cremasco[8]. Martellago è un altro dei Comuni della prima cintura. Un bambino descrisse la «casetta operaia» mettendo in luce il fatto che fosse nuova e che ci abitasse solo lui con i genitori (nelle altre case i suoi amici stavano con zii e cugini): «La mia casetta è piccola ma è nuova. Il babbo l'ha costruita l'anno scorso con blocchi di cemento proprio vicino alla strada. È ad un solo piano e ci abita solo la nostra famiglia. È composta di due camere, una cucina, un cucinino e un magazzino»[9].

Sono gli anni del miracolo economico, e le padrone di casa si trasformano in casalinghe. Sviluppano il senso dell'arredo, non solo utile ma anche confortevole. I pavimenti cominciano ad avere piastrelle; la cucina e il soggiorno si separano dal cucinino; c'è ancora la stufa economica a legna e carbone, e sulla credenza c'è la radio, ma stanno per fare la loro comparsa i primi elettrodomestici. Riferendosi al processo di modernizzazione in un paese bretone alla metà degli anni Sessanta, Edgard Morin mostra il ruolo decisivo delle donne in questo processo di «rivoluzione domestica», e a proposito della casa parla del formarsi di un sentimento di «interno» pulito, ordinato e accogliente contrapposto

[8] S. Cremasco, «*La vacca non ci ha mangiato i libri*». *Testi liberi e ricerche scolastiche nelle scuole elementari di Martellago negli anni 1955-56-57. La figura di un maestro*, tesi di laurea, rel. P. Brunello, Università Ca' Foscari, Venezia, a.a. 2000-2001.

[9] *Una casetta operaia*, ivi (*Gli usi e i costumi del nostro paese*, II).

a un esterno contraddistinto da sporcizia, disordine, cattivi odori[10]. Nei quaderni di scuola dei bambini di Martellago uno scolaro attribuisce alla mamma il merito della nuova casa:

> La mia casa [...] è ad un piano, dipinta di colore giallo. Essa è fatta di mattoni; è poco che è stata costruita, nel 1954, perché in quella vecchia c'era un buco nel tetto. La mia mamma brontolava sempre, così il mio papà ha dovuto costruire tre nuove stanze vicino alla casa vecchia. Una camera da letto è sufficiente a me e a mio fratello; ma la cucina è piccola e la mia mamma brontola sempre perché ci sono le sedie sempre ingombre di calzetti, stracci ecc...[11].

Non c'erano solo casette operaie, naturalmente. L'inchiesta di «Itinerari» scrive: «Gli uomini, a Mestre, vivono là dove li hanno destinati la forza ed il prepotere dei latifondisti urbani: in piccole case che fanno fronte a torri di cemento e giardini che confinano con fazzoletti di seminativi». Più avanti, descrivendo la terraferma, l'inchiesta parla di «un'area vastissima», di 350.000 abitanti, che non può essere definita «un'area metropolitana, in senso stretto», ma «un vasto distretto in parte urbano ed in parte suburbano»[12].

4. Alternative a questo tipo di sviluppo urbano furono tentate, ma vennero sconfitte. Il libro di Beretta è una riflessione sul fallimento dei progetti che avrebbero potuto dare una diversa fisionomia all'area metropolitana. Il piano regolatore di Spinea, bocciato dalla Giunta provinciale amministrativa rifiutava lo sviluppo urbano in corso che – scrivevano gli estensori – stava dando vita a «una unica grande città, quale Mestre, e alla proliferazione di una edilizia povera, sparsa in tutto il territorio»; a Mestre questo significava congestione e «caos» edilizio, e nei Comuni attorno «borgate amorfe prive di servizi, di attrezzature e

[10] E. Morin, *Indagine sulla metamorfosi di Plodémet*, Il Saggiatore, Milano 1969, pp. 183-203; il capitolo si intitola *La donna, agente segreto della modernità*.

[11] *Qualche altra casa*, in *Gli usi e i costumi del nostro paese*, II, in Cremasco, «*La vacca non ci ha mangiato i libri*», cit.

[12] *Contadini del Veneto*, cit., pp. 98-99, 108.

di vita civile disseminate attorno ai vecchi centri comunali, di cui Spinea è attualmente l'esempio più negativo». Il piano regolatore pensava invece a nuclei urbani, tra cui Spinea, non come «satelliti di Mestre» ma come «fatti sociali e urbani completi sia sotto il profilo residenziale che sotto quello economico». Il progetto, bocciato, era in sintonia con il Piano Intercomunale, anch'esso messo da parte per l'opposizione – a livello amministrativo – della Provincia di Venezia e della Prefettura.

Questo libro non si sofferma sul fatto che i progetti lasciati cadere – e questo vale anche per il piano regolatore di Mira – accettavano la futura terza zona industriale a sud di Fusina; la consideravano una scelta da non discutere, e da cui partire: di qui i pochi margini di libertà su cui poter intervenire. Il libro mette invece in evidenza le differenti concezioni urbanistiche. Da un lato i progetti accantonati prefiguravano un'area metropolitana in cui i nuclei abitati hanno un aspetto di piccole o medie città ben distinte dalla campagna circostante, ciascuna dotata di servizi collettivi e di verde pubblico; dall'altra – le scelte compiute – prefiguravano la crescita di una enorme area con caratteri semirurali. In sintesi, scrive Beretta, Spinea poteva diventare «una città» e invece divenne «una periferia».

La Giunta Provinciale Amministrativa, presieduta dal prefetto, che bocciò il piano regolatore di Spinea, è la stessa che intervenne in quel periodo nel merito del piano regolatore del Comune di Venezia, aumentando i vani edificabili da 85.000 a 152.000, riducendo i lotti per abitazione da 10.000 a 3.000 metri quadrati, raddoppiando le aree residenziali al Cavallino, portando la fascia di rispetto a lato delle strade provinciali da 50 a 10 o 20 metri, sopprimendo il vincolo a verde per la profondità di 150 metri lungo il Terraglio, eliminando l'area prevista per l'ospedale di Mestre[13].

5. Il libro *Fare ordine nella città metropolitana* conferma l'idea che lo sviluppo urbano non fu elaborato mediante una discussione dei progetti urbanistici, e neppure nei consigli comunali. È il giudizio al quale giunse l'inchiesta di «Itinerari»: «In questo modo la pianificazione, in-

[13] G. Romanelli, G. Rossi, *Mestre. Storia territorio struttura della terraferma veneziana*, Arsenale, Venezia 1977, pp. 92-93.

vece d'essere un veicolo di rinnovamenti strutturali, è più probabile si trovi a divenire un mezzo di conservazione delle istituzioni, dei gruppi sociali e delle forze economiche esistenti»[14].

Le scelte decisive vennero fatte in primo luogo dagli uomini e dalle forze economiche e finanziarie che avevano messo le mani sulla zona industriale. Luigi Piccinato, autore del Piano Intercomunale, lo dichiarò esplicitamente al convegno internazionale su "Il problema di Venezia", tenutosi alla Fondazione Cini, nel 1962, rivolgendosi al senatore democristiano Eugenio Gatto:

> Apro una parentesi: lei sa che cosa sono gli «Essi». «Essi», lo sa chi sono? Dunque: c'è una commedia che mi pare «I giorni felici», una commedia francese in cui c'è una ragazzina che piange e la mamma le domanda: che cosa hai? Lei dice: ho paura che vengano: «Essi». Ma chi sono gli «Essi»? dice: forse gli «indiani»? forse i «nemici»? forse «barbablù?» no, generico: «Essi». Noi durante lo studio del Piano Intercomunale di Venezia, che è stato un gran passo, ci siamo trovati di fronte ad una infinità di «Essi», di cose già fatte; un canale: Venezia-Padova quando sarebbe stato infinitamente più logico per noi un canale Chioggia-Ticino-Svizzera, ma ormai «Essi» avevano deciso. Siamo pieni di «Essi»; ampliamento della zona industriale in quel punto ancora con Venezia sotto vento; l'hanno deciso, chi? «Essi». Sempre «Essi». Se mi dicessero perché non ampliamo le banchine del porto; risposta mia: e perché non facciamo un nuovo porto in una posizione migliore? ma «Essi» vogliono così, e così avanti, siamo pieni di «Essi»[15].

Beretta mostra il peso assunto in tutta la vicenda dalla speculazione edilizia: basti vedere il caso del Villaggio dei Fiori, a Spinea, un quartiere destinato a quanti volevano abbandonare il centro di Mestre, ormai congestionato. Ma egli sembra sottolineare maggiormente, perlomeno tra gli anni Cinquanta e Sessanta, l'importanza degli interessi legati allo sviluppo di Porto Marghera: in particolare mette in luce le esigenze di controllo sociale legate alla presenza operaia.

[14] *Contadini del Veneto*, cit., p. 137.

[15] Comune di Venezia, Fondazione «Giorgio Cini», *Atti del Convegno internazionale "Il problema di Venezia"*, Venezia, 4-7 ottobre 1962, Venezia 1964, p. 345.

L'ingegner Eugenio Miozzi, fautore del porto petrolifero nella futura terza zona industriale (progetto che comportava tra l'altro la costruzione di autostrade lagunari), vedeva le barene «da Tre Palade a Chioggia» come «un'estensione di aree si può dire senza limiti [...] per sede di officine industriali»[16]. Le famiglie operaie non dovevano però vivere accentrate, ma distribuite nelle campagne, «per dare anche all'umile – così l'ingegner Miozzi chiamava l'operaio – la gioia di un soggiorno confortevole tra cielo e campagna». La cosa era resa possibile grazie alla motoretta e all'utilitaria:

> È il sogno più accarezzato, ed il più cristiano dei doni sociali: una piccola casetta in proprietà, con l'orto e con i fiori, la capretta e le galline, un televisore e l'utilitaria, [...] ecco gli elementi per una vita confortevole, igienicamente sana e moralmente elevata, molto più che non l'alveare del condominio cittadino. Il problema delle abitazioni operaie di terraferma non dovrebbe trovare la sua soluzione in Mestre o nei suoi immediati dintorni, ma nei Comuni vicini [...].

Nemmeno a Mestre dovevano esserci troppi quartieri operai, per far sì che Venezia – sono sempre parole sue – si sentisse «sollevata dal soffoco di un grande ammassamento di case operaie sulla sua porta di casa e cioè sulla fronteggiante sponda di terraferma». Mestre avrebbe comunque mantenuto alcune funzioni del centro: a Mestre, spiegava Miozzi, le famiglie dei dintorni confluirebbero «per i loro acquisti e per i loro affari di importanza».

La paura della presenza operaia doveva essersi risvegliata in città tra la fine degli anni Cinquanta e i primi anni Sessanta. I due grandi cortei che attraversarono Mestre e Venezia in occasione dello sciopero gene-

[16] Si veda l'intervento di Eugenio Miozzi all'incontro promosso dal Centro di studi storici nel giugno del 1963, in «Quaderni di studi e notizie. Centro di studi storici di Mestre», 3-4 (giugno 1963-giugno 1964), pp. 63-64. I successivi brani di Miozzi sono invece ripresi dalle citazioni di Vittorio Beretta. Per i progetti di Miozzi, capo dell'ufficio tecnico del comune di Venezia dal 1931 al 1954, cfr. V. Farinati, *Introduzione*, in Istituto universitario di architettura di Venezia, Centro di servizi interdipartimentali Archivio Progetti, *Eugenio Miozzi 1889-1979. Inventario analitico dell'archivio*, a cura di V. Farinati, Istituto universitario di architettura di Venezia, Venezia 1997, pp. 26-60.

rale del luglio 1960, in concomitanza con gli scontri a Genova e con l'eccidio di Reggio Emilia, mostrarono la forza della Cgil dopo gli anni della sconfitta[17]. È interessante leggere la discussione che si svolse nel 1963 presso il Centro di studi storici di Mestre a proposito dell'inchiesta pubblicata da «Itinerari». Dopo che Aldo Musacchio, collaboratore all'inchiesta, espose i risultati, la discussione si orientò sulla difficoltà di raccogliere attorno a «un nucleo culturale e sociale» gli operai immigrati a Mestre, in modo da «dar loro unità». Anche in un ambiente come il Centro di studi storici, preoccupato per la mancanza di integrazione urbana in una città come Mestre, giunta in pochi anni a 100.000 abitanti, le nostalgie per la campagna e per il potere delle parrocchie sembrano allora molto sentite. Il dibattito proseguì infatti con questa considerazione: «Questa comunione essi [gli operai] l'avevano nelle loro campagne dove la parrocchia aveva una funzione anche culturale, mentre ora essi tendono a radunarsi attorno al sindacato, sorto a scopi economici, e non adatto a soddisfare esigenze di cultura»[18].

6. Il libro di Beretta aiuta a riconoscere la città metropolitana nell'area urbanizzata cresciuta attorno a Porto Marghera e a capire perché ha assunto l'attuale configurazione: in altre parole invita a pensare la storia di questo territorio senza farsi condizionare dall'esistenza di confini comunali, ma osservando i rapporti tra le varie parti che lo compongono e l'uso che ne fanno gli abitanti. Dopo averlo letto sarà più facile individuare le casette operaie, comprendere come mai dei grandi alveari sorgono a fianco di villette residenziali, spiegarsi perché la viabilità si è adattata successivamente a un corpo urbano già costruito e così via. Questo libro aiuterà soprattutto a rendersi conto di quanto poco si sia sviluppata – in primo luogo nelle amministrazioni pubbliche – la consapevolezza di vivere in una città metropolitana.

[2002]

[17] C. Chinello, *Sindacato, Pci, movimenti negli anni sessanta. Porto Marghera-Venezia 1955-1970*, I, *Gli anni 1955-1967*, Franco Angeli, Milano 1996, pp. 168-172.

[18] «Quaderni di studi e notizie. Centro di studi storici di Mestre», 3-4 (giugno 1963-giugno 1964), p. 63.

L'aria di Marghera

È sera e sono seduto fuori della porta di casa. La strada è di sassi, sì e no che passa una bicicletta, i vicini hanno portato ciascuno una sedia, i bambini un po' stanno seduti un po' giocano, e io con loro. È estate, io devo aver appena concluso la prima elementare. Gli anziani raccontano storie della Grande guerra, che a me sembra così lontana eppur così famigliare. Davanti casa c'è la pompa dell'acqua che serve tutte le famiglie, e un muro che costeggia la strada, che infatti si chiama via Mure, fiancheggiata da un'alta fila di pioppi. Se c'è vento fanno un bel sussurro. Ogni sera arriva il momento in cui gli uomini parlano del tempo e formulano previsioni per l'indomani. L'aria viene dal Garda? Se sì, temporale in vista: tirar su il fieno alla svelta.

Casa nostra sta giusto in mezzo a un corridoio attraversato dal vento. Quando viene dal Garda, l'aria si ferma sopra casa nostra, brontola e rovescia fulmini e acqua a secchi rovesci, e poi prosegue verso il mare, dalla parte opposta: si butta in mare, si dice, e allora noi usciamo dalla legnaia dove abbiamo finito di ascoltare le gocce sul tetto di lamiera, stando attenti se vediamo un topo tra le fascine. Altre volte invece l'aria si limita a qualche tuono (mentre Toni Campanèr suona le campane per allontanare il temporale) per poi buttarsi direttamente in mare, risparmiando così il fieno: e noi aspettiamo il prossimo brutto tempo per rifugiarci in legnaia.

Quando sono arrivato a Mestre, il Garda era scomparso, e anche il mare. Davanti a casa nostra corre via Forte Marghera che poco dopo cambia nome per dirsi via Triestina, e al di là si vedono gru e le enormi impalcature della Breda, si sente forte il rumore del treno e di notte dalla camera il brusio di enormi motori e di caldaie in azione, e mio

papà, che fa il turno di notte, sembra più vicino. Nella rosa dei venti, al posto del Garda, c'è Marghera. E quando viene da Marghera, l'aria sa di uova marce oppure di qualcosa che pizzica la gola e fa tossire. Non c'è nessun mare in cui possa buttarsi l'aria di Marghera, che perciò viene sopra la nostra casa e lì ristagna. Anzi no, di tanto in tanto prende un'altra direzione, verso qualche altro punto della terraferma, per esempio verso la Riviera o verso Campalto lungo la Triestina. Mai a Venezia. Se si esclude il ponte al di là del cavalcavia di San Giuliano, le strade di Mestre non vanno infatti verso la laguna, ma si dirigono tutte dalla parte opposta, a raggiera, formando in tal modo altrettanti spicchi. L'aria che viene da Marghera s'infila pertanto in uno di questi spicchi e continua verso l'interno, perdendo sempre più di forza. È una fortuna che a Mestre i venti rispettino i semafori e i sensi unici.

Il vento ha cessato di venire da Marghera quando mio papà ha comperato una Seicento Fiat. Alla mattina troviamo della sabbia depositata sopra la macchina. Viene dall'Africa ed è portata dallo scirocco, un vento che parte caldo e secco, alza la sabbia del deserto e la trattiene con sé: viene da Oriente, in qualche punto tra la Siria e il Marocco, di cui unisce i nomi, poi, infilandosi nel corridoio del mare Adriatico, si gonfia di umidità, perciò quando arriva da noi, toglie le forze e cava il fiato, oltre a rilasciare i granelli di sabbia sopra la Seicento Fiat. Bisognerà tirar su un garage, dice mio papà. A bilanciare l'effetto dello scirocco caldo e umido, c'è per fortuna la bora, che è fredda e secca, e perciò riporta l'equilibrio negli organismi. Come lo scirocco che nasce giù nei deserti, ma arriva a Mestre da sud est, così succede, con una certa simmetria, alla bora, che nasce a nord est dalle parti della Siberia, si sfoga a Trieste, dove le persone si aggrappano ai corrimano, e di lì, girando bruscamente verso ovest, incontra Mestre, e di qui prosegue spegnendosi a mano a mano che si addentra nella valle padana.

I venti insomma sono due – lo scirocco e la bora –, provengono entrambi da est, e giunti a Mestre si disperdono verso occidente. Mestre partecipa in altre parole della natura di Venezia, la quale sta tra Oriente e Occidente: per la precisione riceve influssi da Oriente e li disperde verso Occidente. Venti da altre direzioni non ce ne sono. Quello che viene da Marghera infatti non si può dire un vero e proprio vento: è un'aria pigra che ristagna, e siamo fortunati quando prende la strada verso Mira o la Romea.

[2002]

Archeologia

Mestre è portata a caso esemplare di disordine urbanistico. Il «caos informe» della «città di terraferma» viene contrapposto alla «forma urbis» della «città lagunare» (il latino sottolinea il rapporto gerarchico tra le due realtà). La «crescita disordinata» della terraferma si oppone al «delicato equilibrio» della «città d'acqua».

Dire «caos» e «disordine» è un modo per non vedere la città e quindi per non studiarne la storia; è un modo per non cercare cause, responsabilità e conflitti; infine è un modo per trovare normale e logico l'assetto urbano. Almeno fino al processo alla Montedison si sentiva dire che la chimica è incompatibile con il delicato equilibrio della laguna: ma forse che la Montedison è compatibile con la salute degli operai e con Marghera? Secondo il piano regolatore di Venezia degli anni Sessanta, come sappiamo, la risposta è sì. Dire che questo processo è «informe» significa non vedere l'ordine – ogni cosa al suo posto – che vi sta dietro.

Mestre contiene al proprio interno i diversi strati delle città che l'hanno costituita.

Prima cosa, fare un inventario, esempio: la città delle case dei ferrovieri; la città giardino; la città dell'Ina Casa; la città delle case popolari; la città delle casette operaie autocostruite: la città dei condomini; la città del Circus e della Pantera rosa: la città del Centro culturale Candiani; la città degli immigrati: la città della Fincantieri; la Chinatown e i negozi di cibi africani nell'area della stazione ferroviaria.

Caso di studio n. 1: la città clericofascista. Negli anni Trenta le famiglie sfrattate da Venezia (e in misura minore da Mestre) vengono mandate nel villaggio alla Rana, dove sono oggetto di un sistema di controllo sociale fatto di segregazione, misure di sorveglianza e pratiche di assistenza delegate soprattutto alla Chiesa, perché, come dice uno dei promotori dell'asilo infantile gestito dalle suore, «la zona di La Rana è una vera e propria terra di missione». Negli stessi anni il cavalier Domenico Toniolo (l'imprenditore che tra le altre cose aveva realizzato l'omonimo teatro e la Galleria Vittorio Emanuele) costruì a proprie spese la chiesa della Madonna di Lourdes in via Piave, in faccia alle case dei ferrovieri. Nel corso della cerimonia un oratore disse: «In questo centro dove un giorno imperava il materialismo dei rossi, è sorto il tempio più bello e più caro dello spirito, il monumento più elevato delle fede di Dio, che è fede di Patria e di tutte le cose più eccelse»[1]. Esercizio di comparazione: tenere presenti i progetti di intervento urbanistico a Parigi nell'Ottocento che dividevano la vallata in cui è costruita la capitale «in due zone, l'una delle quali, all'ovest, conterrà la residenza del governo con le popolazioni interessate a proteggerlo, e l'altra, all'est, comprenderà le popolazioni che bisogna frenare nei loro tentativi»[2].

Caso di studio n. 2: palazzoni e case disposte a cerchio attorno alle corti, anni Cinquanta, Villaggio San Marco. Ecco cosa scrive Giuseppe Samonà, l'urbanista responsabile del progetto assieme a Luigi Piccinato. Nei palazzoni («unità d'abitazione multipiani, concepite col sistema di ville sovrapposte in organismi a torre articolata») andranno ad abitare uomini «più amanti dell'individualità, indifferenti o addirittura schivi da facili rapporti di collaborazione collettiva, [che] raramente stabiliscono con i vicini rapporti sociali diretti e intimi». Chi sono questi individui? Sono «uomini che lavorando agiscono creativamente col dare e col ricevere nella dialettica degli umani colloqui»; in altre parole sono «spiriti più complessi e ricercati, amanti di isolamento nelle ore di riposo, con amicizie più rare e ricercate e perciò schivi dalle facili relazioni di buon vicinato». Le case a due piani, disposte in modo da

[1] A. Simion, *Registro delle memorie di S. Maria della Rana dal 1930 al 1960. Una fonte per la storia di Ca' Emiliani a Marghera*, a cura di P. Brunello e F. Brusò, Presentazione di G. Bettin, Comune di Venezia-Etam. Animazione di comunità, Mestre 1997 (in particolare i saggi dei curatori).

[2] G. Teyssot, *«La casa per tutti»: per una genealogia dei tipi*, in R.H. Guerrand, *Le origini della questione delle abitazioni in Francia: 1850-1894*, a cura di G. Teyssot, Officina, Roma 1981, p. XX.

formare le corti, sono destinate invece a gente «molto socievole» che «ama fuori del lavoro la compagnia dei vicini», e per questo le case sono attorniate da «luoghi di sosta», da «spazi che devono essere di tutti e di ognuno, facilmente accessibili dalla casa o meglio ancora dal soggiorno della casa, come una prosecuzione all'aperto di essa». A che tipo di abitanti stiamo pensando? A «spiriti semplici, la più parte dediti al lavoro manuale senza spiccato carattere creativo», nei quali è forte «il desiderio di sociabilità, per saggiare con altri i valori del proprio spirito, chiuso nelle ore di lavoro a contatto con la materia grezza». In altre parole: nei palazzoni gli impiegati, nelle corti gli operai. Come facilitare lo scambio e i rapporti tra tipi così diversi di residenti? Prevedendo «il parco e i campi da gioco dove s'incontrerebbero soprattutto i ragazzi».

Esercizio: Chiedersi come le donne abbiano modificato uno spazio sociale pensato sulla base del lavoro dei capifamiglia.

[2003]

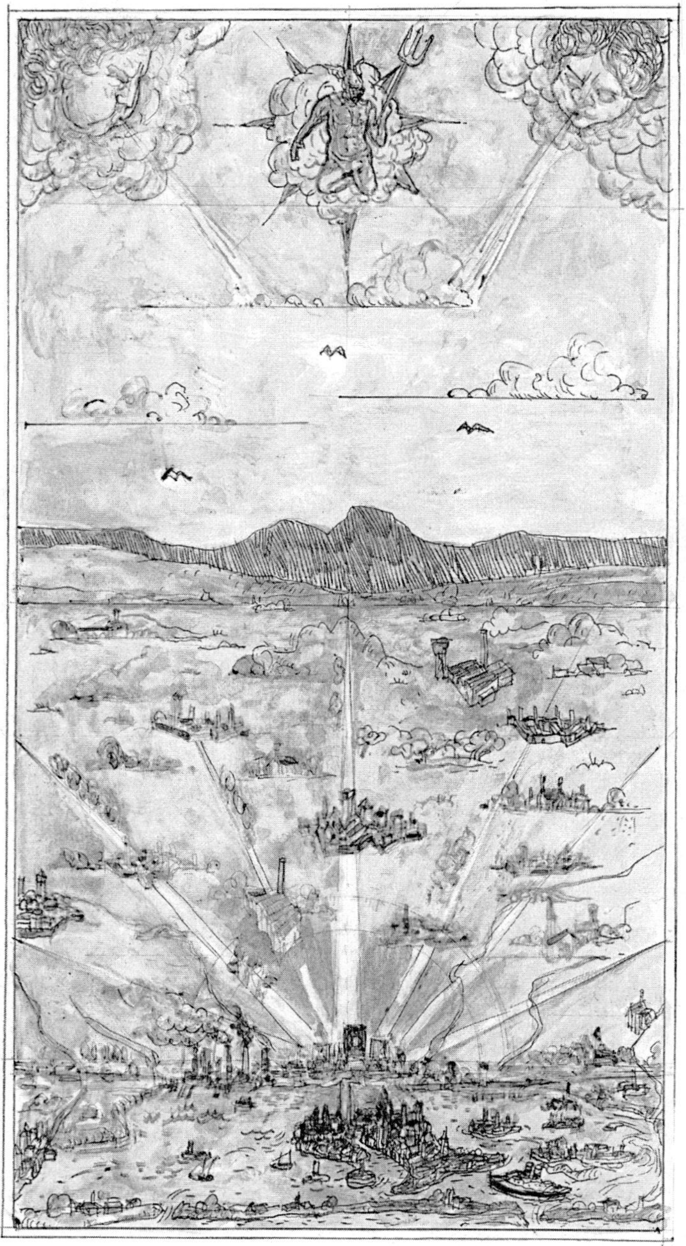

Mestre è un goniometro

Partirò da questa domanda: dove ci troviamo? dove abbiamo fissato questo incontro?

Ci sono molto modi per rispondere. Possiamo fare il nome di località, di quartieri, di parrocchie, di comuni e via via. Possiamo dire: a Zelarino, a Zelarino-Chirignago, a Mestre, nel comune di Venezia, nella città metropolitana, nel Veneto, nel Nordest... Possiamo prendere come punto di riferimento nomi di amici o di persone che conosciamo, negozi, semafori, chiese, edifici notevoli: per esempio «prima del [centro commerciale] Polo, venendo da Mestre, sulla destra».

Partirò invece dalla strada in cui ci troviamo ora, e dirò che ci troviamo «lungo la Castellana». La Castellana, almeno per me, parte da un punto, più o meno là, alle mie spalle, che chiamerò Mestre. Ed è lì, a Mestre, più o meno nel punto dove inizia questa strada, che immagino di trovarmi.

Eccomi dunque: in questo momento mi trovo a Mestre, e, visto che sto guardando verso Zelarino, do le spalle alla laguna. Divido la laguna dietro di me in due parti, grosso modo uguali, alla mia sinistra e a alla mia destra. Sento in questo momento la tranquilla certezza di stare in un centro – a metà tra nord e sud, giusto nel mezzo. Sento che da un lato c'è la «laguna nord» e dall'altro lato la «laguna sud». Insomma mi trovo al centro, mi trovo in un centro.

(Per immaginarmi in questo punto, vorrà dire qualcosa il fatto che la mia famiglia sia stata tra i pionieri che hanno fondato il Villaggio San Marco? e che noi bambini tuffandoci nel Canal Salso trovassimo nel fango monete con il leone di San Marco o con la faccia tutta barba e baffi di Vittorio Emmanuele? o che le greggi di pecore, giunte qui, proprio ai bordi della laguna tornassero indietro, per riprendere la strada verso le montagne?)

Ci sono popoli che piantano un bastone al centro del villaggio per segnalare il centro del cosmo, e spostano il bastone quando cambiano luogo dove costruire un nuovo villaggio. Il bastone può essere messo in qualsiasi luogo. Come questi popoli, anche noi che promuoviamo il Centro di documentazione sulla città contemporanea affermiamo che ciascun individuo, ciascun gruppo associato e ciascun luogo costituisce un centro.

In questo momento, come ho detto, il centro del cosmo segnato dal bastone conficcato per terra è il punto dove mi trovo, con le spalle alla laguna. Qui hanno origine cinque semirette.

Alla mia sinistra una semiretta oltrepassa la ferrovia, costeggia dapprima le ciminiere e subito dopo la laguna: si chiama strada Romea e corre verso Chioggia, i mosaici bizantini, le pianure padane e i lontani Appennini.

Ho nominato immediatamente alla mia sinistra la ferrovia, che divide un luogo che chiamo Mestre, dove mi trovo, da uno che chiamo Marghera, subito al di là dei binari. Ma per il momento tralascio questa suddivisione, e faccio caso solo alla semiretta che va verso sud, cioè alla mia sinistra.

Dalla parte opposta, alla mia destra, corre un'altra semiretta, che segue invece la linea della laguna verso nord e si chiama Triestina: d'estate corre verso i bagni di mare, e d'autunno verso i vini bianchi.

Di fronte a me vedo invece dipartirsi a raggiera tre strade, più o meno a distanza equivalente l'una dall'altra, pressappoco a un intervallo di quarantacinque gradi. Partirò da sinistra.

La prima, al di qua della ferrovia, si chiama via Miranese. Esce dalla città, passa sotto il perimetro delle mura dette Tangenziale, e si avventura verso i parchi e le ville.

Ancora quarantacinque gradi, ed ecco una strada che si chiama via Castellana, che porta a magazzini di vestiti e a reparti di ospedale: noi in questo momento ci troviamo qui, appena oltrepassate le mura della tangenziale.

Altri quarantacinque gradi all'incirca, ed ecco un'altra strada, il Terraglio, che va verso il prosecco, i funghi e le gite in montagna. Questo di giorno: perché il Terraglio a una certa ora di sera cambia come dal giorno alla notte.

Il luogo dove mi trovo è un punto di un goniometro. La base sono le due semirette lungo la laguna. E poi tanti spicchi, segnati da strade.

I corsi d'acqua non sono significativi. Qui nessuno dice «sto alla destra del Marzenego», «sto alla sinistra del Canal Salso», come fanno le popolazioni che vivono sulle rive del Piave o del Tagliamento o della Senna. Nemmeno il quartiere delle Barche, si divideva tra «di qua» o «di là» del Canal Salso, «destra Salso» o «sinistra Salso». Gli anziani ricordano che il quartiere delle Barche era diviso dalla luce del sole – c'era chi stava «dalla parte dell'ombra» e chi «dalla parte del sole».

In questo modo, partendo dalle strade, si vengono a formare dei quadranti. C'è chi vive nello spicchio tra la strada Romea e via Miranese, chi nello spicchio tra la Castellana e il Terraglio, chi nello spicchio tra il Terraglio e via Triestina.

La cosa diventa significativa non appena gli abitanti cercano casa oltre le mura. In questo caso, a meno che non ci siano circostanze particolari e giustificate, in genere motivi di ricongiungimenti famigliari, chi cerca casa segue il proprio quadrante o al massimo quello adiacente. (Si ritiene che le direttrici valgano anche per i fumi delle ciminiere di Marghera, ma questo è un altro discorso, per affrontare il quale dovremmo parlare della rosa dei venti di chi vive in terraferma.) Chi per esempio vive a Favaro, e cioè nel quadrante tra il Terraglio e la linea della laguna su cui si affaccia l'abitato detto anticamente Cep e di recente quartiere Laguna, cercherà casa tra Marcon e Mogliano. Dal quartiere Valsugana, lungo la Miranese, ci si spingerà verso Spinea. Da Marghera ci si avventura lungo la riviera del Brenta. Con queste strategie, gli abitanti ristabiliscono l'ordine cosmico messo in crisi dalla mobilità e dalla dispersione dei luoghi di lavoro, di studio, del tempo libero e dei consumi. Conosciamo tutti, credo, persone che stanno male quando trovano casa in un altro spicchio: e sappiamo a quali strategie ricorrono per ricomporre l'ordine, mantenendo per esempio legami nel vecchio luogo (dal barbiere alla chiesa, al negozio di ferramenta), oppure allungando la strada in macchina o in autobus pur di passare per i luoghi familiari.

M'immagino di vedere la scena da un satellite. Vedo le persone che sostano molte ore al giorno dentro automezzi sulla via Miranese o sulla via Castellana, o sul Terraglio: alla mattina vedo il percorso avvenire perlopiù in direzione della linea della laguna, alla sera nel verso opposto. Mi faccio l'idea, mentre guardo dal satellite, che le linee radiali del goniometro siano percorsi obbligati, e che sia difficile andarne fuori. Mi faccio l'idea che le comunicazioni trasversali tra i raggi, attraverso percorsi interni ai singoli quadranti, siano complesse, difficili, scoraggiate in molti modi, e tali da richiedere una grande esperienza del territorio che solo i membri adulti della popolazione possiedono. Mi faccio l'idea, sempre dal mio oblò sul satellite, che gli abitanti di questa città vivano molte ore al giorno lungo queste strade radiali per ribadire l'ordine del goniometro, che è un ordine antico messo in crisi dalle nuove esigenze produttive e abitative.

Una controprova? Pensiamo a quando dobbiamo prendere la strada che corre sul perimetro urbano delle mura, intersecando a mo' di tangente le direttrici del goniometro, tanto da essere detta Tangenziale: grandi avvisi luminosi alle entrate segnalano rischi, mettono in guardia e scoraggiano dall'entrarci; una volta immessi, informazioni, avvisi e comunicazioni ci obbligano a rimanere in una corsia piuttosto che in un'altra, a correre al di sopra di una certa velocità per sgombrare la strada oppure a prendere la prima uscita possibile – tutti segnali volti a distoglierci ancora una volta dallo sfidare l'ordine del goniometro.

Finora ho dato le spalle alla laguna. Ora mi giro verso il ponte che porta diritto a Venezia, davanti a me. È ancora un goniometro quello che sto vedendo? Sono altri 180 gradi, speculari a quelli della terraferma, quelli che m'immagino di vedere da Punta Sabbioni alla mia sinistra, a Pellestrina e Chioggia alla mia destra? O che cos'altro? E se guardassi verso il punto dove più o meno localizzo gli orti di Sant'Erasmo? o il campanile di Burano? E se invece seguissi idealmente l'Osellino, che proprio qui alla mia sinistra devia il suo corso seguendo il bordo della laguna fino alle piste dell'aeroporto di Tessera?

Lascio questo esercizio per ribadire che il Centro di documentazione sulla città contemporanea farà in modo, come ho detto, che ciascun individuo, ciascun gruppo associato e ciascun luogo possa diventare un centro di relazioni, un centro del cosmo.

Quindi, al posto di uno sguardo dal centro, uno sguardo dai margini e l'idea che ogni luogo, ogni individuo e ogni gruppo associato è un centro; al posto di una veduta dall'alto, una prospettiva dal basso e l'idea che non c'è né alto né basso; al posto di un dominio e di un ambito territoriale culturale o etnico nei quali qualcuno ha deciso dove collocarci, luoghi, realtà e contesti di cui riconosciamo la specificità e le relazioni con altri centri, altre realtà e altri contesti.

[2007]

La città-macchina

1. Trovandosi spesso ad Anversa negli anni Sessanta, W.G. Sebald venne a sapere dell'imponente cinta di fortificazioni costruite fin dal Seicento attorno alla città. Gliene parlò Austerlitz, un uomo conosciuto alla stazione centrale, che gli spiegò come «per premunirci contro l'irruzioni delle forze nemiche, siamo costretti a circondarci, in fasi successive, di sempre nuove opere di difesa, e questo finché l'idea degli anelli concentrici, che si spostano vieppiù all'esterno, non urta nei suoi limiti naturali». Sebald stette ad ascoltare, e fu sorpreso nell'apprendere «con quanta ostinatezza generazioni di architetti militari [...] si siano mantenute fedeli a un'idea radicalmente sbagliata». L'idea sbagliata consiste in questo: pensare di poter garantire la sicurezza di una città costruendovi attorno un anello di forti e di bastioni. C'erano cose che non venivano messe in conto: che le fortezze più imponenti attirano anche le forze nemiche più imponenti; che il nemico può ignorare le fortificazioni e scegliere un'altra zona di combattimento; e infine che le fortificazioni risultano subito superate, «a lavoro appena concluso, se non addirittura prima», per via dei nuovi sviluppi dell'artiglieria. La storia non è magistra di niente che riguardi le tecniche di fortificazione. Austerlitz spiegò che nel 1832 la fortezza di Anversa fu ridotta a un cumulo di macerie dopo un assedio.

La cosa avrebbe dovuto dimostrare «tutta la follia» del sistema assedio-fortificazione, ma «l'unico insegnamento che incomprensibilmente se ne trasse fu quello di ricostruire, e molto più possente di prima, la cinta intorno alla città e di spostarla ancor più verso l'esterno». Nel 1859 la vecchia cittadella e i forti più esterni furono spianati per costruire una nuova cinta lunga nove o dieci miglia, e otto forti situati a oltre mezz'ora di marcia. Trascorsi nemmeno vent'anni, il progetto «si rivelò già inadeguato per via della gittata dei cannoni, fattasi nel frattempo più lunga, e della crescente forza distruttiva degli esplosivi». Nuova cinta ancora più esterna. L'ultimo forte, portato a termine alla vigilia della prima guerra mondiale, si rivelò «completamente inutile per la difesa della città e del territorio». Gli edifici sovradimensionati, questa la conclusione di Austerlitz, «gettano già in anticipo l'ombra della loro distruzione e, sin dall'inizio, sono concepiti in vista della loro futura esistenza di rovine»[1].

Questa è anche la conclusione che si ricava dal libro *I forti di Mestre. Storia di un campo trincerato*, a cura di Claudio Zanlorenzi, ripubblicato da Cierre a distanza di dieci anni dalla prima edizione, e di venti da quando fu pubblicato in una versione più ridotta[2]. Sebald mette in rilievo l'ostinazione dell'ingegneria militare europea a perseguire vecchi schemi a dispetto dell'esperienza. Vorrei indicare due elementi di questa mentalità, almeno per il periodo che va da metà Ottocento alla prima guerra mondiale, quando cioè furono costruiti i forti di Mestre, e lo farò prendendo proprio a riferimento le conclusioni che si traggono leggendo il libro curato da Zanlorenzi: il primo elemento è l'idea fanciullesca dell'esplosivo come fuoco d'artificio, il secondo è il modello della città-macchina.

2. In Europa dopo la metà dell'Ottocento – come si legge in *I forti di Mestre* – furono prodotti e cominciarono a essere utilizzati nuovi materiali esplosivi: in Francia la melinite, in Prussia e poi in Germania il fulmicotone. Ora, gli effetti sempre più devastanti di questi materiali non venivano collegati a immagini di morte, a corpi fatti a pezzi, a città sventrate, bensì suscitavano da un lato un senso magico di avventura, di fantasmagoria e di spettacolo pirotecnico, e dall'altro una reazione di meraviglia di fronte al «progresso» della scienza. Notizie di questo genere erano diffuse soprattutto da riviste rivolte a un pubblico appas-

[1] W.G. Sebald, *Austerlitz* [2001], trad. di A. Vigliani, Adelphi, Milano 2002, pp. 21-27.

[2] *I forti del campo trincerato di Mestre*, cit.; *I forti di Mestre. Storia di un campo trincerato*, a cura di C. Zanlorenzi, Cierre, Verona 1997 e 2009.

sionato di «scoperte scientifiche», di «progresso della tecnica», di esplorazioni in Africa, di descrizioni di usi e costumi di «primitivi» e popoli lontani, di navi a vapore, di telegrafi e mongolfiere, di viaggi del mondo in ottanta giorni. Uno dei testi a decantare queste meraviglie è *Viaggio al centro della terra*, di Jules Verne: un celebre romanzo, uscito nel 1864, i cui protagonisti si ritrovano sepolti sotto un enorme strato di granito dopo un naufragio in un mare sotterraneo. E come riescono a risalire sulla superficie della terra? Stupore, sbalordimento, ammirazione...

Ecco il passo nella traduzione di Carlo Fruttero e Franco Lucentini (Einaudi, Torino 1989):

> L'islandese andò alla zattera, e ne ritornò in breve con l'occorrente. Cominciò a scavare con la piccozza un fornello da mina. Ma anche questo era un lavoro considerevole, trattandosi di fare un buco sufficiente per contenere cinquanta libbre di fulmicotone, la cui potenza esplosiva è quattro volte maggiore di quella della polvere da sparo ordinaria. Ero in preda a una prodigiosa sovreccitazione. Mentre Hans lavorava, aiutai attivamente mio zio a preparare una lunga miccia fatta con della polvere inumidita e racchiusa in un budello di tela. – Passeremo! Dicevo. – Passeremo! ripeteva mio zio. [...] Accostai alla fiamma la rozza miccia, che cominciò subito a crepitare, e tornai correndo verso la riva. Saltai subito alla zattera. Allontaniamoci! disse mio zio. Hans, con una spinta vigorosa, fece indietreggiare la zattera, e presto ci trovammo a una ventina di tese dalla riva. Fu un momento di estrema emozione. Il professore, cronometro alla mano, non staccava gli occhi dalla lancetta dei secondi. [...] Che cosa avvenne allora? Il rumore dell'esplosione credo di non averlo neppure inteso. Ma la forma delle rocce cambiò in un istante sotto i miei occhi: i dirupi si aprirono come una cortina. Vidi un insormontabile abisso aprirsi in piena riva. Il mare, preso da vertigine, non fu più che un'onda enorme, sul dorso della quale la zattera s'inclinò quasi perpendicolarmente. Fummo rovesciati tutti e tre. In pochi secondi la luce dette luogo alla più profonda oscurità. Poi sentii l'appoggio solido mancare, non ai miei piedi, ma alla zattera. Credevo che stessimo colando a picco. Ma non si trattava di questo. Malgrado le tenebre, il fracasso, la sorpresa, compresi ciò che doveva essere accaduto. Oltre il macigno che avevamo fatto saltare c'era un abisso. L'esplosione aveva determinato una specie di terremoto in quell'imbocco attraversato

da crepe, l'abisso s'era aperto, e il mare, trasformato in torrente, ci trascinava con sé. [...] Riuscivo difficilmente a connettere, durante quella corsa vertiginosa che rassomigliava a una caduta. A giudicare dall'aria che mi sferzava il volto, la nostra velocità doveva superare quella dei treni più rapidi. Accendere una torcia in quelle condizioni era dunque impossibile, e il nostro ultimo apparecchio elettrico s'era rotto al momento dell'esplosione.

3. Osservo i disegni dell'epoca riprodotti ne *I forti di Mestre*: strutture sepolte sotto enormi masse di terra o riparate dietro spesse lastre di acciaio o pesanti strati di calcestruzzo; cupole metalliche a forma di schiena di tartaruga in grado di aprirsi, permettere il tiro di un cannone e richiudersi; un sistema di movimenti ordinati, prevedibili, regolari, comandati da un unico centro. La cupola si alza quando il nemico è a tiro e torna sotto terra automaticamente dopo lo sparo; il cannone viene ricaricato dagli artiglieri, e così via. Una serie di cupole, a breve distanza l'una dall'altra, sono montate sopra una struttura sotterranea in calcestruzzo e muratura. Le truppe accedono dall'alto grazie ad appositi ascensori, e nei locali sotterranei trovano tutto quanto serve. Gallerie collegano le stanze sotterranee destinate alla truppa, alle munizioni, alle vettovaglie. All'interno l'illuminazione artificiale è garantita in ogni punto. All'esterno minuscole torri gettano fasci di luce elettrica sulla campagna circostante. Tutto il congegno è mosso da un potente motore centrale sepolto al centro della fortezza. I soldati sono raffigurati piccoli, tutti uguali uno all'altro, ciascuno al posto che gli è stato assegnato: sono appendici dei macchinari e dei congegni meccanici.

La storia insegna che basta un niente perché s'interrompano collegamenti, aria, luce, acqua e cibo. Ma questa è l'epoca del sistema di produzione industriale in grandi manifatture, e il forte-macchina riflette il modello di città-macchina che si andava affermando in Europa. Architetti e filantropi disegnano edifici su più piani e composti di molti appartamenti per singole famiglie, in ognuno dei quali arriva la forza motrice prodotta da un'unica macchina a vapore collocata nello scantinato. L'energia si distribuisce grazie a un sistema di ingranaggi, di alberi e di cinghie di trasmissione orizzontale e verticale. Una rete di tubi distribuisce l'illuminazione artificiale e l'acqua. Una stessa forza motrice fa azionare bagni, lavanderie, essiccatoi, macchine per il bucato. Con la stessa logica sorgono progetti di ospedali e di caserme, con pilastri incastrati su basi di calcestruzzo, ossatura in ferro, muri in mattone, capriate di ferro collegate da verghe tenute insieme da bulloni. Riscaldamento e ventilazione sono assicurati da un congegno mosso da un solo motore posto alla base dell'edificio, da cui parte la rete dei tubi e delle condotte d'aria che si diramano per scale, corridoi, gallerie, officine, magazzini, dispense, camere, sale comuni[3].

Forti-macchine, città-macchine, fabbriche-macchine. Ciascuno, ciascuna, al suo posto, obbedisce al funzionamento della macchina. Aveva ragione Austerlitz, quando, raccontando a Sebald le trasformazioni di Anversa nel corso dell'Ottocento, diceva che «la visione di una città operaia ideale, sorta nella mente di alcuni imprenditori filantropi, si era trasformata di colpo nella prassi di accasermare la gente». Del resto, concludeva, «i nostri migliori progetti si ribaltano sempre nel loro esatto contrario al momento della realizzazione»[4].

[2009]

[3] Teyssot, *«La casa per tutti»*, cit., pp. LXXV-XCIC.
[4] Sebald, *Austerlitz*, cit., p. 36.

STORIE

La ballata di Giacomo De Lazzari

La strada di Lito Marino
un tempo finiva nel niente
laddove uno scuro acquitrino
segnava la via dell'Oriente.
Finché al banco di un tabacchino
un piccolo re piemontese
pensò di mandare il chinino
qui, proprio alle foci del Dese.

Ciò che ora dirò, lo premetto,
da un vecchio anni fa l'ho saputo:
che un certo De Lazzari detto
il Rosso qui è nato e vissuto.
Poiché il Tempo senza rispetto
cancella ricordi e memoria
lasciatemi fargli un dispetto
cantando a mio modo la storia.

Diceva che quando era nato
De Lazzari dentro un casone
Daniele Manin l'avvocato
faceva la rivoluzione:
in casa si è tramandato
che quando iniziava il travaglio
Radetzky (vederlo in che stato)
correva a galoppo il Terraglio.

Quel giorno fu accoltellato
lontano dal proprio Paese
un Ungaro o forse un Croato
perduto tra i giunchi del Dese;
il fiume era mezzo ghiacciato
dal freddo, e per combinazione
da Forte Marghera han sparato
a salve più volte il cannone.

Convinta che un fausto destino
splendesse sul piccolo Rosso
la mamma lo pose su un tino
com'era, senza niente addosso;
benevola va la corrente
trasporta tinozza e bambino,
li culla, ed improvvisamente
li sbarca più o meno ad Altino.

Il tempo passò, finché il Rosso
in piazza al mercato di Mestre
riapparve un bel dì grande e grosso
montato su un carro campestre;
in piedi gridò a più non posso:
«In Mèrica! che vi trattiene?
partiamo! L'Atlantico è un fosso,
spezzate le vostre catene».

«Se fosse Pio Nono a imperare
– senti dire in tutte le chiese –
su Favaro e su Gambarare,
su Gaggio, Marcon e anche Dese,
sul mondo e sull'orbe terrestre,
(capìssitu Rosso, imperare)
nessuno dovrà più baciare
il culo ai signori di Mestre».

All'alba risuona l'appello:
«Sorgete o dolenti! in cammino!
Lasciate alle spalle il Praello,
Campalto, il Tarù e Zelarino».
E mentre si forma il drappello,
perché tutto sia regolare,
la vedova di un suo fratello
il Rosso conduce all'altare.

In treno a qualunque stazione
cantavano «andiamo in Brasile!
e ai siori la soddisfazione,
lasciamo di usare il badile».
A Genova giù dal vagone
dimentichi del passaporto,
nessuno cantò la canzone
ed erano soli nel porto.

La fine di questa avventura
è un fulmine a cielo sereno,
per ordine della Questura
li han messi di nuovo sul treno.
Tornò il Rosso, è cosa sicura,
spiato da tutta la gente,
e fino alla sua sepoltura
di lui non si seppe più niente.

Il vecchio che con un fanale
pescava le rane mi ha detto
che stava vicino a un canale,
da dove, salendo sul tetto
(sul tetto, è una cosa normale)
a volte le sere di luna
Torcello e la sua cattedrale
il Rosso guardava in laguna.

Mi giro e non vedo il fanale,
né il fiume e neppure il paese,
c'è solo un cartello stradale
a dirci che qui siamo a Dese:
fortuna che a mo' di segnale
che qui il Rosso visse ed è morto
elevano la tangenziale
che unisce il Tarù all'aeroporto.

[1993]

Mestre da Fort Alamo alla stazione

Antonio Pelosi ha una quarantina d'anni. È nato in Venezuela da genitori italiani. e da piccolo si è trasferito con la famiglia vicino a Roma. Lasciato il mestiere di idraulico, ha girato il mondo in bicicletta, visitando moltissimi paesi. Un giorno particolarmente freddo del febbraio 1989 gli si ruppe la bicicletta a Mestre, cosicché si fermò a dormire nella Casa dell'Ospitalità. Vi rimase tre mesi, e alla bella stagione riprese il viaggio. Visitò la Francia, la Svizzera, la Jugoslavia e tornò alla Casa dell'Ospitalità di Mestre, dove tuttora vive insieme ad altri senza casa.
Questo è un breve in montaggio di brani tratti da alcune interviste fatte nei primi mesi del 1993.

Una giornata come passa?

Una giornata si passa un po' all'avventura, in giro per Mestre... Il primo approccio si fa con la struttura a Ca' Letizia dove c'è la prima colazione alle otto, dopodiché o si va in giro per la città in cerca di qualcosa, o sennò passo le giornate all'emeroteca perché il tempo non mi manca. Dopodiché alle undici e trenta andiamo dai frati a mangiare un pasto caldo – i frati Cappuccini di Mestre –, e lì bisogna mettersi in fila. Ci si trova a mangiare con tanta gente, tante nazionalità diverse, ci sono turchi, musulmani, jugoslavi, rumeni, tanta gente dell'Est... Ci si sente addosso gli sguardi delle persone... per cui quando ci si mette in fila fuori dal portone magari lì alla mensa si ha sempre un po' di paura di qualche persona che ci conosce: a parte io che vengo da fuori, ho notato che ci sono le persone qui di Mestre che si mettono nei vari angoli nascosti, che non si fa vede', magari ci hanno qualche parente che se li vedono dai frati per loro è un po' uno smacco.

E questo fatto di dormire all'aperto, Antonio, le è capitato di dormire fuori, o alla stazione?

Sì, appena arrivai a Mestre, in un'altra occasione che arrivai a piedi senza la bicicletta, ho conosciuto un ragazzo in una piazza che si faceva chiamare John Wayne: c'è una piazza qua a Mestre che lui ha denominato Fort Alamo, e lui è il capo della piazza e lui è un ragazzo abbastanza in gamba, appena so' arrivato qui ho fatto amicizia con sto ragazzo che era seduto lì, siccome avevo qualche soldino ci siamo presi qualcosa al bar e gli ho chiesto dove si poteva dormire, e lui: non ci pensare che stanotte andiamo a dormire su qualche treno, e io ho passato una notte sui treni e poi sono andato a dormi' sulla stazione. Anche in stazione è un'avventura tutta la notte perché c'è la polizia, la Polfer, e magari uno è senza documento, vengono a cercare il documento, e ti portano lì a fare il terminale o ti mettono fuori della stazione perché chiudono le porte.

Cos'è il terminale?

Terminale sarebbe il documento, per vedere se tu c'hai dei precedenti, ti fanno il foglio di via, ti mandano via, perché non sei bene accetto, Specialmente se sei di fuori, perché uno che si sposta vuol dire che ci ha qualcosa da nascondere e... niente... Alla stazione sono andato da solo a dormire, anche per provare e per vedere, e ho notato che c'era una signora che non me ricordo se era stata sfrattata di casa, che aveva i piedi gonfi perché dormiva sempre in piedi, cioè dormendo seduto si gonfiano i piedi, è una sofferenza grandissima, e ho visto che c'è gente che dorme per mesi e mesi lì, mentre io ho dormito un paio di notti e me sentivo mori', e alla mattina non riuscivo nemmeno a camminare perché non si riesce a dormire, sempre con la paura che viene sta polizia che ti manda fuori.

C'è l'emeroteca, mi pare, come un luogo in cui si va...

Eh beh, l'emeroteca, è un posto di ritrovo straordinario, perché anche se siamo un po' di clienti fissi, ci sono gli impiegati lì che delle volte ci guardano non proprio male, però sai, ci vedono presentarsi lì alle nove di mattina precise, per andare via alle undici, poi ci si allontana per andare a pranzo per ritornare, e lì ci mettiamo a leggere di tutto. Nun ce scappa niente, tanto che c'è un amico mio che lo chiamano

La Nuova Venezia... perché noi specialmente d'inverno non si sa dove andare e si legge di tutto, c'è anche gente che legge giornali tedeschi, in inglese, il *Daily News* e il *Times*, tanto per passare il tempo, cioè più di qualcuno si mette lì col giornale davanti, magari dorme, e ce so' due o tre che dormono sempre perché magari si va lì per stare al caldo, e non è che gli interessa tanto la notizia essendo fuori dal mondo, e questo dorme e delle volte vengono lì: dài co sto giornale, cerchiamo di farla finita, qui si sente anche un odore, apri un po' le finestre; perché ormai sanno chi siamo; oppure c'è uno che si mette sempre sul termosifone, e ogni tanto vanno lì a spostarlo perché ci si addormenta sopra... e ho notato anche che vengono degli anziani, stanno lì con lo sguardo fisso e aspettano, neanche loro non sanno dove anda', così ci si accomuna un po', fra poveri e anziani: cioè non corriamo, abbiamo il tempo e non sappiamo che farcene... come tanti che dicono che non hanno tempo, noi abbiamo tanto tempo...

La gente cambia o no, durante il giorno, in piazza Ferretto?

Sì. Si comincia la mattina, io parto la mattina alle sette, esco da qui alle sette e arrivo lì sulla piazza che è tutta sporchissima, piena di cartacce... la sera è piena de ragazzi che gli danno questo bigliettino delle discoteche, pubblicità, poi le buttano e la mattina alle sette si trova tutto questo sporco. Io mi diverto la mattina a girare qui e trovare qualche scheda del telefono, qualche biglietto di pullman, più che altro per divertimento, guardare per terra e magari più di qualche volta si trova qualche mille lire, qualche cento lire, qualcosa... e poi piano piano si comincia ad animare, cominciano ad arrivare gli spazzini per le pulizie, cominciano la mattina quelli che vanno a lavorare, poi ce sono i pensionati che prendono il sole, poi si va verso il mezzogiorno, escono gli impiegati che vanno a fare il lunch time, si dice così? poi ce sono i banchieri, poi il pomeriggio si svuota un po', diciamo dalle una in poi rimane in mano a noi, i poveri, che uno si mette là sulla panchina, si allunga e si prende il sole quando non fa tanto freddo, e questo si va avanti fin verso le tre e mezza, le quattro... ho notato che c'è una riunione di donne con bambini e si mettono lì tutti insieme e fanno circolo, e questi bambini li fanno giocare, c'è l'isola pedonale, ci so' nonni e ragazzini... E poi ho notato qua a Mestre, qui c'è una grande passione per i cani, queste signore che vanno in giro con i cani sulla piazza. E una volta un amico mio che gira per le città era qui a Mestre e si era messo davanti alle Poste a chiedere qualche spicciolo, e quand'era sera tirava poco, sicché una volta lui aveva trovato un cagnolino e si era messo lì col cagnolino, dice che da quando era con questo cagnolino tirava su un sacco de soldi, la gente avendo simpatia più pel cagnolino che per lui, tanto che lui prima aveva scritto un cartello «Ho fame» ed era solo e non tirava su neanche una lira, poi aveva scritto «Abbiamo fame», dice che tirava su 'na barca de soldi... Poi si va verso la sera (in piazza Ferretto), che ce so' tutti sti ragazzi che vanno lì, parlano, e questo fino verso le otto e trenta, le nove, e poi ognuno se ne va per conto suo e se svuota un po', e più tardi c'è il ritorno di quelli della notte che si ritrovano verso le nove e trenta, le dieci e poi partono, vanno a divertirsi, verso il mare, non so, la montagna, sui trenta, i trentacinque anni, fanno dei gruppi e partono e vanno passa' la notte da qualche parte, e questo è tutto il film di piazza Ferretto.

È possibile descrivere la stazione a questo modo?

Io la mattina delle volte vado lì in stazione perché magari ho bisogno del giornale, io come un altro, c'è anche un'altra persona che gli serve il giornale, e allora che faccio? Mi metto lì, ormai conosco delle persone che prendono il giornale e hanno fretta, gli danno una sfogliata, leggono l'articolo che gli interessa e poi lo buttano, questo alle sette e quaranta, io posso andare tranquillo che metto na mano dentro un cestino... Oppure c'era un amico che più di qualche volta teneva d'occhio sempre le cabine telefoniche e io in un primo momento pensavo che lui rubasse i portafogli perché vedevo sempre che aveva dei portafogli in tasca e invece lui mi fece capire questa grande fretta della gente..., cioè una persona arriva, appoggia il portafoglio là sopra, mette la scheda telefonica, telefona e poi va via e piglia il treno de corsa... Si passa la giornata lì, in questa stazione, che è un po' anche il crocevia del povero: quel che deve stare al caldo, chi si mette lì aspettando o prendi il treno per andare a Venezia e ritorno, per stare un po' al caldo, l'ho fatto anch'io una volta, una sera che era freddo andai quattro-cinque volte a Venezia col pullman, andavo e tornavo, l'anno scorso che c'erano i pullman che andavano gratis sotto le feste natalizie andavo avanti indietro perché non sapevo dove anda'... poi questi cestini... dove ste persone buttano la roba, ci si trova sempre qualcosa dentro... c'è questo panino, c'è il succo di frutta, yogurt, un modo per vivere diciamo...

E la bicicletta?

Ultimamente sono entrato un po' in crisi e quest'anno non è che ho girato tanto, anche perché per girare in bicicletta ci vuole un certo allenamento, una certa preparazione, un'alimentazione speciale, e invece io, mangiando un po' così, vivendo un po' così, mi sono lasciato andare. Spero de comincia' quanto prima, l'anno prossimo.

[1994]

Radio libere

Intervista a Loris Bertocco realizzata nell'ottobre 1999 assieme a Claudio Zanlorenzi.

Mia mamma da piccolo mi portava in spiaggia alle Giare, si lasciava la strada Romea, si passava davanti a una casa colonica enorme dove avevano i cavalli, si saliva un argine e giù dell'argine c'era una casa di legno che era un chiosco con posteggio di biciclette. Tutta la Riviera del Brenta andava in spiaggia alle Giare, le mamme portavano i bambini a prendere il sole, poi c'erano i ragazzi con le ragazze, uno si faceva la sua capanna con quattro pali e tende e stava là tutta l'estate, davanti c'era la Montedison ma nessuno aveva idea dei pericoli, dal bar si sentiva la musica, i Pooh per esempio, ricordo un'estate *Piccola Ketty*, avevo otto anni, nel 1966-67.

Il primo disco che ho comperato avevo sui dodici-tredici anni, mi avevano regalato un mangiadischi, il disco era *Piccolo uomo* di Mia Martini, l'avevo sentito alla radio, l'ho comprato a Dolo in un negozio che vendeva anche lavatrici. In quell'epoca andavo al cinema e finito il cinema andavo a Dolo in un bar che si chiamava "La campana", aveva un portico e sotto il portico c'erano juke-box flipper e calcetto, dentro il bar gli anziani bevevano ombre, io ascoltavo i dischi, altri giocavano a calcetto o a flipper, c'erano ragazzi un po' più vecchi sui quindici-sedici anni, con i primi capelli lunghi, e così ho cominciato ad ascoltare canzoni che non conoscevo, tipo PFM con *Impressioni di settembre*. Ricordo che un periodo mettevo molto spesso *Gioco di bimba* delle Orme, là ho sentito Rolling Stones, Cream, Derek & The Dominos, Grand Funk Railroad, e molti altri.

A tredici anni e mezzo ho cominciato ad andare a ballare, allora c'erano i gruppi che suonavano, non c'erano i dischi come adesso, la prima sala da ballo in cui sono andato era il Mokambo a Dolo, c'era un gruppo che faceva musica da Battisti ai Deep Purple, poi quando sono stato un po' più grande, sui quindici anni, ho cominciato a frequentare, sempre in Riviera, un'altra sala da ballo che si chiamava "Taverna". Qui tra il 1972 e il '73 sono passati alcuni tra i gruppi alternativi più importanti dell'epoca come i Traffic e i Roxy Music, ma nonostante fossi precoce per gli anni che avevo, la differenza di età fra chi frequentava il Mokambo e chi frequentava la Taverna, era troppo ampia. Poi tra il 1973 e il '74 ho avuto il coraggio di andarci, ogni domenica suonavano i Puppies che facevano musica rock più impegnata, e allora sentivi Neil Young, Rolling Stones, Traffic, Carol King, David Bowie, Colosseum, tutta musica diversa, più alternativa, avevo quattordici-quindici anni.

Frequentavo Ragioneria a Dolo, in prima superiore avevo una storia con una ragazza, non sono mai riuscito a darle un bacio, però stavamo assieme, andavamo a manina, ci trovavamo il pomeriggio, alla fine ci hanno bocciati sia io che lei, solo che lei non è più tornata a scuola, io essendo maschio avevo più libertà, ero più libero e andavo nelle sale da ballo, lei invece come femmina non la lasciavano uscire, e allora ci vedevamo solo a scuola e qualche volta nel pomeriggio. Una volta siamo partiti per un'assemblea al Foscari di Mestre, perché la scuola che facevo era sezione staccata di quella di Mestre, e allora io cominciavo ad avere coscienza della politica e abbiamo detto «andiamo all'assemblea», siamo partiti in pochi in autostop o in corriera non ricordo, siamo arrivati a Mestre, ci siamo fermati in piazza Barche, c'era un bar che aveva una specie di taverna sotto e c'era un juke-box, siamo stati tutta la mattina e poi ci hanno fregato perché, oltre ai soldi per mettere i dischi, ci hanno fatto pagare anche perché avevamo ballato, e una delle canzoni che abbiamo ballato di più era un lento e si ballava stretti, era *Je t'aime, moi non plus*, eravamo otto nove di noi.

Poi a Dolo c'erano dei ragazzi che avevano qualche anno più di me e studiavano a Mestre o a Padova e venivano davanti a scuola a dare volantini, allora ho lasciato la sala da ballo e mi sono messo con questi ragazzi, e ho cominciato ad andare a sentire concerti, ricordo il concerto di un gruppo di Napoli, gli Osanna, mi ha molto colpito perché a un certo punto il cantante-saxofonista, uno biondo, ha suonato con due sassofoni, e vedere che suonava con due sax contemporaneamente sembrava come il mito di Jimi Hendrix che suonava la chitarra con la bocca, mi ricordo ancora le braghe a campana che portava, una braga rossa e l'altra con stoffa scozzese; tra i concerti che mi hanno colpito è stato un gruppo legato al collettivo La Comune di Paolo Ciarchi, legato a Dario Fo, hanno fatto lo spettacolo in un cinema e suonavano bidoni vuoti di varie misure e dietro proiettavano diapositive di fabbriche, capannoni, tubi.

Con questi ragazzi, che erano di Lotta Continua, ho conosciuto la musica politica, come il cantautore Pino Masi, poi in quel periodo andavamo per osterie, da un bar all'altro, qualcuno aveva la chitarra e allora facevamo Pietrangeli, D'Amico. Quando occupavamo la scuola veniva a suonare Bertelli con la macchina e il carrello con l'amplificazione, poi Lotta Continua aveva il Circolo Ottobre a Mestre e lì ho sentito le canzoni politiche. Odiavo Battisti anche se da piccolo mi piaceva, poi invece all'epoca si diceva che finanziava il movimento di estrema destra Ordine Nuovo, in più faceva canzoni d'amore con le rime, e all'epoca non poteva essere, si doveva fare qualcosa di impegnato.

A Dolo c'era il Collettivo Politico Dolese, che raccoglieva studenti che frequentavano alcune scuole di Mestre e Padova, e che facevano riferimento ad alcuni gruppi della sinistra extra parlamentare (Lotta Continua, Avanguardia Operaia, Pdup). Uno degli interventi che mi ha coinvolto è stato dopo il colpo di Stato in Cile – una grossissima assemblea a Dolo dove è venuto a cantare il Circolo Ottobre di Mestre – e poi c'è stata la campagna per il referendum sul divorzio, quando siamo andati a volantinare davanti alla chiesa di Campagnalupia volevano portarci via i volantini e quasi darci le botte. E poi parallelo a questo Collettivo c'era un Circolo Libertario, a Dolo c'erano partite di calcio marxisti-anarchici, tutti questi ragazzi del Collettivo e del Circolo si trovavano allo stesso bar Al Genio che tra l'altro confinava con la canonica, e una volta ci furono polemiche col prete e gli anarchici hanno fatto un adesivo con la scritta «Don Palanca – No Grazie» riprendendo il simbolo antinucleare, io avevo quindici anni, gli altri sedici-diciassette.

La prima radio dove ho cominciato a lavorare, nel 1975-76, era ad Arino di Dolo e si chiamava Radio Riviera Libera: non era una radio di sinistra ma allora tutte le emittenti si chiamavano «radio libere», aveva un raggio di 7-10 km e una potenza di 10 watt. Adesso Radio Padova lavora con 30.000 watt e Radio Cooperativa con 5000 watt. Questa radio dove lavoravo io aveva un trasmettitore autocostruito, c'era uno che faceva il CB, era elettrotecnico, aveva un negozio di lavatrici e di televisioni, e si era messo a fare una radio e un mixer con due giradischi. Le trasmissioni cominciavano alle 11 del mattino con le dediche, con la discomusic, c'era una marea di gente che telefonava, una marea, secondo me la gente aveva veramente bisogno di queste cose un po' strane, forse anche legate al territorio perché la Rai era una cosa che veniva da distante. Poi dalle due alle tre e mezza del pomeriggio io e un mio amico che facevamo Ragioneria abbiamo cominciato a trasmettere, cinque giorni alla settimana, dal lunedì al venerdì, ogni giorno una musica diversa: un giorno musica revival, un cugino di questo amico gli prestava tutti i dischi di juke-box perché aveva comprato una montagna di dischi di juke-box dai bar, aveva Beach Boys, Credence, Beatles, Animals, e noi alla metà degli anni Settanta facevamo revival di metà anni Sessanta; un altro giorno jazz, e ci facevamo prestare i dischi da uno che gli piaceva il jazz; un altro giorno facevamo musica del periodo, perciò pop degli anni Settanta; un altro giorno facevamo folk, lo chiamavamo noi così, e allora facevamo sentire Dario Fo, una cosa che ha sconvolto abbastanza all'epoca, e siccome non potevamo far ascoltare canzoni tipo l'inno di Lotta Continua, allora facevamo sentire Ivan Della Mea, Paolo Pietrangeli, D'Amico (*Arriva i barbari*), Giovanna Marini, per esempio di Bertelli non potevamo mettere *Avanti Popolo*, e allora trasmettevamo *Il voto dele fémene*, *Nina*, *Cavarte dal fredo*...

A diciotto anni, in quarta superiore, ho avuto un incidente, ho fatto due mesi di ospedale a Padova in neurochirurgia, sette mesi a Vicenza in fisioterapia, poi mi hanno detto che non potevo più camminare, sono venuto a casa, e dopo sono stato due anni e mezzo all'ospedale al mare al Lido, e lì mi hanno fatto camminare anche se ci vuole sempre qualcuno che mi aiuti, e mentre ero all'ospedale al Lido avevo sentito dai miei amici che venivano a trovarmi che era nata un'altra radio libera a Noale, che era Radio Cooperativa, e io andavo giù nel piazzale dell'ospedale con una radio portatile per prendere questa radio, e là sentivi Lou Reed, tutti questi gruppi rock, discorsi alternativi sia politici che musicali.

Nel 1979 sono venuto a casa in permesso dall'ospedale e sono andato a trovare questi di Radio Cooperativa e la prima trasmissione che ho fatto era legata all'handicap, più o meno l'esperienza mia che avevo provato all'ospedale, il cambiamento di vita per il fatto che prima camminavo e dopo non camminavo più. Dopo c'era uno che lavorava alla radio ed era un sindacalista della Cisl di Mirano, Giorgio Feston, lui era in contatto con una ragazza di Noale, Luigina Pastrello, che aveva avuto un incidente più o meno come il mio, ci siamo conosciuti, abbiamo fatto una trasmissione insieme sull'handicap. Poi sono tornato in ospedale, sono tornato a casa definitivamente, dopo tre anni, nel giugno del 1980, e dopo poco ho cominciato una trasmissione che si chiamava «Discorso musica, suoni di fine secolo» che è andata avanti una volta a settimana dal settembre del 1980 fino al marzo del 1999: in questa trasmissione sono passati tutti i generi musicali, all'inizio il vecchio e il nuovo rock che aveva portato alla fine degli anni Settanta al punk, post punk, la new wave, Velvet Underground, Doors, Stooges, MC 5, poi piano piano questo programma ha lasciato perdere le cose vecchie e seguito tutte le cose nuove, fino all'introduzione tra gli anni '80 e '90 dell'elettronica e dei nuovi generi Jungle e Hip-Hop.

È stata mia mamma che mi accompagnava in macchina in radio. Io mi arrangio al mixer con una mano, ma non ce la faccio a mettere e togliere i dischi, era lei che mi aiutava, tra l'altro ho un difetto alla vista per cui non riesco a leggere, mia mamma leggeva i giornali, metteva i dischi. Lei ora ha sessantatré anni, ha fatto fino alla quinta elementare, poi suo papà, anche se la maestra aveva tentato di convincerlo a farla continuare perché era brava, siccome era una donna ha deciso che non le serviva più studiare, anche perché poi doveva sposarsi e rimanere a fare la casalinga: mia mamma non vive nei ricordi, nel passato. Negli anni Sessanta per esempio le piacevano i Beatles quando invece a mio papà, che era tradizionalista e aveva paura delle novità, gli piaceva Claudio Villa. Con me mia mamma si è abituata a certe musiche, le piace Bruce Springsteen, vuole che quando Peter Gabriel viene in Italia la porti a vedere un concerto.

[1999]

Lavorare in nero, dormire nei treni

Incontro per la prima volta Ovidiu nel 1992, quando gli do un passaggio in autostop dalle parti del Terraglio, vicino a Mestre. I brani che seguono sono tratti da più interviste registrate nel 1993.

Sono venuto a Trieste l'anno scorso per lavorare, non ho trovato, e allora ho detto: adesso che faccio? Ho conosciuto per caso altri romeni: «Vieni qua a Mestre, perché ti puoi trovare un alloggio, puoi mangiare a Caritas, forse riesci a trovare un lavoro». Non sapevo nulla di Mestre prima volta quando sono arrivato, mai stato, ma c'è stato un romeno che mi ha fatto vedere tutto, prima cosa mi ha fatto vedere dove sono mense Caritas per mangiare, poi un italiano, un anziano che ho visto a mensa di Ca' Letizia, molto gentile, anche adesso lo trovo qualche volta, lui è disoccupato o pensionato, non so, conosce tante cose, mi ha detto: «Ecco, per quanto riguarda l'alloggio ti lascio questo numero di telefono, don Giovanni si chiama, fai presto la telefonata perché lui aiuta molto gli stranieri, lui ha un palazzino di extracomunitari, se non lo trovi a questo numero vai in questa via, dove c'è la parrocchia, lo trovi lì, parli con lui, forse ti alloggia»; sono andato da lui, e mi ha detto: «Ecco all'inizio di settembre vieni da me in un alloggio in questa via a Mestre». Per un tempo di dieci giorni ho dormito in treno, qua in stazione a Venezia, in un scompartimento, meno male che fu durante l'estate, era agosto, perché altri romeni, non solo romeni, altri stranieri, polacchi ma anche arabi, dormivano in treno durante l'inverno, io fui fortunato da questo punto di vista. Questo è stato il periodo più brutto, so anche di romeni che hanno dormito per mesi, anche qua a Venezia, due mesi, tre mesi: andavo a dormire da solo per non creare casini, quando non c'è altra scelta, che puoi fare?

Poi ho dormito due settimane alla Casa dell'Ospitalità a Santa Maria dei Battuti, a Mestre. Poi dall'inizio di settembre fino alla fine di marzo sono stato in questa casa da don Giovanni. C'è una stanza a piano terra e due sopra, cioè nove persone – tre giù, altre sei sopra. Si stava abbastanza bene, pulito tutto, noi facevamo pulizie, c'erano due obiettori di coscienza, noi quando avevamo bisogno di qualcosa potevamo parlare con loro, e poi c'è televisore, lavatrice, una cucina giù e una sopra. All'inizio c'erano due dal Bangladesh, uno pittore, vent'anni, faceva quadri e vendeva sulla strada, un altro lavorava come facchino in hotel, sposato, intorno ai 35 anni, anche lui serio. C'era un ingegnere romeno che lavora in un parcheggio di macchine di notte, ha fatto lavapiatti un mese, poi ha lavorato a questo parcheggio solo due giorni la settimana, e da un anno va ogni giorno, perché un altro romeno che prima lavorava lì è andato via in un'altra città, e lui ha preso il suo posto. Poi c'era un cantante albanese nella stessa stanza con me, ha fatto una tournée negli Stati Uniti un anno fa, poi ha trovato lavoro in ristorante, sua moglie è in Albania, lui vuole portarla qua, ma non sa come, vuole fare un contratto domestico per lei, ma non è facile perché ci sono tanti albanesi, donne ragazzi che sono iscritti in agenzia per fare lavoro domestico in Italia e non è facile, c'è una fila, devi aspettare non si sa quanto. Poi c'era il gruppo degli arabi, sopra mi pare che c'erano sei di loro, da Tunisia, Marocco non so: nord africani, loro erano maggioritari, forse perché loro sono con i documenti a posto, loro hanno permesso di soggiorno e di lavoro, sono arrivati prima del '90, prima della legge Martelli, e hanno preso la sanatoria; noi dall'Est, maggiorità di noi siamo arrivati dopo perché prima non avevamo passaporti, sempre problemi.

All'inizio ho lavorato un po' in una agenzia per vendere un corso di inglese, lavoro nero, c'era un annuncio su un giornale, ho fatto una telefonata, sono andato, ho passato un test, e ho cominciato a lavorare, è andato un po' bene all'inizio, poi sempre peggio, telemarketing si chiama, cioè trovare clienti per telefono, prendi l'elenco e fai telefonate, tenti con qualsiasi persona, in ufficio, a casa, dove lo trovi: «Siamo dell'agenzia così e così, questo è un sondaggio di mercato», non diciamo all'inizio «vendere», questa parola «vendere» è proibita, prima devi un po' parlare col cliente e poi alla fine gli dici di «vendere» qualcosa, perché tutti sono un po' diffidenti e si tirano indietro quando sentono questa parola di «vendere», ma per telefono tutti comprendevano dall'inizio che sono straniero e non è andato bene, ho fatto due mesi e poi ho smesso.

Poi ho fatto un lavoro in un'impresa di pulizia con un altro romeno, sempre senza contratto, in nero: c'erano due romeni, uno è andato in Romania e non c'è riuscito a ritornarsi e poi siccome c'eravamo amici, quell'altro ha detto: «Vieni tu», sono andato e ho fatto un mese e poi ho smesso perché pagava poco, e adesso da due settimane ha smesso anche lui e fa il cameriere lavapiatti a Lido; diceva così la padrona: «Siete insieme, lo stipendio che avrebbe dovuto prendere uno, adesso lo dividiamo in due», che non mi sembrava giusto, io dovevo essere pagato a tempo di lavoro, no? per un'ora 8000, io lavoro sei ore, sei per otto, no? ma lei divideva lo stipendio, e questo non mi sembrava giusto e perciò ho smesso dopo un mese, ma con quei soldi che io ho preso quel periodo sono riuscito a pagare la stanza perché qua da don Giovanni si pagava all'inizio 150.000 e poi durante l'inverno 70.000 per dormire e per la cucina.

Dopo mi sono trasferito a Venezia, una stanza che appartiene alla chiesa di San Geremia, una stanza e un bagno, senza cucina, in quattro, insieme a tre italiani, c'era televisore. A San Geremia lui [il prete] mi ha lasciato un mese, dopo un mese sono andato via insieme a un altro italiano che fu cacciato via nello stesso tempo, e poi siccome aveva un ufficio a Murano, dove lavorava, anche lui è rimasto senza casa, allora abbiamo dormito per due settimane insieme, in quell'ufficio, lui lì per terra, io su una poltrona; infatti c'era due poltrone: mettevo una poltrona così e un'altra vicina, attaccate così, facevo così, la testa qua [sul sedile di una poltrona] e i piedi qua [alti, sopra lo schienale dell'altra], ecco, c'era la variante migliore in quelle condizioni. Quando lui apriva il negozio io andavo via, verso le otto meno un quarto di mattina, e poi lo incontravo di sera, alle undici, perché lui faceva anche un lavoro di tre ore a un ristorante vicino al ponte delle Guglie, a Venezia, dalle otto alle undici, e appena lui usciva dal lavoro ci incontravamo e andavamo a Murano: per due settimane.

Adesso abito vicino al teatro alla Fenice, c'è un romeno che fa il cameriere, lui paga questa stanza e siccome siamo amici, mi ha detto: «Tu dormi qua, dormi per terra», è una stanza piccola, ma è possibile, si può dormire, un materasso per terra e poi una coperta e basta, comunque è meglio che dove abitavo prima, abitavo fra virgolette: questo appartamento sono sei stanze, ogni stanza è affittata, c'è un bagno sul corridoio, c'è un lavandino dentro ogni stanza e basta, lui mi ha detto che paga trecentocinquanta, mi sembra abbastanza caro per stanza così piccola, in quelle condizioni, con il bagno sul corridoio, ma siccome siamo in Venezia e tutti hanno bisogno di stanze, forse è giusto, non so. Questo ragazzo romeno ho conosciuto da Mestre, quando mangiavo a Ca' Letizia, c'erano cinque sei romeni di solito, lui c'era uno di loro, lavorava a Venezia fino alle sei mi pare ma di sera mangiava lì, per risparmiare, adesso lavora al Lido, sempre in ristorante, ha trovato subito lì tramite un altro romeno che lavora e abita al Lido; lavora senza contratto. La stanza è meglio di prima, ma c'è questo imbarazzo che lui lavora e paga e io non posso pagare, lui va a lavoro dalle dieci di mattina fino alle dieci di sera, con una pausa di due-tre ore, ho le chiavi, posso entrare quando voglio, non è un problema questo, cioè senza sapere il padrone, il padrone non sa, se mi vede il padrone per esempio (viene qualche volta), gli dico che siccome il mio amico ha avuto dei problemi perché qualcuno gli ha rubato qualcosa dentro della stanza allora ha paura, e se mi vede quel padrone io gli dico: «Ecco sono qua qualche volta, vengo per essere qua, diciamo, perché lui ha paura che gli rubano una seconda volta», cioè come motivo, perché io non sono legale qua, neanche il mio amico è legale, ma questa è un'altra cosa, lui almeno paga: io sono doppio illegale.

Per quanto riguarda mangiare ci sono delle mense, a Venezia e a Mestre, alcune chiedono permesso di soggiorno. Ancora una mensa c'è a Mestre, Ca' Letizia, dove possono mangiare tutti, basta un documento, qualsiasi documento, non ci vuole permesso di soggiorno, c'è il pranzo e di sera. Vestiti si possono prendere dalle chiese, a Mogliano, Marghera, Venezia, due a Mestre, tutto sommato cinque sei chiese, anche a Ca' Letizia una volta a settimana si danno vestiti, basta che vai una volta di qua una di là: cioè per quanto riguarda vestiti non ci sono problemi; mangiare con due volte al giorno si risolve, non che mangi abbastanza, puoi mangiare di più certamente, ma si può reggere; ma alloggi è più difficile.

Sono andato in Questura per prolungare permesso di soggiorno, visto il mio permesso di soggiorno è scaduto da un anno, e una signora ha guardato i documenti e gli è sembrato qualcosa di strano e poi ha chiesto a lui, un altro signore: «Vedi un po' qua», e lui quando ha visto che sono romeno. «Ah Venezia è proibita ai romeni». Venezia è proibita ai romeni: non sono graditi, forse sono in troppi che arrivano, ma già adesso non sono più troppi, c'erano tanti romeni che arrivavano per Budapest, ma adesso è difficile da Budapest, troppi controlli a Budapest, e se sono presi una volta, mettono un timbro sul passaporto e c'è una proibizione per un anno oppure due anni per venire in Ungheria. L'occidente già si è chiuso, c'è un muro, non si può più venire; si può, ma meno di un mese fa quando fu meno di due mesi fa, sempre più difficile. Un anno fa era molto più facile, molti romeni arrivavano per Slovenia, cioè Bucarest, Budapest, Zagabria e poi per Lubiana, se avevano fortuna di non essere trovati dalla polizia, poi a piedi per montagne più a nord di Trieste, passavano le montagne a piedi. Oppure altri in treno, si mettevano nello spazio sotto il tetto del treno, oppure sotto le poltrone, altri tramite un viaggio organizzato, di turismo, arrivati in pullman e poi alcuni sono rimasti qua.

Se tu fai un lavoro nero è utile per lo stato italiano, perché un romeno che fa un lavapiatti a un ristorante a Venezia, qua, è pagato poco, al nero: è contenta la padrona che non paga le tasse, ma credo che è contento anche lo stato italiano perché questa è una padrona italiana, cioè funziona meglio l'economia italiana, ci sono stranieri che fanno lavori difficili e sono pagati poco, anche se lo stato non prende soldi dalle tasse ma li prende in modo indiretto perché questa è una padrona italiana, funziona il suo ristorante, funziona la fabbrica di quell'altro e funziona l'economia italiana, e in tempo lungo anche lo stato italiano guadagna, perciò la polizia questo ti domanda per strada: «Sei senza foglio di via, non importa; lavori? ciao, sei libero»; un romeno che fu trovato a rubare (ci sono romeni che rubano, non cose sofisticate, ma da mangiare, oppure qualche vestito), la polizia: «Perché rubi? trovati un lavoro»; «Ma non sono a posto con documenti»; «Fai lavoro nero», così gli ha detto: c'è polizia che dice di non rispettare la legge, e qua la legge non direi che è molto rispettata, anche a alto livello...

Mi piace il comportamento degli italiani, non un ministro o qualcosa così, ma un italiano normale, della gente, mi piace come carattere: hanno dignità. Sono molto decisi, io ho sentito fin dall'inizio questa decisione degli italiani che è forse di altri occidentali, si vede sulla faccia, la faccia cioè molto tesa, contratta. Adesso faccio un confronto con un romeno: ho conosciuto un romeno qua in Italia solamente come camminava, lui andava così senza interesse, un passo così, lento, senza decisione, con i movimenti della testa così [ciondolando], poi buttando le braccia senza decisione, sguardo con indifferenza e anche un po' di disprezzo, non so disprezzo perché. Un italiano, forse un disoccupato è diverso, ma un italiano che lavora guarda l'orologio, prende macchina, tutto fa presto, ma anche se non deve fare qualcosa in fretta, c'è una grinta diversa, si vede la dignità dell'uomo. Anche la voce: un romeno, forse non solo romeno, ma uno straniero, parla in italiano, conosce alla perfezione l'italiano, ma la voce, il timbro della voce, l'accento... c'è umiltà nella voce dei romeni: un italiano quando parla parla chiaro, tutte parole staccate, chiaro e con decisione, un romeno quando parla parla con umiltà, come prega, forse abituato dalla Romania, perché quando c'era il regime comunista c'era paura, andare dalla polizia per prorogare visto su tua carta d'identità, c'era umiltà, e allora forse dalla Romania si è trasferita qua questa umiltà, io posso indovinare un romeno come cammina.

Un'altra cosa mi piace molto qua in occidente, forse in Italia come in Francia come in tutti i paesi, il fatto che non c'è una vergogna di fare ogni tipo di lavoro; sei studente alla Sapienza? va bene; non puoi pagare le tasse? ecco, fa il cameriere, con questo prendi e paghi le tasse, ma noi avevamo in Romania altra educazione, mentalità: ah io sono laureato, no? faccio il mio mestiere, non faccio altre cose, cioè c'era un disprezzo rispetto ai lavori manuali, ma qua non è così, qua ogni persona che fa un lavoro onesto, non importa che tipo di lavoro, è rispettato: prende soldi, basta. Questa è una differenza per quanto riguarda lavoro: ogni tipo di lavoro è rispettato. E poi rispetto della persona umana, da noi c'era un disprezzo: oppure uno con disturbi psichici, morbo di Parkinson per esempio, andava in un bar di sera, si manifestava disprezzo verso di lui: «Va' fuori, non chiedere tu qua, questo è un bar per ricchi», cioè c'era un disprezzo verso le persone più deboli; qua non è questa cosa, un barbone entra in un bar alle undici di sera e chiede un bicchiere d'acqua minerale, gli dà un bicchiere d'acqua minerale come tutti gli altri, basta che ha pagato, questo mi piace tanto qua, penso che tutto l'occidente è così.

Mi piace lo stile degli italiani, umani come siamo noi in Romania, rispetto ai tedeschi che sono più freddi di solito, perché gli italiani sono un po' più vicini alle altre persone, cioè sono latini, essendo latini come romeni, si può fare più facile un'amicizia, mi è successo tante volte andare in un bar nello stesso tavolo con un italiano e poi ha preso una birra per me oppure cose del genere, mi ha offerto una sigaretta quando non avevo, cioè è più facile fare amicizia rispetto ai paesi anglosassoni. Cose negative? All'inizio no, all'inizio no, quando vieni dalla Romania tutto è più bello, tranquillo, dal punto di vista psichico, più allegria, da noi c'era gente più noiosa, con problemi, preoccupazioni, tante cose, qua gente molto serena, cioè una grinta serena. All'inizio; ma pian piano certamente che sono uscite cose che non vanno bene... diciamo questo che non mi piace qua è fare del denaro un dio, non c'è moralità, vedo per esempio alcune trasmissioni in tv che mi sembrano banali, senza un messaggio per gente, solo per divertire, e va bene, ma non tutti si divertono... superficiali, cioè mancanza di moralità, quando il denaro è il dio, allora devo fare di tutto per avere soldi, non mi interessa come e in che modo, ammazzo qualcuno e prendo soldi, faccio una rapina, si sviluppa questa tendenza di avere soldi in ogni modo, anche in modo immorale, illegale, perciò criminalità qua è più forte di come c'era prima in paesi dell'Est, cioè mancanza di ideali, come posso dire...

Post scriptum

La trascrizione rispetta la lingua parlata. Una volta, finite le interviste, Ovidiu mi ha fatto capire con una battuta che gli aiuti e l'assistenza che aveva trovato a Mestre e in generale in Italia, di cui mi aveva fino ad allora parlato come prova del carattere buono degli italiani, forse credendo di farmi un piacere, esistono in realtà perché mancano i diritti, e sono il modo paternalistico e arbitrario di funzionare di una società che non funziona. Io allora ho pensato un paio di cose: primo, che la solidarietà, una delle poche ideologie rimaste in vita (a volte sembra perfino l'ideologia ufficiale degli anni Novanta), serve più che altro a chi la pratica per sentirsi buono; secondo, che, in base a questa ideologia, noi preferiamo lasciare intatto il carattere autoritario, clientelare e discrezionale della nostra società, perché solo così possiamo fare del bene, o credere di farlo.

[1994]

Treni per Porto Marghera

Brani da interviste a ex operai di Porto Marghera realizzate assieme a Mario Davanzo (2008).

Guido F. (1953): Partivo da Meolo in treno per andare a Porto Marghera, alla Breda. La mia giornata tipo cominciava alle sei del mattino e terminava alle sei di sera per poter fare le otto ore di lavoro. L'ambiente dove si lavorava era duro da affrontare: era diverso da come mi ero immaginato una fabbrica: eravamo 3.500 operai là dentro a quei tempi. Il lavoro era abbastanza duro perché come saldatore dovevo entrare a saldare nei doppi fondi, nelle paratie delle navi. Entravi in questi luoghi chiusi. Sì, c'era il tubo di aspirazione dei fumi, ma faceva quel che faceva... Poi nel '76 sono passato nel reparto di manutenzione, dove seguivamo gli impianti d'acqua, di riscaldamento ecc. che sono dentro lo stabilimento. Ho lavorato negli impianti di riscaldamento a vapore, dove c'erano i rivestimenti di amianto.

Si è saputo dopo dell'amianto, e io ci ho lavorato 19 anni. Il lavoro in sé stesso non era quello che rendeva pesante la giornata. Quello che pesava era fare il pendolare: la tua vita era legata al treno, tu dipendi dal treno, la tua vita comincia ogni mattina dal treno. Delle mattine c'era, altre mattine era in ritardo, o te la facevi in piedi, carrozze maleodoranti, sporche: brutta esperienza con la quale cominciavi la tua giornata.

Dopo 33 anni di treno, ho deciso di dire basta. Mi hanno riconosciuto 5 anni dell'amianto e sono andato in pensione con 40 anni di contributi. Ma ho conosciuto gente che veniva in treno da Portogruaro. Se io mi alzavo alle sei, loro si alzavano alle quattro e mezza per venire alla Fincantieri. Gli ultimi due mesi non ne potevo più e sono andato su in macchina... Eri lì alla stazione di Porto Marghera e «Annunciamo ritardo... annunciamo ritardo», arrivavi a casa alle sette, sette e mezza la sera. Se poi veniva un po' di neve o un temporale erano ore di ritardo. Proteste? Mai avuto un riscontro. Ma il problema era che negli ultimi tempi ti stivavano come sardine negli scompartimenti, ma non interessava più a nessuno. Ognuno pensava ad arrivare a casa o andare al lavoro, e basta! non importava come. [...] Ma sono andato anche a lavorare in bicicletta...

Novellino S. (1953): Ho cominciato a lavorare a 16 anni e mezzo. Ho fatte le tre medie e poi le professionali al Don Bosco a San Donà. [...] Arrivato alla Breda mi sono iscritto al corso serale per il diploma di maturità, a San Donà. Alla Breda ho fatto l'operaio per 18 anni, anche cambiando mansioni. Ho partecipato anch'io alla vita del pendolare, in treno o in corriera, a seconda dell'opportunità di combinare gli orari con la scuola. I tempi erano strettissimi. Venire a casa da Marghera la sera, cenare in fretta e poi a San Donà a scuola: quindi facevo il turno giornaliero. Tranne d'estate quando era previsto il cosiddetto «turno estivo» perché il pomeriggio non si riusciva ad andare a bordo della nave per il troppo caldo. Avevamo fatto un accordo aziendale: per il periodo da giugno a settembre si faceva dalle 6 alle 14, quindi si partiva alle 4 della mattina.

I treni con cui ho cominciato a viaggiare erano ancora quelli con la porta a ogni scomparto: rumorosi affollatissimi, pieni di fumo. C'erano studenti e lavoratori saliti un'ora e mezza prima a Portogruaro. Ognuno aveva un suo modo di stare in treno, dormendo, leggendo, fumando, chiacchierando. Eravamo in molti a cercare lo spazio per recuperare anche quei quaranta minuti di sonno. Per essere al lavoro alle otto avevamo un treno alle sei e venti. Si arrivava a Marghera e poi il tratto a piedi fino allo stabilimento, negli spogliatoi, e bisognava presentarsi 5 minuti prima sul posto di lavoro. Alle 8 suonava la sirena e cominciava la giornata, il turno di lavoro. Alla sera alle 5 (nel turno giornaliero) si doveva abbandonare il posto di lavoro e andare in spogliatoio. Alle 5 e 40 avevi il treno per tornare.

Quando arrivava a Meolo il famoso «treno degli operai» c'era un corteo di biciclette che lasciava la stazione. Quando lavoravo la campagna con i miei, e dalla campagna vedevi il corteo di biciclette degli operai, passare uno dopo l'altro, sapevi che erano le sette. Quello era l'orario degli operai, e noi continuavamo ancora...

Carmelo M. (1951): Ho sempre fatto i turni su 24 ore da quando sono entrato a 21 anni, fino alla fine. I primi turni erano del tipo 2-1; a volte si cambiava e si faceva 3-2, dipendeva... Due giorni di lavoro e uno di riposo, due mattine, due pomeriggi o due notti, riposo, e via: sempre così, è un ciclo continuo che non tiene conto di domeniche, feste, Natale, Pasqua... [...]

Il treno: dura con il treno, specialmente negli ultimi anni perché andavi in stazione e non sapevi se il treno arrivava o meno. Dovevi tornare indietro, prendere la macchina, con i turni di giorno, di notte, nebbia, ghiaccio, brutto tempo. Da Meolo c'era una buona squadra che veniva su a Marghera, e in treno conoscevi anche tutti quelli degli altri stabilimenti: Italsider, Sirma, Breda, Montecatini, Vetrocoke, Agip...

Il treno per il turno 6-2 era alle 5; per quello 2-10 all'una, e alle 9 per il turno 10-6. Stessa cosa per il ritorno. Dalla stazione di Mestre era una breve passeggiata a piedi quando lavoravo all'Allumetal. Poi alle Leghe Leggere era più lontano e allora c'era un pullman pagato dalla ditta, che ci attendeva fuori del treno.

Ma negli ultimi tempi questo era il fattore più pesante del lavoro. Perché hanno cambiato l'orario dei treni e non sapevi più se trovavi il pullman e allora dovevi telefonare, ti venivano a prendere e perdevi delle mezze ore. Gli ultimi due anni in particolare non lo sopportavo più. Mi è capitata l'occasione di andare in esubero. L'Azienda era stata assorbita da una multinazionale americana e hanno cominciato a smaltire gli esuberi e sono entrato tra questi. Per me è stata una liberazione.

Guido M. (1937): Sono venuto ad abitare a Meolo nel 1950. I miei avevano una cesuretta di 6 campi. Dopo la divisione a mio padre ne erano rimasti tre, ma non vivi assolutamente con la cesura. Mio padre faceva il bracciante. Andava a fare i vigneti e altri lavori da una grossa agenzia di Monastier. Avevo dei cugini che facevano i falegnami a Monastier, che ci sono ancora adesso, e sono andato da loro a fare il falegname, prima dei quattordici anni, come si usava a quel tempo.

E poi sono andato a lavorare da Padovan, che è mio cognato, ed è qua vicino. Un anno, in regola, naturalmente. E dopo sono andato a Venezia e poi a fare il militare a Palermo. Sono tornato senza preoccuparmi tanto perché c'era questo mio cugino che mi aveva assicurato che un mese o l'altro sarei entrato al Petrolchimico. Nel '61, dopo quattro mesi di corso la mia qualifica era conduttore di impianti chimici e sono montato in turno. Durante il corso facevamo pratica dentro il reparto cui eravamo stati destinati. Sono montato in turno e ci sono rimasto fino alla fine, fino al '91. Trent'anni anni giusti di turni. All'inizio i turni erano una cosa massacrante, facevamo ancora 48 o 46 ore e ti consideravano come riposo quando smontavi la mattina dalla notte, e cominciavi il giorno dopo con il 6-14: quello era un giorno di riposo! Con il tempo e soprattutto con le lotte è cambiato l'orario e hanno fatto un tipo di turno dove c'era un po' più di riposo. Però dovevi recuperare un giorno al mese, oppure ti prendevano un giorno di ferie. Avevamo 12 giorni di ferie all'inizio. Poi è venuto il turno di tre o due giorni e il 2-1: facevi 2 giorni 6-2, due giorni 2-10 e due 10-6.

Andavo a prendere il treno in bici e smontavo a Mestre. E con il pullman di Brusutti andavamo fino allo stabilimento. Se finivi alle 10, per esempio, dopo 10 minuti c'era il pullman che ti riportava in stazione. Non avevi il tempo per niente, appena di cambiarti, neanche per una doccia, che riuscivamo a fare in reparto. Il pullman non ti aspettava e se lo perdevi, perdevi il treno,

I treni solo a suon di lotte hanno adeguato gli orari a quelli degli stabilimenti. Nei primi tempi per dire, fino al '68-70 se facevi il turno 2-10, il treno a Meolo era alle 2 e quindi impossibile. Allora andavamo al Ponte della Catena [4 km da Meolo centro], sulla statale Triestina a prendere il pullman che ti portava alla stazione di Mestre. Ci si arrivava in bicicletta che lasciavamo a un signore che abitava nei pressi. A lui davamo qualcosa, perché ci riportava, una alla volta, le nostre biciclette alla stazione di Meolo, e così le avremmo ritrovate alle 11 al ritorno in treno. Questo servizio lo faceva naturalmente in bici.

Dopo, a suon di proteste e di lotte, hanno anticipato il treno. Ma diversi operai sono stati denunciati perché per protesta avevano fermato il treno a San Stino, che era un po' il punto cruciale del tragitto per Mestre. Molti salivano anche a Portogruaro, ma quelli di San Stino per arrivare in tempo, prendevano anche loro il pullman fino a San Donà e qui prendevano un diretto per Mestre, che a San Stino non fermava! Lotte.

Dopo le cose sono cambiate e i treni erano abbastanza regolari, ma il pendolarismo, coi treni, si muove sempre con l'acqua alla gola.

P. (1928): Io facevo il muratore e poi nel '50 sono andato a fare il militare: era l'anno santo e così mi hanno abbonato poche settimane di leva. Dopo il militare sono andato a lavorare in Piemonte. Quando sono tornato dal Piemonte, lavoravo con la Mantelli che era una ditta esterna dentro la SICE. Era una grossa impresa che faceva strade, ora si chiama SACAIM.

Conoscevo un impiegato che lavorava alla SICE, era figlio di uno che faceva il capo qua a Ca' Tron, e un giorno mi ha detto «Perché non ti fai assumere qua? Se ti va bene mi arrangio tutto io». L'idea di entrare in uno stabilimento mi andava: «Proviamo», ho detto.

Dopo dieci giorni, io stavo giocando a bocce qua da Ziggiotti, e Matteo mi ha detto: «Hai fatto domanda per la Montedison, tu?» «Sì», dico io. «Sono venuti i Carabinieri a domandarmi informazioni su di te...». Dopo qualche giorno infatti mi è arrivata la lettera. Ho avuto qualche difficoltà perché per entrare dovevo passare da muratore che è uno specializzato, a manovale. E non era facile. I primi otto giorni ho fatto il giornaliero e poi i turni per 22 anni: 6-2, 2-10 e 10-6. Pasqua, Natale, fino alla fine. [...]

I primi tempi andavo a lavorare in pullman. Lo prendevo al Ponte della Catena, ci andavo in bicicletta. Poi hanno cominciato a mettere treni che andavano bene per i turnisti e allora sono andato in treno. In treno fino a Mestre e poi un pullman che ci portava nei vari stabilimenti. I ritardi... Il pullman non ti aspettava e allora noi, da Meolo fino a Portogruaro, dovevamo telefonare in stabilimento che venissero a prenderci col pullmino. Non ho nessuna nostalgia del treno, non ne ho più preso uno dopo la pensione!

Luigi B. (1939): Ho cominciato a prendere il treno nel giugno del 1955, andavo a Marghera da Berengo che faceva fonderia carpenteria e meccanica.

Quegli anni erano robe da matti con i treni: ore di ritardo, ore, ore! Con le macchine a carbone, d'estate con i finestrini aperti, arrivavi a casa tutto nero in faccia perché stavi fuori per prendere aria, sudato, si attaccava tutto il fumo nero. Allora lavoravo da Berengo dalle sette fino alle cinque e mezza di sera, perché l'uomo della forgia (io ero il «bocia») attaccava alle sette e mezza e alle sette e mezza il fuoco doveva essere pronto per mettere su il ferro a scaldare. Fino alle cinque e mezza perché lui finiva alle cinque e io dovevo riassettare un po' il posto. E il treno l'avevo alle sei e spesso facevo fatica ad arrivare a fare la passerella e tutto. Così saltavamo lo steccato e andavamo al binario.

Una sera c'è la Polfer che ci spetta. Gli altri vedono la Polfer e si fermano. Io penso che non devo perdere il treno e il treno è fermo in stazione. Allora io vado avanti e prendo il marciapiede per andare verso il treno. Questo della Polfer mi viene dietro e io gli spiego del disagio della passerella che ci fa perdere il treno e parliamo. Quando vedo che il treno è partito, parto anch'io, riesco a saltare sull'ultima carrozza e lui rimane a terra a guardarmi. Era un disagio notevole.

C'è stato un periodo che avevamo davanti l'Orient-Express, proprio davanti al nostro che era l'accelerato come si chiamava allora. L'Orient-Express andava da Lisbona a Istanbul e accumulava ritardi: quindi non gli mettevano l'accelerato davanti che doveva fare tutte le fermate e c'era un solo binario allora. I sorpassi potevano avvenire solo nelle stazioni. E allora aspetta: aspetta che passi l'Orient-Express. E avanti. Siamo andati avanti anni così, finché non siamo un po' cresciuti e allora abbiamo cominciato a fare le battaglie. Abbiamo cominciato a fare le battaglie e siamo andati avanti circa un mese a prendere sempre l'Orient-Express e a ogni fermata tiravamo l'allarme. Quelli di Quarto d'Altino e quelli di Meolo. A ogni fermata: una sera il treno sta arrivando a Meolo e da lontano vediamo che ci sono i carabinieri che ci stanno aspettando. Perché questa era una cosa ripetitiva e non si poteva pensare che ti lasciassero andare avanti. Insomma qualcuno di noi si è accorto dei carabinieri che ci spettavano dalla parte della stazione. Passaparola veloce e siamo scesi tutti dall'altra parte; e via! Sarà stato il '58 o il '59.

Ma questo era successo per un motivo, perché con alcuni capostazione a Mestre si poteva anche ragionare, si poteva parlare e trovare un accordo, dicevano loro al macchinista di fermare.

Una sera in particolare, e da lì si è scatenato tutto il conflitto, troviamo un capostazione che dice che non si poteva, e basta. Noi da Venezia prendevamo un treno qualsiasi, scendevamo a Mestre e assieme con quelli di Mestre che erano più numerosi, concordavamo il da farsi. Io e un Calza da Quarto d'Altino tentiamo inutilmente di convincere il capostazione, spiegandogli che abbiamo già due ore di ritardo. Gli promettiamo che il treno noi lo fermeremo lo stesso. Lui ci ride sul muso, ma il treno si fermerà quella e le sere successive.

C'era molta gente sul treno. Alla mattina facevamo la strada con Placido Cappellina che lavorava in via della Pila, e Luigi Furian alla Polvere Metalli, un lavoro di chimica. Io e Placido per rompere le palle a Luigi facevamo i conti di quanto ci mancava per andare in pensione: avevamo 16 anni! «Porca puttana! Voialtri fate i conti?». Tutte le mattine lo facevamo arrabbiare. Montavi in treno la mattina e c'era la prima classe, la seconda e la terza.

A quel tempo c'era anche la terza, e la terza classe puoi immaginarti era strapiena: c'erano quelli che salivano a Portogruaro che venivano magari da Concordia, avevano già fatto strada in bicicletta o a piedi ed erano in treno che dormivano. Nei compartimenti chiusi, a volte ce n'erano quattro e occupavano tutto, a volte erano anche stesi sulle reti: neanche tentare di entrare perché dormivano e perché c'era un gas, roba da morire.

Le carrozze aperte erano piene con la gente in piedi, e allora si andava anche in prima classe. Altra guerra anche là. Una mattina prendo il treno e con altri quattro andiamo direttamente in prima classe. Come entriamo, entra anche il controllore; io ero sul posto più lontano da lui. Chiede biglietti e tessera a uno e glieli ritira, così a un secondo e a un terzo. Io faccio lo gnorri, quando me lo chiede rispondo: «Il biglietto? Abbiamo tempo, la strada è lunga, devo andare a Venezia, abbiamo tempo... Sbrighi intanto le altre cose». È cominciata un po' di discussione e io mi siedo. Lui incazzato «Si siede anche!» «Certo, non vorrei disturbare». Mi rifiuto di consegnargli la tessera, obietto che lui la può vedere e constatare che è regolare, in ordine, ma la tessera è personale, è mia e gliela mostro soltanto. Ti posso dare il biglietto se vuoi (tanto era sabato) e avanti così fino a Mestre. Come il treno si ferma, scendo e lo lascio...

Una sera siamo a Venezia e il treno non parte. Non parte. Vado dal capostazione primo aggiunto. Ennio viene con me, andiamo e gli chiediamo quando pensa di far partire quel treno. Risponde che non c'è il personale per la sicurezza del treno, per le porte e quelle cose là, e il treno non parte. «Mandi due della Polfer, non potrà tenere ancora il treno qui in stazione!». Risponde che non si può e che il treno non parte. Allora gli promettiamo che, visto che il treno prima o poi partirà, quando sarà nel bel mezzo degli scambi glielo blocchiamo e paralizziamo tutta la stazione.

Ennio pronto a una maniglia del freno d'emergenza, io con la testa fuori dal finestrino per vedere dov'eravamo, «Ennio, ci siamo, tira!» Ennio tira e il treno si ferma. Poi cambia carrozza prima che arrivi il personale a riattivare il treno. Raggiungo Ennio in un'altra carrozza. Ci mettiamo d'accordo e blocchiamo di nuovo il treno. Intervento del personale, verbale e noi una terza volta: dalla sera dopo il treno è partito in orario. Non c'era più il problema del personale.

Qui [a Meolo] alla stazione c'erano tre capistazione e poi operai, c'erano molte manovre manuali, ma tutto era molto curato, era in ordine, qui passavano centinaia di persone ogni giorno. Ma a quel tempo non c'erano studenti. C'erano solo operai e ora solo studenti o quasi. Così come oggi è ridotta la stazione: senza porte, senza panchine [...]. Adesso che tutta l'area attorno viene riorganizzata dal progetto del sottopasso, sai come ci sta bene questo tugurio al centro di un'area urbana?

[2009, 2017]

Non gelosia, ma onore

1. Senza entrare nel merito del fatto di cronaca, un episodio tragico[1], mi soffermerò su due aspetti della vicenda, per mettere in evidenza i simboli e i modelli di comportamento che implicano. Il primo: una donna – una ragazza di diciannove anni – uccide il suo fidanzato con un pugnale. Il secondo: la donna viene processata e assolta per infermità mentale, e di lei poi non si sa più niente. Una donna che uccide un uomo con un coltello. Era frequente? Direi di no. Lombroso scrive un libro sulla donna delinquente proprio per spiegare perché, pur essendo la donna a uno stadio inferiore dell'evoluzione, compare molto meno dell'uomo nelle statistiche criminali.

2. Le cose possono essere raccontate solo se c'è una trama (esempio Ulisse) e forse addirittura le cose si fanno solo perché c'è un modello, uno schema, una trama, insomma se si sa (prima) come fare e come (poi) raccontarlo. In altre parole, anche per compiere un'azione bisogna avere uno schema sottomano, sapere un po' che nome darle, come andrà a finire eccetera.

Nel nostro caso, quale cornice narrativa e simbolica è disponibile per una donna che uccide l'amante a coltellate?

3. Ho consultato parecchi libri di storia delle donne, ma sono tutti

[1] Il tragico fatto di cronaca è quello ricostruito da L. Sponza, *L'onore e la legge. Un dramma d'amore a Venezia (1924)*, quiedit, Verona 2009 (Quaderno di storiAmestre, 9, inverno 2008-2009): una «popolana» del sestiere di Castello uccise a pugnalate il suo fidanzato.

sulla donna vittima. Mario Praz, nel suo libro sulla letteratura romantica diventato classico, ha scritto che dal romanticismo in poi la violenza contro la donna è estetizzata, che c'è una estetizzazione della violenza contro la donna: donna in catene in un sotterraneo buio, meglio se murata viva con uno scheletro vicino oppure con un bambino che morirà di fame e di sete prima di lei; donna a seno nudo frustata da uno schiavo nero o da un aristocratico perverso; donna seminuda legata a un cavallo da corsa; donna morta galleggiante nel fiume a mo' di Ofelia; donna oltraggiata nell'onore svenuta con il corpetto che lascia intravvedere il bianco seno sotto l'ampia veste eccetera eccetera.

Se si prende il libro di Catherine Clément *L'opera lirica, o La disfatta delle donne*, la donna che nell'opera se la cava meglio di tutte muore di tisi. Le altre salgono sul rogo come Norma, vengono pugnalate da un tagliagole come Gilda, si buttano da Castel Sant'Angelo come Tosca, si avvelenano con un liquido venefico che conservano per prudenza in un anello come Leonora eccetera eccetera.

Insomma niente donne killer: o meglio sono poco studiate, poco osservate. Se ci sono, sono mostri: donne vampiro, donne fatali, donne che tramano. Ancora Praz ci ricorda che nella prima metà dell'Ottocento «la funzione della fiamma che attira e brucia, è esercitata dall'uomo fatale (l'eroe byronico)», mentre nella seconda parte del secolo "dalla donna fatale": risultato, «la farfalla destinata al sacrificio è nel primo caso la donna, nel secondo l'uomo» (p. 181). Nel secondo caso, tipico della fine dell'Ottocento, Praz si riferisce alla mantide religiosa, alla donna bella e inattingibile, fredda, che concede le sue grazie a un maschio, di solito più giovane di lei, per poi ucciderlo, annientarlo, perderlo.

4. Fin qui, niente sembrerebbe offrire una cornice culturale alla vicenda raccontata nel quaderno di Lucio Sponza. Ma ho insistito con l'opera lirica, e mi sono venuti in mente almeno tre casi che possono aiutarci: tre casi famosi.

Per prima, Norma. Norma è una sacerdotessa dei Galli, ama il generale romano Pollione e ha due figli (in gran segreto, perché è una sacerdotessa ed è tenuta al voto di castità). A un certo punto Pollione si innamora di una sacerdotessa più giovane. Norma si arrabbia. Affronta Pollione con un coltello. Canta la celebre aria «In mia mano alfin tu sei», ma poi lascia cadere il coltello: pensa che è madre, pensa ai figli, e ancora di più pensa alla felicità di Pollione, a cui augura, più o meno, di vivere con la giovane a Roma (basta foreste della Gallia). Qui dunque abbiamo una donna che pensa ad accoltellare l'amante, ma all'ultimo momento cambia idea: pensa piuttosto a sacrificare sé stessa. (Alla fine Pollione si riabilita perché lei si autoaccusa davanti ai Galli e sale al rogo, e Pollione la segue.) Non è ancora il nostro caso, ma ci dice che lo schema di lei che accoltella lui è una possibilità.

Seconda figura: Lucia di Lammermoor. Lucia ama segretamente un nemico della sua famiglia, in particolare del fratello. Il fratello pensa al contrario che se Lucia sposa un certo lord, le sorti della famiglia potrebbero avere un gran giovamento. Ma Lucia continua a vedere segretamente l'innamorato: lo vede nel castello del parco, naturalmente al chiaro di luna (il notturno è un topos), nei pressi di una fontana, si scambiano un anello cantando il celebre duetto «Verranno a te sull'aure». L'amante va alla guerra. Il fratello obbliga Lucia a sposare il lord di cui abbiamo già parlato, facendole leggere una falsa lettera in cui si dice che il suo amante ha un'altra. Lucia cede al fratello. Improvvisamente nella sala dove si svolge il matrimonio torna l'amante, che rimprovera Lucia di infedeltà, e maledice la famiglia di lei. Notte. Uragano spaventoso sulla Scozia, rimbombo di tuoni: l'amante è solo nella torre del castello, sente un galoppo avvicinarsi. È il fratello di lei. Duello all'alba tra i due rivali in amore, vicino a un cimitero. Cambio scena. Ancora festa di nozze al castello, qualcuno in scena annuncia che Lucia, divenuta folle, ha ucciso con la spada il marito appena sposato. Sopravviene Lucia in pieno delirio, ha la veste nuziale macchiata di sangue, riafferma l'amore per l'amante, ricorda gli incontri presso la fontana, ha un parlare sconnesso (cioè delira) e alla fine muore sulla scena. L'amato viene a sapere della cosa e si uccide.

Questo caso ci suggerisce un altro elemento: quando una donna uccide un uomo, in questo caso il marito impostole, a) il marito è un cattivo (nel nostro caso: l'amante è un tenore, cioè un buono, il marito è un baritono, cioè una canaglia) e b) c'è di mezzo un conflitto tra famiglie, o meglio tra due uomini: due uomini si sfidano a duello, e chi ci rimette è la donna la quale, stretta tra essere sorella di uno e amante dell'altro, non regge allo scontro. Può uccidere, tra l'altro con una spada, il marito impostole per ragioni di famiglia, ma diventa folle e muore.

Terzo caso è quello di Tosca. Tosca ama il pittore Cavaradossi. Il capo della polizia pontificia Scarpia fa arrestare Cavaradossi, che parteggia per Napoleone e per la libertà. Scarpia cerca di far sua Tosca. Tosca dice di volersi concedere a lui, ma chiede in cambio la vita di Cavaradossi. Scarpia dà ordine che Cavaradossi sia fucilato a salve. Prima di cedere al capo della polizia, Tosca chiede un salvacondotto per lei e per l'amante. Mentre Scarpia sta scrivendo il salvacondotto, Tosca prende un coltello. Scarpia fa per abbracciarla, lei lo uccide. Tosca prende il salvacondotto, posa un crocefisso sul petto del cadavere di Scarpia e abbandona la stanza. Cambio scena. Sopra Castel Sant'Angelo. È l'alba. Di lontano canta un pastore. Cavaradossi canta «E lucean le stelle». Arriva Tosca, mostra a Cavaradossi il salvacondotto e gli dice di fingere e di cadere con arte, fingendosi morto. Arriva il plotone. Voci confuse: l'omicidio di Scarpia è stato scoperto. Vogliono arrestare Tosca ma lei si slancia nel vuoto giù dal Castel Sant'Angelo.

Anche qui, Tosca (una soprano, personaggio femminile buono) uccide il cattivo (il baritono) con un coltello, e lo fa per difendere il suo onore. Poi però muore e anche lei esce di scena.

5. Prima di riprendere questi fili e tirare delle conclusioni, due parole sullo sfondo culturale in cui inserire la vicenda raccontata da Lucio Sponza.

Secondo la scienza di fine Ottocento, che non faceva che legittimare il senso comune, le donne erano sentimento, istinto, altruismo, comportamenti automatici, affettività, fantasia, immaginazione, emotività, impulsività: erano una sorta di fondo oscuro, di sostrato biologico, un insieme di virtù pre-sociali o anti-sociali, perché erano legate alla natura, alla primitività, all'animalità (mestruazione, gravidanza, cicli lunari). Da un lato natura, animalità e primitività; dall'altro lato sentimenti, affetti, ricordi familiari, in altre parole: poesia. Nell'opera lirica quando sta per cantare la donna si sentono gli arpeggi dell'arpa. (Suona il corno? La voce del destino. Tamburi e trombe? Soldati in guerra.)

I diversi saperi – dall'antropologia alla psicologia – declinano questo senso comune in modi diversi. Si pensi alla donna "rea per passione" della criminologia, o alla donna uterina della ginecologia, due figure che suscitano un'ambigua simpatia presso gli scienziati (uomini). Mossa da amore sincero e disinteressato la prima, capace di imprese eroiche ed eccezionali la seconda: ma entrambe sembrano affermare più liberamente il loro sentimento, il loro erotismo, al di là del ruolo loro imposto di essere madri. Ecco un esempio di questa simpatia, nelle parole dello psicologo Lino Ferriani, che nel 1886 scriveva: «tolte le poche energiche che nell'impeto del dolore per il vigliacco abbandono trovano il coraggio criminoso di vendicarsi dell'amante col coltello, col revolver, col vetriolo, tutte le altre scendono più o meno lentamente la scala del vizio, povere candide foglie di magnolia, che il primo contatto ha ingiallite per sempre!». (Nel passo – che trovo citato nel volume *La donna nelle scienze dell'uomo* di Valeria P. Babini, Fernanda Minuz, Annamaria Tagliavini – è interessante l'accenno ai diversi tipi di delitto secondo le classi sociali: il vetriolo delle aristocratiche, il revolver delle borghesi, il coltello delle popolane.)

Simpatia ambigua, dicevo: per quanto ammirate dagli scienziati (uomini), le donne sono destinate alla sconfitta – la «rea per passione» subisce la pena dell'abbandono e del tradimento, «l'isterica» rimarrà chiusa nella sua malattia. In altre parole non si sfugge alla norma del femminile. Anzi, la «rea per passione» (ma lo stesso si può dire per la «donna isterica») conferma il fatto di essere donna, più che di essere deviante. Il suo reato dimostra un eccesso del sentimento, non una deviazione dalla natura femminile. Per questo, anche quando i delitti compiuti da donne sono feroci, spesso le condanne penali, ma anche le richieste dell'accusa, sono miti. Il libro di Cesare Lombroso, *La donna delinquente* (1893) nasce da un fatto di cronaca: una popolana aveva ucciso l'ex fidanzato con un coltello da cucina (così ci avviciniamo alla storia raccontata da Lucio Sponza) e aveva avuto una condanna leggera: quattro anni di prigione. In altre parole, il delitto commesso da una donna non suscita allarme sociale, bensì incredulità, stupore, sdegno: pone domande alla morale e alla filosofia, non al controllo dell'ordine pubblico. Anche perché – è ancora Lombroso a osservarlo – le donne delinquono nella sfera domestica e privata, e solo raramente nella sfera pubblica. Inoltre, la minore responsabilità penale delle donne è dovuta al fatto che le donne hanno un'inferiore capacità giuridica: nei codici ottocenteschi sono equiparate ai minori e hanno bisogno dell'autorizzazione maritale per amministrare i beni, per esempio. La donna è meno responsabile dunque dell'uomo? Per giuristi e criminologi, sì: il sesso femminile era di per sé una circostanza attenuante.

6. Possiamo ora tirare le fila. La vicenda raccontata da Sponza non riguarda la donna, ma gli uomini, e l'onore di due famiglie, o meglio degli uomini della famiglia. Il fratello di lei e il moroso di lei si affrontano, litigano, si prendono a pugni. Il fratello di lei ha già tentato di uccidere il moroso della sorella con un pugnale comperato a Costantinopoli: un *marinèr*, quindi. E il moroso non avrebbe offeso lei con l'espressione disonorevole *roba da marinèri*?

Quando va nella casa del moroso, lei ha con sé il pugnale del fratello. Non solo, quando lei uccide il moroso, nella piccola stanzetta dove sono soliti dormire in sei, sono presenti anche i genitori di lei. Quindi lei, vendicando il suo onore, vendica l'onore della famiglia. La famiglia di lei ha ospitato il moroso della figlia in casa, ha comperato la parte di mobili che spetta alla figlia al momento di sposarsi, e lui come ricambia? Perdendo il lavoro e tradendo la promessa: non solo sta con un'altra, ma offende la promessa sposa in strada!

Mi sembra giusto che Sponza e la redazione abbiano inserito la parola "onore" nel titolo. Questo non è un processo per un fatto di gelosia, ma per una questione d'onore. Quando la donna perde il suo onore (ha vissuto con il suo uomo, e poi è tradita, abbandonata, chi la sposerà più adesso?), non è solo lei a rimetterci, ma sono prima di tutti gli uomini della famiglia, fratelli e padri.

La vicenda è un conflitto tra maschi. Nella famiglia di lei ci sono il papà e due figli, e fanno i carpentieri in ferro. Nella famiglia di lui c'è solo un uomo, un papà che fa il sarto, e poi c'è lui, il moroso, che è uno spiantato. La famiglia di lei gli trova il lavoro all'arsenale e lui lo perde; gli trovano il lavoro in una trattoria e anche lì viene mandato via perché fa la cresta sui prezzi.

Con il suo gesto la ragazza vendica quindi l'onore del padre e dei due fratelli; affronta la sua punizione; viene considerata pazza; scompare di scena. Sipario. Applausi.

Bibliografia citata

V.P. Babini, F. Minuz, A. Tagliavini, *La donna nelle scienze dell'uomo: immagini del femminile nella cultura scientifica italiana di fine secolo*, Franco Angeli, Milano 1986.

C. Clément, *L'opera lirica, o La disfatta delle donne*, Marsilio, Venezia 1979 (ed. or. 1979).

C. Lombroso, G. Ferrero, *La donna delinquente la prostituta e la donna normale*, L. Roux e c., Torino-Roma 1893, poi seguito da varie altre edizioni; la prima ed. è stata riproposta di recente, con prefazione di M. Gibson e N.H. Rafter, dall'editore *et al.*, Milano 2009.

M. Praz, *La carne, la morte e il diavolo nella letteratura romantica*, prima ed. 1930, poi più volte rivisto e accresciuto fino alla quinta edizione (vedi con un saggio introduttivo di Francesco Orlando, Rizzoli, Milano 2018).

SERVIZIO IN GUERRA
Parte I. — Servizio delle truppe
Appendice II. (n. 11 e 13)

394563

N. 246-B del Catal.
(R. 1915)

ESTRATTO dell'Atto di morte del (1) soldato Checchini Armando inscritto sul Registro tenuto dal (2) Comando di Tappa di Noale a pagina N. 3 d'ordine.

Il sottoscritto (3) Omegna Giovanni Tenente Colonnello, incaricato della tenuta dei registri di stato civile presso (2) il Comando di Tappa di Noale dichiara che nel *Registro degli atti di morte* a pagina n. 3 ed al Num. 3 d'ordine trovasi inscritto quanto segue: (4)

« *L'anno mille novecento* diciasette *ed all'i* otto *del mese di* novembre nell'orto attiguo al Comando di Tappa di Noale *mancava ai vivi alle ore* 12.45 *in età d'anni* 23

nativo di fraz. Zelarino Trivignano *provincia di* Venezia
figlio di Pietro *e di* Minellato Vittoria
ammogliato con — *vedovo di*
morto in seguito a (1)
sepolto a Noale *come risulta da* ll'attestazione fatta nell'atto di morte dai militari Maggiore Giannetti Cav. Giulio e Carabiniere ap. Bianchi Emilio.

Accertata la morte
Tenente medico
F.to Silvio Agnoloni

V.o Il (6)

Per copia autentica

Il (5) Comandante la Tappa
Tenente Colonnello
Omegna Giovanni

(1) Grado o qualità, nome e cognome del defunto. — (2) Corpo, ospedale od ufficio da cui è tenuto il registro. — (3) Cognome, nome e grado dell'ufficiale incaricato della tenuta del registro. — (4) Si trascriverà per intiero, comprese le firme, l'atto di morte come risulta dal registro. — (5) Qualità e firma dell'incaricato della tenuta del registro. — (6) Qualità e firma della persona chiamata alla legalizzazione dell'atto.

(1) fucilazione come da foglio del Comando di Tappa della VIII armata in data 1/12 917 N° 154

Per Arnaldo Checchin

Discorso in occasione dello scoprimento di una targa per Arnaldo Checchin, mandato a morte per fucilazione pochi giorni dopo Caporetto.

1. Arnaldo Checchin era coetaneo dei miei nonni. Venne al mondo in una famiglia contadina un giorno d'inverno. Il segretario comunale che registrò la nascita dispensò il padre dal portargli il neonato in Comune, come sarebbe stata la prassi. A vent'anni Arnaldo fu chiamato alle armi. Non poté leggere la cartolina precetto perché era analfabeta. Scoppiò la guerra, fu trattenuto. Tre anni dopo venne fucilato a pochi chilometri da casa per ordine del suo comandante. Ho sognato la sua lapide e al risveglio mi sono segnato le prime righe: «Quando sono nato era così freddo / che non vollero farmi uscire di casa / perché a vent'anni potessi imbracciare un fucile / contro nemici lontani che non ho mai conosciuto / e a ventitré fossi fucilato vicino a casa / da amici che conoscevo bene». Era un sogno. Invano infatti cercheremmo la lapide di Arnaldo Checchin sulla collina di Spoon River, perché le sue ossa sono sepolte chissà dove e senza un nome che lo ricordi.

Ho controllato, quel giorno 8 novembre 1917 era un giovedì, e normalmente il mercato dei bovini a Noale si teneva proprio il giovedì. Date le circostanze probabilmente quel giorno il mercato non si tenne – la strada per Padova era invasa da civili e soldati in rotta dopo Caporetto –, ma il giorno della settimana era quello. Possibile che Arnaldo Checchin non avesse frequentato il mercato di Noale prima della guerra? La sua famiglia abitava a Trivignano, a una decina di chilometri di distanza. Immagino che Arnaldo ci sia andato qualche volta, al mercato, da bambino con il papà oppure da giovanotto magari posticipando come si faceva in questi casi i lavori di stalla. Quel giovedì 8 novembre, mentre lo bendavano prima di essere fucilato alla schiena da un plotone di suoi commilitoni, avrà rivisto dentro di sé quelle mattine di libertà, godute a pochi passi da dove lo stavano ammazzando?

2. La fucilazione avvenne dopo processo sommario. L'espressione «processo sommario» non implica l'opera di un tribunale, bensì l'ordine a voce di un ufficiale. Proprio in quei giorni, successivi a Caporetto, operava nel Padovano e nel Trevigiano il generale Andrea Graziani, che dal 3 al 16 novembre ordinò la fucilazione di almeno 57 tra soldati e civili. Conosciamo a sufficienza il primo episodio, avvenuto il 3 novembre a Noventa Padovana, grazie alla testimonianza dello stesso Graziani in risposta alle accuse di ferocia che gli furono mosse dal giornale socialista l'«Avanti!» nel 1919. Un plotone di soldati di artiglieria (tra l'altro era il corpo cui apparteneva Checchin) sfila per strada. Graziani intravede un soldato con un sigaro in bocca ed è convinto di notare «la faccia atteggiata a riso di scherno». Lasciamo il racconto a Graziani: «Saltato giù dall'automobile e, di corsa, penetrato entro le file, ho bastonato nella schiena quel soldato. Fermato lo sfilamento, legato il soldato dai carabinieri della sua scorta, l'ho fatto immediatamente fucilare contro il muro della casa vicina: tutto ciò si è svolto nel tempo di quattro o cinque minuti. Indi fu ripreso lo sfilamento. Alla fine ho chiesto il nome di quel disgraziato ed ordinato al comandante della colonna di fare le prescritte comunicazioni». Quell'uomo si chiamava Alessandro Ruffini. Sei giorni dopo fu la volta di Arnaldo Checchin, non sappiamo in quale circostanza.

3. Luigi Bragato nel 1917 aveva otto anni e andava a scuola a Cappella di Scorzé, dove viveva con la famiglia contadina. Nel 1999, intervistato da Camillo Pavan, ricordava che un giorno di fine ottobre la maestra mandò a casa i bambini dicendo di correre a nascondersi nei campi. Masse di soldati italiani si riversavano per la via di Noale lasciando dietro di sé scompiglio nei pollai e alberi di mele spogli (maturavano in quei giorni i «pomi modenesi»). Avevano fame. Chi aveva soldi pagava, gli altri rubavano. A distanza di ottant'anni Bragato prendeva ancora sul serio quello che gli raccontavano gli adulti dopo

Caporetto, e cioè che quando il tedesco beve e si ubriaca (durante l'invasione saccheggiava le cantine) per otto dieci giorni non si muove più, dando il tempo ai nostri di organizzarsi sul Piave. Bragato ricordava poi la presenza dei disertori. Passata la grande massa di soldati, due di loro saltarono il fosso, si avvicinarono al portico di casa e gli chiesero: «"Cèo, ghe xe qualchedun drìo a strada?" [Piccolo, c'è qualcuno lungo la strada?] "No!" ... Hanno fatto un salto come due lepri e via». A Noale, aggiunse Bragato, dopo Caporetto fucilarono otto o dieci soldati «perché scappavano». La notizia è da verificare, però ci aiuta a cogliere il clima di quei giorni di inizio novembre che, come ricorda Bragato, erano i giorni dei Morti.

4. Il nome di Arnaldo Checchin fu inserito tra quelli dei Caduti sul monumento eretto da alcuni parrocchiani a Trivignano, per essere invece cancellato dal monumento di Zelarino che nel 1927 soppiantò quello di Trivignano. Il suo corpo, seppellito a Noale a pochi passi da dove era avvenuta la fucilazione, finì dieci anni dopo tra le ossa ammassate all'ossario di Fagarè. Io ci sono stato portato da bambino, rimasi così sconvolto nel vedere sotto vetro ossa umane alla rinfusa che al ritorno a casa mia mamma rimproverò mio papà per aver portato un tosatèl a vedere quelle cose, e mio papà rimase mortificato.

Il caso di Checchin è abbastanza comune per la prima guerra mondiale. Si calcola che nelle battaglie del 1916 a Verdun – ma in altri fronti la situazione non fu molto diversa – morirono mille soldati per metro quadrato. Dopo la guerra fu costruito un ossario per mettervi, visibili sotto vetro, teschi e ossa che si supponeva fossero appartenuti a soldati francesi, mentre i probabili resti dei soldati tedeschi furono ricoperti di terra. I singoli Stati si riprendevano i propri corpi, segnando frontiere della cui esistenza la Morte pare non essersi accorta. Ma nel caso di Checchin non si trattava solo dell'impossibilità di ricomporre e riconoscere corpi fatti a pezzi. La fucilazione implicava infatti un marchio di vergogna e la condanna all'oblio.

In Italia, più che in altri paesi, subito dopo la guerra furono apposte lapidi in cui la pietà per chi aveva perso la vita era accompagnata, e spesso sostituita, dalla maledizione per chi li aveva mandati a morte. Lapidi e iscrizioni, dedicate «Ai proletari vittime della guerra» o «Ai proletari vittime delle guerre borghesi», ricordavano «l'orrenda carneficina / l'immane flagello», condannavano il «fratricidio inutile», invocavano «odio contro la guerra / maledizioni contro coloro che la benedirono e la esaltarono», auspicavano «un'era novella / senza tiranni, né schiavi, né guerre». Una lapide posta nel cimitero militare di Schio a ricordo di due soldati fucilati per ordine del generale Graziani nel corso della ritirata di Caporetto diceva: «Vittime insanguinate / di sanguinario militarista».

Queste targhe e queste lapidi ricordavano non solo i soldati, ma tutte le vittime della guerra, compresi i disertori e i civili. Si trattò di un movimento molto forte: basti dire che a Milano fino al 1921 non fu possibile erigere nessun monumento ai caduti. Bandiere del movimento operaio recavano le scritte «Disonoriamo la guerra» o «Giù le armi», e raffiguravano baionette e spade spezzate.

Lo squadrismo fascista distrusse lapidi, cancellò iscrizioni, razziò bandiere. Il regime fascista poi pretese e ottenne il monopolio del ricordo e del lutto, tanto da far dimenticare persino il ricordo di quel conflitto di memorie. Le denunce nei confronti di quelli che venivano chiamati «pescecani» – cioè di chi si era arricchito con la guerra – vennero dimenticate. Rimosso il ricordo delle vittime civili (non solo uccisi dalle bombe, si pensi alla popolazione falcidiata dalla spagnola). Cancellati gli stupri contro le donne, incoraggiati dai comandi militari. I monumenti innalzati ai Caduti – un eufemismo per eliminare ogni riferimento a uomini mandati a uccidere e a farsi uccidere – celebrarono l'umile fante la cui virtù è l'obbedienza, e riaffermarono la gerarchia militare il cui prestigio era uscito a pezzi dalla guerra. Monumenti simili accomunano sia i paesi che avevano vinto la guerra sia quelli che l'avevano persa: a testimonianza che alla fine a vincere furono la guerra e gli Stati.

Maudite soit la guerre è il titolo di un film profetico uscito in Belgio nel giugno 1914. *Maledetta sia la guerra*, dice una canzone popolare italiana risalente alla prima guerra mondiale. *Maudite soit la guerre* si legge in un monumento innalzato in Normandia poco dopo la fine del conflitto; negli stessi anni nei pressi di Stoccarda un monumento riportava l'iscrizione *Nie wieder Krieg!* (*Mai più guerra!*). Molti giovani che partirono volontari – come i più noti tra i poeti inglesi – espressero ben presto tutto il loro orrore. Sappiamo quanti romanzi fin dagli anni Venti hanno raccontato la verità sulla Grande guerra. Per quanto mi riguarda, mi fido di quanto mi hanno raccontato i miei nonni e le mie nonne. Se malediciamo la guerra non lo facciamo solo per una sensibilità dei giorni nostri, ma per riprendere le voci di quanti hanno denunciato le menzogne su vicende che avevano conosciuto di persona.

5. Denunciare le menzogne ufficiali non significa per questo rinunciare al dolore, non significa per questo fare a meno di onorare i morti, al contrario. Come disse il filosofo Günther Anders nel Cinquantenario della Grande guerra: «Se trasferiamo il rispetto che dobbiamo portare alla morte stessa e ai nostri morti alla "Cosa" che è stata causa della loro morte, allora commettiamo quanto di peggio possiamo commettere in quanto superstiti: giacché, così facendo, collaboriamo a posteriori proprio con coloro di cui essi sono caduti vittime»; e concludeva: «Solo se conserviamo fino in fondo questa consapevolezza onoreremo davvero i nostri morti. Solo allora potremo far sì che siano morti non *inutilmente*. Solo allora, cioè, essi diventeranno i nostri ammonitori contro il ripetersi di cose come queste».

È con questo spirito che, a nome di storiAmestre e dell'associazione Dalla guerra alla pace-Forte Gatta e di tutte le associazioni che hanno aderito all'iniziativa; è con questo spirito che vi invito a ricordare Arnaldo Checchin e le vittime di guerra che verranno commemorate da una targa che d'ora in poi rimarrà affissa qui, all'interno del forte Mezzacapo.

Nota

Devo le notizie su Arnaldo Checchin alla ricerca di Claudio Zanlorenzi che si legge ora online, <https://www.fortemezzacapo.com/centenario-grande-guerra/ricordo-del-soldato-checchin-arnaldo-1/>.

La lettera di Andrea Graziani fu pubblicata dall'«Avanti!», edizione nazionale, 6 agosto 1919 (n. 216), p. 1 (il generale scrive per errore Noventa di Piave); bandi di Andrea Graziani, ivi, n. 221, 223, 233. La fucilazione di Noventa Padova in P. Melograni, *Storia politica della grande guerra 1915-1918*, Laterza, Bari 1969, pp. 445-448, e in C.A. Loverre,

Al muro. Le fucilazioni del generale Andrea Graziani nel novembre 1917. Cronache di una giustizia esemplare a Padova e Noventa Padovana, «Materiali di lavoro», Centro Studi Ettore Lucini, n. 19 (2001), pp. 5-24.

L'intervista di Camillo Pavan a Luigi Bragato è online, <http://camillopavan.blogspot.it/2010/04/intervista-luigi-bragato.html>.

Sulle lapidi antimilitariste vedi G. Isola, *Guerra al regno della guerra! Storia della Lega proletaria mutilati invalidi reduci orfani e vedove di guerra (1918-1924)*, Le Lettere, Firenze 1990, pp. 165-181; J. Foot, *Fratture d'Italia*, Rizzoli, Milano 2009.

G. Anders, *I morti. Discorsi sulle tre guerre mondiali*, in Id., *Discorso sulle tre guerre mondiali* (1964), a cura di E. Mori, Linea d'ombra, Roma 1990, pp. 16-18.

[2017]

RICERCHE

Come nasce un «campo profughi»

Una sera di maggio 1995, per capire com'era nato il «campo profughi» a Mestre tre anni prima, ho fatto un'intervista a due testimoni diretti. Luciano era stato tra i primi volontari: all'epoca aveva tra i venticinque e i trent'anni ed era impegnato in una parrocchia della città. Goran, di qualche anno più vecchio, era arrivato dalla Serbia con moglie e due figli piccoli nell'autunno del 1992, e con altre famiglie della sua città si era sistemato sotto il cavalcavia vicino alla stazione di Mestre. Col tempo i due erano diventati amici. L'intervista si è svolta in casa di Luciano: l'ho registrata e ho avuto il permesso di utilizzarla. All'incontro era presente anche Snejana, moglie di Goran, che confermava i fatti.
Prima di lasciare la parola a Luciano e Goran, darò qualche informazione per capire di che cosa stanno parlando. Nell'ottobre del 1992 sotto il cavalcavia a due passi dalla stazione ferroviaria di Mestre si forma un accampamento. Luciano con un suo amico va a vedere e con altri giovani della sua parrocchia cerca di fare qualcosa. Lì conoscerà Goran.
Nomi e iniziali sono inventati; i brani che non riporto, su richiesta dei miei interlocutori, sono segnalati da [...]. Ecco l'intervista, con le mie domande e le loro risposte; alla fine una breve nota.

Luciano: La mia esperienza è iniziata quando ho incontrato Snejana. Sono entrato dentro il campo credo dall'inizio ottobre. Nel giro di due settimane, volontari già ce n'erano, ci siamo contattati tra di noi e abbiamo cominciato a lavorare. La prima idea è stata di garantire un pasto caldo e portare dei vestiti. Ogni domenica, per tutto novembre, abbiamo dato un pasto caldo. Eravamo almeno una decina, di più parrocchie. Negli stessi mesi era stato scoperto questo campo da gente della parrocchia di Zelarino e della parrocchia di Oriago. Ci siamo telefonati e abbiamo dato vita a un coordinamento. Abbiamo pensato a dare un pasto caldo, ma abbiamo anche pensato a capire chi fossero. Contemporaneamente una domenica abbiamo portato chi voleva a farsi una doccia a Ca' Letizia. In quel nucleo c'era anche Nicola, che li portava a casa per lavarsi.

All'interno di questa organizzazione io e un mio amico, di nome Roberto, ci siamo presi cura di monitorare la faccenda per capire. Quindi abbiamo fatto questo disegno del campo [me lo mostra]. Quando entravamo, Roberto osservava e io invece parlavo con loro, e un po' alla volta abbiamo capito chi erano. All'inizio credevamo che fossero una ventina, poi abbiamo scoperto che erano almeno quaranta, ma noi non entravamo dappertutto, non riuscivamo a contare tutti. E poi era difficile contarli. Siamo riusciti, con la scusa di portargli un cibo caldo, ad avere un'idea di quanti fossero. Una volta siamo arrivati con un furgone pieno di vestiti. Glielo avevamo detto, per cui eravamo sicuri di trovarli, ed erano tantissimi.

Allora, una delle prime cose che ci siamo trovati di fronte era il problema delle immondizie, un enorme cumulo alto almeno tre metri, era grandissimo e c'era liquame tutto attorno, e c'erano delle pozze d'acqua, queste disegnate [mi mostra lo schizzo], che noi ritenevamo fosse un problema igienico. Allora abbiamo detto: prima di tutto eliminare le immondizie. In contemporanea a questa necessità, per motivi igienico sanitari, c'era il problema che questi dovevano essere ben visti dalla gente. La polizia che passava su e giù ci diceva praticamente che noi potevamo restare, senza però rompere i coglioni più di tanto: questi [sotto il cavalcavia] non si doveva sapere che c'erano. La polizia passava su e giù: «Cosa fate? Attenti a non rompere troppo le palle, perché noi vi lasciamo fare, ma basta che non ne salti fuori un problema», perché questi avevano già un foglio di via, tutti quanti, e però nessuno li mandava via.

Goran: Siamo arrivati in settembre, lui è arrivato dopo un mese, quando ci stavano problemi, tutti i giorni andavamo a chiedere elemosina... quelli non hanno niente, cosa mangiano? E così, fogli di via...

Luciano: La nostra prima mossa è verificare se loro sono disponibili a migliorare il campo. Allora gli abbiamo detto che c'era bisogno di raccogliere 200.000 lire per far portar via le immondizie. Noi abbiamo contattato l'Amiu [Azienda municipale igiene urbana, l'allora incaricata dei servizi di nettezza urbana], che ci ha chiesto questi soldi. Sono andato io con Roberto e ci siamo fatti dare i soldi da D., e lui ci ha dato 200.000 lire in pezzi da mille. Con questi 200.000 lire abbiamo pagato l'Amiu, che ha portato via le immondizie. Abbiamo detto: «Se voi volete stare qui dovete dare 200.000 lire per portare via tutte le immondizie», e loro le hanno trovate nel giro di una settimana. Dopo c'era un altro problema, che era tutto il ristagno d'acqua. Allora abbiamo detto: verifichiamo se loro sistemano. Abbiamo dato un badile a B. e V., marito e moglie, ti ricordi?

Goran: [con tono di chi non vuole nominare la donna, che tempo dopo si sarebbe impiccata]... adesso è morta...

Luciano: ...Gli abbiamo dato un badile per scavare, e l'uomo ha scavato delle canalette per l'acqua. Una cosa che ci ha stupito è che quando c'è stato un incendio e tutto è andato distrutto, lui è venuto in cerca di me col badile, e ce l'ha restituito... Noi andavamo in cerca di referenti di cui potevamo fidarci, e uno è diventato questo B.

Il campo si presentava così: erano tutte baracche di scatolone rivestite di nylon, a parte queste roulotte. Una è stata fornite dalla Caritas, le altre... comperate.

Goran: Le altre comperate o volontari che trovano: io conosco un amico e chiedo se ha una roulotte...

Piero (a Luciano): Portavate da mangiare, alla domenica, cosa ti ricordi di questo? Bello? Brutto?

Luciano: Brutto, nel senso che noi pensavamo di fare una cosa utile, in realtà a loro gliene fregava di meno. Accorrevano per farsi dare il pranzo, magari poi lo buttavano via, però se lo facevano dare, qualsiasi cosa se la prendevano.

L'importante erano i vestiti. Noi siamo arrivati con un Ducato pieno di vestiti, parecchie volte, avevamo organizzato dei volontari che facevano lo smistamento, davamo vestiti e coperte, questi venivano distribuiti. Allora noi ci siamo cominciati a preoccupare, perché davamo tanti vestiti, quasi ogni giorno, fa conto due o tre Ducati alla settimana di vestiti. Ma dove vanno? Allora questa preoccupazione, me e Roberto ci ha spinti a fare un giro e a scoprire che c'erano scatoloni imballati di vestiti, e noi non sapevamo né perché né per cosa.

Allora abbiamo cercato di trovare gente che conoscesse la situazione degli zingari, che ci spiegasse come poteva essere, sono cominciate divisioni all'interno del gruppo, perché all'inizio «sono profughi», e poi si è cominciato a dire «sono zingari che fanno mercato nero»...

Piero: Tu Goran, sai raccontare questa cosa dei vestiti?

Goran: Mandavano a casa sua: quello che viene a chiedere l'elemosina, lui tornava dopo due-tre mesi, e portava e lasciava per sua famiglia perché vestiti costava tanto...

Luciano: Questi inscatolavano e mettevano via tutto...

Goran: Sì, lasciava per sé, e più vendono... costava 10.000 lire... era già cominciato embargo contro ex Jugoslavia.

Piero (a Goran): Quando portavano da mangiare, la gente mangiava?

Goran: Mangiava solo carne, pastasciutta non sono abituati. Non si usa da noi come in Italia.

Luciano: Quando portavamo la pastasciutta, la buttavano via e andavano a prendersi le costicine che stavano cucinando. [...] Noi volevamo favorire l'emancipazione di queste persone, vedi l'intervento dell'Amiu, vedi la faccenda delle pale, vedi il fatto delle docce: noi dicevamo a 'sta gente: «gente, dovete tenervi puliti, se non potete lavarvi, vi portiamo noi a Ca' Letizia a lavarvi», e ne abbiamo portati un gruppo, del resto era logico perché vivevano in condizioni miserrime. Insomma noi volevamo aiutarli in maniera intelligente. Un'altra cosa che ci preoccupava era raccogliere informazioni su queste persone per avere una prospettiva del nostro operato.

Come funzionava il lavoro del Coordinamento? Abbiamo contattato la M. dell'Opera Nomadi per farci dire come si comportava 'sta gente di solito e cosa aspettarsi da loro. Perché loro ci dicevano: «Noi siamo rom». Gli chiedevamo: «Siete rom?», «Sì, tutti noi siamo rom». C'era quello sempre ubriaco, papà di C.: quello era un problema per noi, perché voleva gestire lui la relazione tra noi e loro...

Goran: Lui mi ha portato al campo. La prima volta l'ho incontrato a Mestre. Mi ha detto del campo, ha detto: «Se sei zingaro puoi venire, se sei gagio, serbo, puoi venire ma stai zitto se no ti ammazzo»... siamo andati là, tutti parlavano lingua zingara...

Luciano: All'inizio quando abbiamo cominciato a fare movimento, subito si sono piazzate delle macchine da zingari e ci facevano da filtro, ci dicevano che dovevamo parlare con loro... Noi allora abbiamo saltato queste persone e siamo entrati direttamente a parlare con tutti, perché la nostra idea era che tutti loro fossero «filtrati» da degli zingari: avevano le roulotte non qui [sotto il cavalcavia] ma qui, lungo la strada, avevano le roulotte, i vestiti appesi. Quando portavamo i vestiti, dicevano: «Date a noi, che noi dopo diamo a loro»...

Goran: Erano calderashi [...]. Giravano la settimana, e tornano la domenica e lunedì. Sono diversi, due diverse razze si può dire. Loro sono zingari, gli altri sono romi, qua in Italia si sente poco la differenza. Loro [gli zingari] non si fidavano da loro [dei romi], e loro [i romi] non si fidavano da loro [degli zingari]. Io quando c'ero sotto di cavalcavia, il piccolo nipote di Mirko diceva: «Noi siamo romi», e la polizia c'era stato quello giorno: «Ma che cos'è romi?» E il ragazzo, il bambino: «La nostra razza è da India», e la polizia ha capito che provengono da India. E quando hanno visto passaporto da Jugoslavia hanno detto: «Ma voi siete zingari da Jugoslavia». E loro: «Siamo romi da Jugoslavia, non siamo zingari che rubano». La polizia, per loro era lo stesso: zingari e romi, per loro è lo stesso. Ma io sono stato poco tempo sotto di ponte [cavalcavia], non chiedevo elemosina, io pensato che Italia aiuta, non so, pochi giorni, che trova appartamento, non immaginavo mai tre anni di roulotte, io pensato che Italia doveva aiutare quella gente che sono disertori, profughi, o romi, perché anche un rom, un zingaro può essere un profugo, nato in Jugoslavia.

Luciano: [...] La Caritas diocesana ha comprato la prima roulotte per V., era incinta, aveva problemi, dopodiché abbiamo detto: abbiamo creato un precedente, adesso stiamo attenti, cerchiamo per prima cosa di capire chi sono. Abbiamo informato il sindaco con una lettera, spiegando come Coordinamento cosa stavamo facendo, com'era il campo. Poi, all'11 dicembre alle 10,30 della mattina ci hanno avvisato che c'era fumo. Arriviamo lì, c'era la polizia, era bruciato tutto. L'incendio era partito da sotto il cavalcavia, sono stati chiamati i pompieri perché probabilmente erano state intaccate le strutture portanti, allora problemi di sicurezza hanno imposto lo sgombero. A quel punto la situazione era drammatica. L'11 dicembre era una delle giornate più fredde dell'anno, si vedeva che questi erano disperati, avevano perso soldi (nessuno prima ci diceva che c'erano soldi, dopo l'incendio ci dicevano di averli persi), avevano perso vestiti, i documenti...

A questo punto ci siamo trovati che queste persone cominciavano a polverizzarsi, a sparire; abbiamo detto: questi spariscono e magari si rintanano da qualche parte, il problema si ripropone, teniamoli concentrati, per gestirli bene, vediamo che il Comune riesca a far fronte a questa emergenza.

Ecco qua l'appunto che mi ero fatto: «rischio di polverizzazione, il problema rimane ma si redistribuisce nella cittadinanza». Come lo gestiamo? La gente tornava dalla carità ed erano disperati. Decidiamo, in pochi, di portarli in un piazzale, in via dei Petroli, all'ora di pranzo, e organizziamo noi il trasporto. Obblighiamo D. a fare il giro assieme a noi, procuriamo i furgoni dalle parrocchie (ognuno è andato nella propria parrocchia, ci siamo fatto dare macchine, furgoni), e abbiamo portato questo gruppo di persone in via dei Petroli, con l'approvazione, più o meno, da parte di un capo della polizia, M. Con questa parola «M. è d'accordo», noi convincevamo tutti i poliziotti.

E allora noi li abbiamo portati là ed abbiamo organizzato questa concentrazione di persone, abbiamo le foto del piazzale con tutte queste persone. Intanto la Caritas ha contattato la prefettura. Freddo, raffiche di vento: era veramente drammatico. Via dei Petroli spazzolata dal vento. Noi ci siamo organizzati tra di noi: un gruppo ha portato coperte, un altro gruppo ha portato la cioccolata calda. C'è stata una tensione enorme, con piccole aggressioni, perché io mi ricordo che ero incaricato di gestire la distribuzione, e le ragazzine che erano con noi erano terrorizzate, ognuno si accaparrava la roba per mettersi lì, al riparo tra i sassi, avevano anche bambini appena nati.

Ormai erano le sei del pomeriggio. Eravamo quattro-cinque. Cosa facciamo? Ci viene promesso che il sindaco risolve tutto. Promesse confermate dagli assessori. Sono state fatte diverse telefonate, si è messo di mezzo don D., della Caritas: «Però voi intanto gestite la notte».

Era sabato. Va bene, diciamo noi. Li facciamo dormire la notte. Ma fino a quando? Era sabato. Chiediamo in giro. Allora il parroco della Cita, con la sua forza, convince il parroco di San Michele a Marghera, lo convince garantendogli che la mattina sarebbero andati via. Questa era la sua garanzia personale, presenti noi, che la mattina li avrebbe portati via a costo di ospitarli in chiesa. Allora si è accettato di ospitarli nella palestra di San Michele. Li abbiamo invitati a venire con noi e una grossa parte ci ha seguiti. Altri no...

Goran: Avevano paura, dicevano che fate campo come lager, che fate persone chiudere con muro, che non puoi uscire quando vuoi, perché loro sono sentiti come sono campi profughi di Germania, Austria, sono scappati di Austria, perché lo sanno come sono, ha avuto paura che fate anche italiani così.

Luciano: Quella notte siamo riusciti a farli dormire, dovevamo essere forti noi, rigidi con loro per farci obbedire, eravamo sempre sul filo del rasoio, alcuni di noi facevano la parte, giocavamo sul fatto che loro non sapevano se eravamo poliziotti in borghese o no, e noi li minacciavamo, e poi bene o male avevamo dato prova di modificare l'andamento delle cose. Eravamo sotto pressione in maniera impressionante, ma volevamo venirne fuori, volevamo costringere il Comune a prendere una posizione, a mantenere le promesse, a costo di tenere duro noi un'altra settimana. Il sindaco in persona è venuto la domenica mattina nel piazzale di San Michele. Il sindaco è passato e noi gli abbiamo chiesto ripetutamente «Quando risolvete la situazione?» «Entro stasera».

Di fatto noi dovevamo mantenere la promessa: liberare San Michele dai profughi, che dove passavano lasciavano il segno... e quindi era un problema, era un problema spostarsi da una parte all'altra perché questi sporcavano da matti, è la verità, immagina venti persone, i volontari portano le coperte, e le coperte sono imbrattate, d'altronde questi non avevano casa, gli era bruciato tutto, allora noi cosa facciamo.

Il sindaco viene in mattinata, verso le dieci della mattina e fa la promessa. Noi convinciamo tutti questi a spostarsi, e lungo il tragitto fatto a piedi, dalla chiesa di San Michele alla chiesa di Sant'Antonio, dove facevo garanzia io con gli altri volontari, questi sono spariti. Noi siamo arrivati a Sant'Antonio con un certo gruppo di persone, e quando hanno visto il posto e si sono sistemati, sono spariti. Noi avevamo organizzato un servizio nursery, volontari che lavavano i bambini, li cambiavano, portavamo i pannolini, e davamo pranzo e cena.

Lo strano è che entro sera sono tornati tutti. Poi abbiamo capito, questi di giorno andavano a elemosina. Allora provavamo a tener testa a chi andava fuori, a chi tornava dentro, perché per noi chi andava fuori a chiedere elemosina non aveva bisogno di essere aiutato veramente. Dicevamo: se uno non è abituato nella sua casa a chiedere elemosina, se vede uno spiraglio, di avere una casa, dei volontari... e infatti dei nuclei si fermavano e stavano con noi. Altri sparivano.

Nella giornata di domenica si sono fatti i tira molla con gli assessori. Il parroco della Cita parlava al cellulare con i vari assessori. Di fatto hanno dormito a Sant'Antonio a Marghera la notte della domenica e il giorno dopo abbiamo dovuto sbaraccare anche lì. Avevamo garantito che non li tenevamo più di un giorno, anche lì. Erano una ventina di persone. Il lunedì siamo stati ospitati nella parrocchia di San Pio X, sempre a Marghera. Erano una ventina fisse, però giravano, venivano. Nel frattempo noi ci muovevamo di qua e di là per trovare una soluzione.

Il lunedì arriva la prima ipotesi: forse il Comune offrirà un campo, però sono in troppi. Lì è successa un'altra cosa, che fa capire perché questi sparivano, perché questi non si fidavano. Di notte erano più di quaranta, di giorno erano in pochi, e alla fine ci siamo trovati con cinque nuclei. Cosa è successo? Noi li obbligavamo a stare lì, dicevamo: non potete andare via, entro la tal ora dovete essere qui. Siamo riusciti ad avere la collaborazione personale del dottor X, dell'Ufficio Igiene, il quale con una assistente è venuto lì, e ha fatto la profilassi tubercolinica a tutti. Questo, lunedì. Per fare una profilassi tubercolinica io ho fatto una scheda per tutte le persone. Loro non capivano questa cosa.

Poi personalmente ho accompagnato il dottor X in via dei Petroli a fare la tubercolina anche a tutti gli altri. Lui ci ha detto: «Guardate che questa è una situazione gravissima, questi sono portatori e sono una minaccia per tutta la cittadinanza, bisogna venirne fuori. Non vi preoccupate, continuate ad aprire le finestre, rischio per voi non c'è, ma bisogna venirne fuori in qualche modo».

Lunedi pomeriggio, di sera, viene fatta una retata della polizia sotto il cavalcavia (delle persone erano ritornate lì) e prende quindici persone e le porta in Questura. Alcuni volontari vanno in Questura: battibecchi, non vengono considerati, vengono trattati male, noi eravamo molto rigidi sul fatto che dovevano far venire a casa i bambini piccoli, tra l'altro c'era un padre con una bambina piccola che aveva bisogno di tornare a casa dalla mamma a mangiare ed è stato tenuto in questura fino a mezzanotte.

Alla fine la polizia ha capito che tutti questi profughi erano da noi. Cosa ha fatto la polizia? È arrivata in San Pio X, ci ha scavalcato (noi eravamo i referenti per queste persone), e parlando in italiano direttamente con queste persone, ha messo gli uomini adulti con le spalle al muro lungo la sala, in fila tutti quanti. Questo ha creato una situazione di terrore. Avevamo addirittura più paura noi. Correva questa voce che facevano una retata per portarseli via. Correva questa voce che volevamo fare un lager. Questa azione della polizia è stata un deterrente incredibile. Le donne hanno cominciato a piangere. Noi siamo intervenuti, non ci consideravano. La dottoressa Y, della Questura, finalmente dopo tante insistenze ci ha spiegato che loro volevano semplicemente stracciare i fogli di via e rifarli nuovi tutti, per semplificare la faccenda. Questa è stata la spiegazione che ha dato a noi. Eravamo io e Roberto, mi pare, che parlavamo con lei. Noi abbiamo detto: «Non potevate dircelo, che li convincevamo?».

Questo intervento della Questura ha creato il terrore. Queste persone hanno cominciato a non sentirsi più tranquille lì dentro, alcuni si fidavano di stare con noi, gli altri parlottavano, parlottavano. Poi sparivano e andavano in via dei Petroli. Questo è stato il grosso problema del martedì.

Intanto è arrivata la notizia che potevamo avere cinque-sei roulotte, non del Comune, ma pagate dalla Caritas. Come Coordinamento ci siamo incontrati con la Caritas, ormai delusi dal Comune, che non manteneva le promesse, abbiamo deciso: almeno il Comune ci trovi il posto.

Il posto è stato individuato in via Vallenari, in prossimità del Campo Nomadi. Allora avevamo questo problema: selezionare le persone che potevano avere diritto a queste cinque roulotte.

Quel martedì è successo un po' di tutto. Gente come Z., che voleva stare con noi, è scappata, io l'ho rincorso facendomi spiegare da lui perché scappava da noi. Lui mi diceva: «Perché ho paura». Poi c'era l'atteggiamento di D., strano, che noi non capivamo. Allora abbiamo preso paura. Abbiamo chiesto aiuto, e allora la Caritas ci ha mandato quattro obiettori, e noi gli abbiamo detto di stare lì (eravamo ancora nella parrocchia di San Pio X) e di non far entrare nessuno. Perché noi avevamo paura di queste persone. E allora abbiamo messo questi quattro obiettori a tenerli fuori. Noi lasciavamo uscire chi voleva. Ma gli dicevamo: «Voi non dovete avere paura, perché in qualche modo vi aiutiamo». Ma tanti andavano via: gente come D., V., B., M., C. – questi sparivano. E noi abbiamo messo gli obiettori nel pomeriggio per tenerli fuori.

Di fatto in questo clima di tensione e di paura sono rimasti sedici o diciotto persone. In serata abbiamo avuto venti persone. Gli altri venivano su e giù e dicevano «Non fidatevi, non fidatevi, venite via». Era D. che diceva...

Goran: D. mi ha detto: «Guarda che sei matto fidarti di italiani, perché loro sono d'accordo con polizia». Loro pensano che voi avete rapporto con polizia. Dice: «Se fa un campo come un lager non puoi uscire più di cinque anni da Italia». [...]

Piero: Pensi di aver fatto degli errori, Luciano?

Luciano: Sicuro, io ho anche bluffato con D., non è che sono stato molto onesto, però in quelle situazioni io avevo paura, però io sentivo la responsabilità di questa gente, vedevi i bambini... per esempio quando c'è stato l'incendio io ero lì, fatalità mi ha accompagnato mio fratello. Mio fratello conosce molto bene gli agenti dei vigili motorizzati che erano lì per scortare, quindi si è messo a chiacchierare con loro, io sono sceso dalla macchina, io furbescamente ho fatto finta di essere amico loro (mio fratello parlava con loro). Al che, quando D. ha detto che lui andava in via dei Petroli però non gli interessava di aiutare, noi abbiamo detto: «Tutti quelli che hanno la macchina devono portare anche gli altri», lui ha detto di no. Allora io gli ho detto (avevo il poliziotto dietro), gli ho detto: «Se tu non li aiuti, ti brucio la macchina», ecco io sono stato disonesto... ma nella mia situazione...

Goran: Loro pensavano: quello non è da Caritas, quello Luciano è capo di polizia, e Roberto un ispettore. Avevano tutti paura, di Luciano dopo no perché Luciano sempre parlava, ma Roberto, lui ascoltava, non parlava tanto: un ispettore...

Luciano: La sera avevamo questo gruppo di persone e abbiamo organizzato il trasferimento. La cosa ha confermato ancora di più la paura che loro avevano del lager eccetera. Sono arrivati i vigili motorizzati armati per scortarci, un pullman dell'ACTV, sembrava un trasferimento a lunga distanza. Loro erano terrorizzati, allora abbiamo scelto che io montassi con loro in pullman come garanzia (se poteva essere una garanzia) e gli altri ci hanno seguito. Durante il viaggio, sul cavalcavia dove c'è l'indicazione per Trieste si sono agitati, e tu Goran mi hai chiesto perché ci portavate a Trieste... Quando poi hanno visto che tagliavamo per dentro Mestre, si sono rassicurati. Ci siamo fermati fuori del campo e verso mezzanotte sono tornato per brindare con loro. Il giorno dopo è arrivato il capo del campo di via Vallenari dicendo che potevano stare lì senza rischi e pericoli... [...]

Piero: C'erano servizi?

Luciano: C'era un servizio, e una presa d'acqua. Il controllo dei documenti era facile, il controllo sanitario efficace e rapido, il dottor X continuava a darci la sua disponibilità, noi li portavamo in macchina al dispensario, gli facevamo fare le visite...

Piero: Ma c'era bisogno? Non sono fissazioni?

Luciano: Sì, c'era bisogno, Goran aveva bisogno di essere ricoverato, alle analisi della tbc c'erano due di positivi. Lui (Goran) ha cominciato lì a prendere le pillole. Mentre noi continuavamo ad occuparci di questo gruppetto, nel piazzale di via dei Petroli si è ricostituito un campo dove Nicola faceva la sua parte, portava materiale, portava roba, e lì c'era miseria, stenti, aumento incontrollato del numero delle persone, e il controllo sanitario impossibile.

Allora a questo punto, il 31 dicembre 1992, segnalazione del direttore del settore igiene pubblica, il dottor X, che ci ha detto: «Guardate che bisogna venirne fuori, faccio un fax», e nel fax ha dichiarato gravissimo rischio eccetera, e allora c'è stata un'ordinanza di trasferimento al campo Aci di tutti quelli di via dei Petroli.

Ordinanza di trasferimento a cui non ha fatto seguito una disponibilità di mezzi. Nel pomeriggio dell'ultimo dell'anno è stato chiesto a noi volontari di organizzare il trasferimento. Allora, pur di venirne fuori, abbiamo organizzato una serie di pulmini da via dei Petroli all'Aci. Lì sono stati portati i nuclei e basta. Sono state portare le prime tende dai volontari. È stato un concentramento. L'obiettivo era concentrarli per motivo di controllo della tbc. Il campo di prima emergenza era inadeguato, c'era un wc per 150 persone. Tra l'altro quel posto era non ufficiale, perché c'era un'ordinanza scaduta da dieci giorni, che si poteva stare lì. Nell'arco di pochi giorni abbiamo registrato 190 presenze. Per terra c'era cemento, c'erano solo tende che portavano i volontari.

Nota

Luciano si addentra nello spazio sotto il cavalcavia a poco a poco e sempre con titubanza. Dapprima conosce una donna, all'entrata dell'insediamento, poi qualche altra persona e così si addentra nella baraccopoli, riuscendo alla fine a disegnare una mappa su un foglio di carta, che ha conservato e mi mostra: una mappa sempre più precisa nella quale segna le roulotte, i mucchi di spazzatura, le pozzanghere d'acqua.

Luciano non si muove mai da solo, ma sempre con un amico. I due si sono divisi i compiti: Luciano parlerà e «li farà parlare», mentre il suo amico osserverà, cercherà di capire. Per contare le persone (sono una sessantina), porteranno dei vestiti. «Glielo avevamo detto, per cui eravamo sicuri di trovarli, ed erano tantissimi». Dopo un conteggio del totale delle persone, i due si propongono di identificarle (mediante censimento), di verificarne le intenzioni e di tenerle concentrate (evitando fughe e allontanamenti).

Le persone sotto il cavalcavia vedono in Luciano un poliziotto o comunque un amico della polizia e temono di essere chiusi in una specie di campo di concentramento (da quanto mi dicono, «campo» viene tradotto in serbocroato con «logor» cioè «lager»). Avevano paura che la cosa finisse come in Germania dove, stando almeno alle loro informazioni, ti davano ospitalità, ma ti impedivano di muoverti per cinque anni. A mano a mano infatti che il progetto di aprire il campo va avanti, i rom che si fidano rimangono sempre di meno; alla prima occasione le famiglie scappano e non si fanno più vedere. Perfino durante il trasferimento in autobus verso il primo campo, perfino allora Goran e i suoi amici sono terrorizzati quando, a una rotonda automobilistica, leggono un cartello che segna la direzione per Trieste, e pensano che li stiano accompagnando alla frontiera.

Luciano e i suoi amici portano montagne di vestiti: interi furgoni Ducato pieni, racconta. Ma per quanti furgoni scarichino, i vestiti non bastano mai, finché una volta Luciano vede confermati i suoi sospetti scorgendo scatoloni imballati per essere portati in Serbia a vendere. A questo punto qualcuno tra i volontari della parrocchia dice che «non sono profughi, ma zingari che fanno mercato nero», e non ne vuole più sapere. Mentre i suoi interlocutori continuano a chiedersi se sia o no un poliziotto, Luciano chiede loro di raccogliere soldi per l'asporto della spazzatura, e porta badili per far scavare canalette per l'acqua. Insomma: ci tengono alla loro igiene? hanno voglia di lavorare? collaborano o no? non è che ci rubano tutto? Le prove sono superate: ecco 200.000 lire in pezzi da mille, ed ecco gli scavi portati a termine, e – sorpresa – perfino i badili restituiti.

Una mattina un incendio distrugge la baraccopoli. Dove trovare un luogo per ospitare tutta quella gente? Le istituzioni – dalla prefettura al comune – stanno a guardare. La polizia sembra aspettare il momento buono per rispedire tutti indietro. Alla fine l'idea del «campo» nasce dalle immagini cui Luciano è abituato, con carrozzoni e roulotte di passaggio su terreni vaghi appena fuori città, oltre che dalla volontà di controllare una popolazione che continua a suscitare diffidenza e paura: di qui la recinzione e la sorveglianza. Luciano non lo sa, ma persone come Goran non hanno mai visto una roulotte: chi aveva un bar, chi un'officina meccanica, chi faceva il camionista, chi commercio di maiali e di pecore; tutti abitavano in case.

Luciano teme che i rom si disperdano e pensa che riuniti tutti insieme siano più tutelati, anche nei confronti degli abusi della polizia. Inoltre pensa che in quel modo possano essere tenuti sotto controllo dal punto di vista igienico e sanitario. L'intervento dei responsabili dell'Ufficio Igiene, mossi dalla paura di epidemie e della tbc, ha una parte decisiva nella decisione di aprire un campo. Goran riconosce che la preoccupazione igienica era fondata, ma sottolinea che ciò dipendeva dal fatto che li si faceva vivere sotto il cavalcavia. Mi è sembrato di intuire che Goran vedesse nelle vaccinazioni e nei continui controlli sanitari delle misure di quarantena.

Post scriptum

Anni dopo Suzana Jovanovic nella sua tesi di laurea triennale *Come restare zingari nel mondo dei gagè? Comparazione delle strategie zingare di conservazione della propria cultura con le strategie gagè di assimilazione degli zingari*, rel. P. Brunello, corr. L. Piasere, Università Ca' Foscari di Venezia, a.a. 2011-2012, analizzando le vicende del Campo di via

Vallenari a Mestre, ha mostrato come le motivazioni che mettono in evidenza «la necessità di interventi a favore di una comunità che vive in pessime condizioni igienico-sanitarie» vengono rovesciate e rivoltate «contro coloro che in teoria dovevano essere aiutati»: in altre parole la comunità dei Sinti, «da comunità che vive in condizioni di estremo disagio socio-sanitario (secondo lo standard di vita dei gagè) a causa della sporcizia, viene, passaggio dopo passaggio, trasformata lei stessa in sporcizia pericolosa, per la salute di chi le sta vicino e, perciò, deve essere "eliminata" per evitare una contaminazione epidemica» (p. 24).

[1995, 2019]

Babbo Natale sulle scale mobili di Coin

A me i doni erano portati da San Nicolò la notte tra il 5 e il 6 dicembre (anni Cinquanta). La sera si lasciava sul tavolo di cucina un pezzo di pane e un bicchiere di vino per San Nicolò, e un secchio d'acqua e un po' di fieno sul pavimento per il suo asino. Mi addormentavo cercando di sentirli arrivare. I più grandi cantavano per strada: «San Nicolò da Bari, la festa degli scolari, e chi che no fa festa, ghe taiarén la testa». Quando mi sono trasferito a Mestre, ho scoperto che ai miei compagni che venivano da Venezia i doni erano portati da Gesù Bambìn la notte di Natale. Non riuscivo a immaginare un lattante portare dei regali. Mio fratello più piccolo, nato a Mestre, ricorda nei primi anni Sessanta San Nicolò (pensandoci adesso, in coincidenza con una visita dei nonni), e da un certo punto in poi Gesù Bambìn. Ai miei figli (fine anni Ottanta-primi Novanta) i doni li porta Babbo Natale, che a volte si fa vedere. Ho visto Babbo Natale la prima volta davanti ai grandi magazzini Coin, quelli con le scale mobili. Era negli anni Settanta? Babbo Natale oggi è una tradizione. Per cominciare una tradizione e crederla antichissima non servono più di dieci-quindici anni.

Stando a Mestre, città di immigrati, si può ricostruire la storia di questi riti presenti in molte parti d'Italia. Ecco cosa mi hanno raccontato miei coetanei. Sara: «Da piccola stavo a Mantova. I regali me li portava Santa Lucia. L'albero di Natale si faceva, ma non ho nessun ricordo di Babbo Natale. Non c'era neanche la Befana». Giannarosa: «Stavo a Pellestrina. In casa mio papà faceva l'albero e anche il presepio. I regali me li portava la Befana: nessun ricordo di Gesù Bambìn o altro». Mario: «Stavo a Venezia, erano gli anni dopo la guerra. In casa ho sempre visto il presepio. Andavo alla messa di mezzanotte e quando tornavo a casa vedevo nel presepio Gesù Bambìn e trovavo i regali». Luisa: «A San Severo (Foggia) i bambini delle famiglie borghesi come la mia ricevevano i regali da Babbo Natale, mentre i figli dei lavoratori li ricevevano dalla Befana. Se però penso a Babbo Natale vedo Gesù Bambino: li confondo. Quand'ero piccola i miei mettevano nell'angolo del salotto un piccolo tavolo e sopra un cestino con due candele accanto, e a un certo punto della notte di Natale compariva Gesù Bambino dentro il cestino, le candele si accendevano, e trovavo i regali sotto il tavolo. Un po' alla volta, non saprei dire come, appare l'albero di Natale, i regali finiscono sotto l'albero e sono portati da Babbo Natale. Io chiedevo ai miei perché da me non veniva la Befana come tutti i miei compagni di scuola, e loro, manifestando un certo disprezzo, mi rispondevano che gli altri erano di classe sociale inferiore, miscredenti e pagani. Il primo Babbo Natale che ho visto è stato in un film di Walt Disney».

A Mestre riti differenti coesistono almeno fino alla fine degli anni Sessanta (San Nicolò, Befana, Gesù Bambìn). Mi piacerebbe capire perché una famiglia segue un rito piuttosto che un altro: perché è l'usanza del luogo di origine o della propria classe sociale; perché è un segno di distinzione («fa più fine»); perché così si fa nel quartiere in cui si abita (ricordare che ci sono quartieri operai e quartieri di ceto medio). Penso che convenga esaminare anche le reti di relazione dei genitori e dei figli nei diversi ambiti (lavoro, scuola, vicinato, parentela, parrocchia, partito politico, tempo libero). Per capirne di più, avrò poi bisogno di allargare l'indagine come minimo a Venezia, alle isole, e ai vicini comuni della terraferma. Mi immagino un atlante etnografico che evidenzi le aree di diffusione dei diversi riti e segnali le usanze delle differenti classi sociali. Incuriosiscono i confini. Non c'entra con Mestre, ma mi ha stupito sentire che a Sernaglia credono in San Nicolò e a Vidor, paese confinante, no. L'atlante dovrebbe raffigurare le trasformazioni nel tempo.

San Nicolò portava straccaganasse, bagigi, arance; Babbo Natale porta giocattoli costosi. Mi piacerebbe avere elenchi di regali ai bambini nei diversi periodi e nelle diverse classi sociali.

Mi ha raccontato Giuliana Bertacchi: «A Bergamo e provincia "viene" la Santa Lucia, nella notte tra il 12 e il 13 dicembre. La formula tra i bambini era appunto: "A te chi ti viene?". Era negli anni di guerra e del primissimo dopoguerra, quando gli sfollati milanesi, soprattutto delle classi medio-alte, erano approdati nelle ville dei colli. A loro invece "veniva" Gesù Bambino. Noi lo consideravamo una barbarie, anché perché non c'era coreografia di asinelli con ceste; solo un neonato mezzo nudo; non c'erano neanche filastrocche come "Santa Lucia, mamma mia, con la borsa del papà, Santa Lucia la 'egnerà". Rivelazione esplicita, eppure non ancora sufficiente a distruggere sogni e miti. A me personalmente li distrusse confrontare i regali che portava la santa. Noi eravamo molto poveri ma io vedevo attorno a me bambini ancora più poveri e spesso molto buoni secondo i canoni consueti (oltre a frequentare la scuola lavoravano, vivevano in condizioni angosciose ecc.), ma Santa Lucia li ignorava, mentre premiava con regali splendidi la figlia del federale stupida e con il distintivo fascista, frignona, asina, o il figlio del droghiere borsanerista, violento e rissoso. La cosa più triste fu fingere di credere, per non deludere gli adulti. Mio fratello, maggiore di me di un paio d'anni, e molto più "buono" di me, continuava invece a credere. Desiderava tanto un trenino elettrico e per meritarselo si comportò per mesi in modo irreprensibile. Era sicuro di ottenerlo e mia madre si sentì costretta a dirgli l'amara verità: non c'erano soldi per il trenino e non c'era nessuna Santa Lucia. La mamma lo ricordava con un dolore per lei grande, vivo nella memoria. Mio fratello, che io ricordi, non ne ha mai parlato, almeno con me. Sarà per questo che dopo più di cinquant'anni provo ancora una certa antipatia per la santa? E anche per Gesù Bambino e compagnia?». Riflettendo su questo racconto mi riprometto tra le altre cose di esaminare sia il punto di vista dei bambini (non-iniziati) sia degli adulti (iniziati). La conoscenza dei segreti degli adulti è un rito di passaggio dall'infanzia all'adolescenza, e vorrei vedere come avviene.

Vorrei capire quando e attraverso quali percorsi a Mestre si impone Babbo Natale. L'accettazione unanime di Babbo Natale potrebbe essere il segno di un processo di integrazione urbana (un po' alla volta le famiglie adottano un unico rito) o potrebbe essere invece il segno della fine dei riti cittadini in nome di consumi uguali dappertutto (Babbo Natale è vestito come nelle etichette della Coca Cola). Penso che converrebbe prendere in esame città con usi differenti (a Verona e Bergamo per esempio hanno Santa Lucia, a Belluno San Nicolò, a Milano Gesù Bambino) e fare un confronto con Mestre. Starei molto attento all'influenza della televisione.

Nelle pagine de «Il Gazzettino» di fine dicembre 1996 si è svolta una polemica pro e contro il presepio nelle scuole pubbliche. Mi pare che gli interventi fossero per lo più a favore. Motivo: mantenere la *tradizione*. Ho l'impressione che ci sia stato un conflitto tra presepio (tradizione, cattolicesimo, sottoconsumismo) e albero di Natale (modernità, protestantesimo, consumismo, paganesimo), ma non saprei essere più preciso. Mi chiedo se il presepio ha il ruolo delle sagre paesane, se rientra cioè nelle «cerimonie (svelte) di contrizione per consumi definitivamente modernizzati» di cui parla Vitaliano Freguglia in «Altrochemestre», n. 4. Vorrei delineare una geografia e una storia della diffusione e del rifiuto del presepio e dell'albero di Natale. L'albero di Natale (precisare dove: in salotto, nelle piazze, nelle scuole, nelle chiese) può essere rifiutato, messo ai margini, accolto, controllato (in questo caso: presepio *e* albero di Natale assieme).

Rileggo il saggio di Claude Lévi Strauss, *Le Père Noël supplicié*, pubblicato nel 1952 in «Temps modernes» (tr. it. *Babbo Natale giustiziato*, Sellerio, Palermo 1995). Lo scritto nasceva dal seguente episodio di cronaca riportato dal quotidiano «France Soir» del 24 dicembre 1951: «Ieri pomeriggio Babbo Natale è stato impiccato alla cancellata della cattedrale di Digione e arso pubblicamente sul sagrato. La spettacolare esecuzione si è svolta alla presenza di parecchie centinaia di bambini dei patronati. Essa era stata decisa d'accordo con il clero che aveva condannato Babbo Natale come usurpatore ed eretico. Egli era stato accusato di paganizzare la festa del Natale (...). Gli si rimprovera soprattutto di essersi introdotto in tutte le scuole pubbliche da cui il presepe è scrupolosamente bandito. (...) Il caso divide la città in due schieramenti». Lévi Strauss osservò che la chiesa adottava nei confronti di Babbo Natale «uno spirito critico», mentre i razionalisti anticlericali, difendendolo, si ergevano a «guardiani della superstizione»; che si era «in presenza di una manifestazione sintomatica di una rapidissima evoluzione dei costumi e delle credenze, anzitutto in Francia, ma senza dubbio anche altrove»; e infine che non si trattava «di giustificare le ragioni per le quali Babbo Natale piace ai bambini, ma piuttosto quelle che hanno spinto gli adulti a inventarlo». La celebrazione statunitense del Natale, notava Lévi Strauss, si era diffusa in Francia nel giro di tre anni subito dopo la seconda guerra «con una disinvoltura e una generalizzazione che sono una lezione da meditare per lo storico della civiltà», anche tra gli operai comunisti che rifiutavano «tutto ciò che reca il marchio *made in U.S.A.*».

Dal punto di vista strutturale San Nicolò, Santa Lucia, Gesù Bambìn, Babbo Natale, i katchina messicani sono i morti che visitano i vivi, almeno secondo Lévi Strauss. Vorrei esaminare il caso di Mestre anche in questa prospettiva: non cioè come un caso locale unico, ma come esempio di un modello all'interno di una classificazione di tipi culturali.

[1997]

Catechismo veneto

Facendo ordine in casa per l'inizio di questo secondo millennio, ho trovato uno scritto. Il titolo: *Unità didattica a uso delle scuole*. Risulta pubblicato dall'Assessorato alle Politiche per la Cultura e l'Identità Veneta, Stamperia del Governatore della Regione Veneto, e porta la data del 31 marzo 2010. Nel 2010, tra una decina d'anni? e per di più pubblicato da un Assessorato che in pratica deve ancora iniziare a lavorare? com'è possibile? Non so spiegare il motivo, ma le indicazioni tipografiche sono proprio quelle.

In realtà, mi hanno spiegato che lo scritto si basa su una cosa pubblicata nel 1998, tre anni fa: si tratta della *Prolusione* a un convegno promosso a Venezia dalla Regione Veneto e dalla Fondazione Giorgio Cini sul tema "Tra localismi e globalizzazione" (in «Notiziario bibliografico» a cura della Giunta regionale del Veneto, n. 28 luglio 1998, pp. 9-11).

La struttura di questa unità didattica, datata 2010, è fatta di domande e risposte. Le risposte riprendono praticamente alla lettera le affermazioni che si possono leggere nella *Prolusione* del 1998. Le domande invece sono inedite: sembra quasi che un futuro funzionario dell'Assessorato abbia preso il testo del 1998 e lo abbia trasformato in una serie di domande e risposte in forma di catechismo.

Ecco l'unità didattica, anche se purtroppo non si tratta completamente di uno scoop, come speravo.

Perché il classismo è vecchio?

Il classismo è vecchio perché comportava assunzioni assiomatiche.

A che cosa portavano le assunzioni assiomatiche del classismo?
Le assunzioni assiomatiche del classismo portavano ad escludere le forme di solidarietà naturale.

Quante sono le forme di solidarietà naturale?
Le forme di solidarietà naturale sono due: la famiglia e l'etnia.

In che cosa consiste l'interesse nuovo per l'ambito delle culture locali?
L'interesse nuovo per l'ambito delle culture locali consiste nella tematica dell'identità culturale, etnica, sociale.

Qual è l'obiettivo della tematica dell'identità culturale, etnica, sociale?
L'obiettivo dell'identità culturale, etnica, sociale è il radicamento territoriale.

Che cosa si intende per radicamento territoriale?
Per radicamento territoriale si intende il radicamento nella cultura di appartenenza.

A che cosa è finalizzato il radicamento nella cultura di appartenenza?
Il radicamento nella cultura di appartenenza è finalizzato alla partecipazione al dialogo multiculturale e plurietnico.

Abbiamo nel Veneto grandi fenomeni di tensione interetnica o infraetnica?
No, fortunatamente nel Veneto non abbiamo grandi fenomeni di tensione interetnica o infraetnica, grazie alla nostra civiltà veneta che è una civiltà di dialogo, di aperture, e per questo è una grande civiltà europea.

Da che cosa e da chi è costituito il Veneto?
Il Veneto è costituito dalla cultura veneta e da etnie di antica e celebrata presenza culturale.

Con quali altri termini può essere indicata l'etnia?
L'etnia può anche essere indicata con il termine comunità, gruppo etnico culturale, o realtà culturale.

Quali etnie, dette anche comunità, gruppi etnici culturali o realtà culturali, fanno parte della cultura veneta?

Oltre ai Veneti, la cultura veneta comprende bisiachi, istroveneti, trentini, giuliani, friulani, le isole germanofone dei cimbri dei Tredici comuni veronesi o dei Sette comuni vicentini, i mocheni, i sappadini, i germanofoni di Sauris e Timau, gli sloveni della valle del Natisone e della Slavia veneta, gli sloveni di Gorizia e di Trieste, i ladini dolomitici di Bolzano, di Trento e di Belluno.

Da che cosa sono accomunate tutte queste etnie, dette anche comunità o gruppi etnici culturali?

Queste etnie, dette anche comunità o gruppi etnici culturali, sono accomunate dal fatto di sentire ancora Venezia come un riferimento multiculturale e plurietnico.

Quali nuove realtà si affiancano oggi a queste antiche presenze?

Alle antiche presenze si affiancano oggi le nuove minoranze, centinaia di nuove etnie.

Chi ha chiarito il significato odierno della dinamica delle culture?

Il significato odierno della dinamica delle culture è stato chiarito da papa Giovanni Paolo II parlando all'assemblea delle Nazioni Unite.

Fin qui l'unità didattica. Ho trovato altri documenti, mescolati assieme, anche questi dell'anno scolastico 2009-2010, fra una decina d'anni. Si tratta di schede per le scuole, di cui riporto un paio di titoli: *I «casoni» dei nostri bisnonni, antiche palafitte dei Paleoveneti*; *Alla fine dell'Ottocento i Veneti sono emigrati per scampare all'invasione degli Italiani.* Ci sono anche «tracce di lavoro», per esempio: *I Veneti sono i più Celti tra i contemporanei?* Non riporto i testi perché chiunque può già trovarli sui siti internet che parlano di «Popolo veneto», oppure curiosando in libreria.

[2001]

San Nicolò a Mestre

Cara redazione,
sono un vostro lettore saltuario: c'è un amico che mi avvisa quando esce qualcosa che mi potrebbe interessare. È il caso dell'articolo di Enrico Zanette[1], per cui vi scrivo, intanto perché mi ha suscitato molti ricordi e poi perché in genere mi piace osservare i riti e sono curioso di vedere come si modificano.

Mi è piaciuta prima di tutto la scelta di scrivere «Sannicolò» tutto attaccato. È così che la sentivo da bambino negli anni Cinquanta. Allora era tutto una parola, che si sentiva dire, i bambini non l'imparavano leggendo ma ascoltando. E nemmeno si scriveva: mi hanno raccontato che a un certo punto si sono cominciate a scrivere letterine a Sannicolò, ma quand'ero piccolo quest'uso non c'era, almeno a memoria mia: la letterina è arrivata solo con Gesù Bambìn, Babbo Natale e la Befana. Che noi sapessimo, Sannicolò non era un tipo studiato. Viaggiava con un asino, per cominciare: andava per le strade di notte. Gli preparavamo un po' di fieno e un secchio d'acqua per l'asino, pòra bestia. Sarà troppo? troppo poco? ma se tutti i tosatèi del paese gli mettono del fieno, non gli sarà rimasta più tanta voglia di mangiare, giusto? Con questi interrogativi si aspettava la sera. A Sannicolò piaceva un bicchiere di vino rosso (che poi si diceva vin nero), e un pezzo di pane. O meglio una scodella di latte caldo? ma se poi si raffredda? Si lasciava il cibo per Sannicolò sulla tavola e quello per l'asino sul pavimento, all'entrata o

[1] Il riferimento è all'articolo di E. Zanette, *Liberate Sannicolò e i bambini. Una lettera a storiAmestre*, online su <storiamestre.it>, 7 dicembre 2012, <https://storiamestre.it/2012/12/liberitutti/>, sui festeggiamenti legati a san Nicola a Vittorio Veneto.

in cucina. Poi si cercava una scarpa o uno zoccolo grande, per i regali. Io ero fortunato perché mio nonno aveva un piede fuori misura e si faceva fare scarpe e zoccoli dal calzolaio che abitava vicino a casa nostra. Si andava a letto presto. Guai farsi vedere, e guai anche vederlo, lui e il suo mussét, che per chi non è di quelle parti, è un diminutivo-affettivo per asino.

Sannicolò, dicevo, non era un tipo studiato: e non gli piacevano neanche tanto quelli che studiavano. C'era una filastrocca che diceva «Sannicolò da Bari / la festa dei scolari», nel senso che quel giorno non si andava a scuola. Noi ci andavamo, ma i più vecchi di noi, che facevano la quarta o perfino la quinta, dicevano che gli scolari di una volta, il giorno di Sannicolò, niente scuola. E lo dicevano con l'aria di dire: quelli sì che sapevano farsi valere! Ma noi ci limitavamo ad andare per strada cantando «Sannicolò da Bari / la festa dei scolari», contenti perché quella mattina, saltando giù dal letto verso la cucina che era l'unica stanza con la stufa, correvamo ai regali, che erano arance, fichi secchi, carrube e cose del genere.

Però mi ricordo una volta una piccola barca di legno, pitturata di porporina, lasciata non dentro la scarpa, perché non ci stava, ma sul secèr, dove le donne portavano i secchi d'acqua presi dalla pompa fuori casa per lavare le stoviglie. Mi sono tanto stupito di trovare assieme al regalo una lettera in cui si diceva che la barchetta era per quando saremmo andati a Jesolo l'anno dopo. Sannicolò, uno che scriveva? Ma certo, si capiva che era poco abituato al pennino perché il foglio era pieno di sgorbi. Era la prima volta che si andava al mare ed ero molto curioso di vedere com'era fatto. E ancor più curioso ero nel voler capire in che modo Sannicolò fosse riuscito a procurarsi quella carta millimetrata per scrivere la lettera. La conoscevo perché era quella usata per misurare non so che cosa nella fabbrica di Portomarghera dove mio papà lavorava, e una volta me l'aveva portata a casa a far vedere, era come una striscia di carta oleata ma più fina, trasparente e di colore azzurro pallido, avvolta in un rotolo: prima di trasferirsi con la famiglia, mio papà dormiva da un affittacamere a Marghera e andava su è giù in Lambretta.

Si capiva, come ho detto, che Sannicolò era uno che scriveva malvolentieri. Non per niente la filastrocca parlava di festa degli scolari e minacciava di tagliare la testa a chi non la faceva. Io ricordavo solo i primi quattro versi, ma l'ho trovata per intero in un libro di Luigi Marson, uno studioso di folclore di Ceneda (cioè da dove vi ha scritto anche il vostro amico Zanette) vissuto tra la metà dell'Ottocento e la prima guerra mondiale. Il libro riporta anche la melodia «dedotta dalla memoria del revisore» Camillo De Biasi che qualche anno fa ha curato il volume *I canti popolari veneti di Luigi Marson*, Dario De Bastiani, Vittorio Veneto 2000, p. 338. Ecco le parole: «Sa' Nicolò de Bari, / la festa de i scolari; / e chi no' farà festa / ghe tajarén la testa, / la testa sul tajèr, / le budele s'una stanga, / un ocio par banda». (Sa' Nicolò, e non San Nicolò: anche ai tempi di Marson il nome doveva essere sentito quasi un tutt'uno – Sanicolò – e con una sola n).

Dove vivo adesso, vicino a Mestre, non posso osservare le trasformazioni della festa di Sannicolò, perché da quello che mi dicono, e anche da quello che ho letto in un altro articolo uscito sulla rivista «Altrochemestre»[2], che però ormai ha 15 anni, qui la festa non l'hanno mai conosciuta. Nel libro dei canti popolari che ho appena citato, una nota di Luigi Marson dice che si tratta di «una costumanza che troviamo anche nel Friuli, mentre pare non esista oltre il Piave, per esempio a Venezia» (p. 338). Parlo del passato, perché mi è capitato giusto ieri di parlare con un signore rumeno che vive e lavora a Mestre, e che mi ha detto che i romeni festeggiano san Nicolae proprio come ricordo anch'io. Da loro non c'è l'asino, ma c'è una filastrocca e i bambini mettono le scarpe e aspettano i regali. Saranno loro, chissà, a portare Sannicolò a Mestre?

Associandomi all'augurio che avete lanciato nel sito (liberate Sannicolò e i bambini!), vi mando questa lettera sperando che vi possa interessare.

Giacomo Dell'Agnol
[2012]

[2] Il riferimento è all'articolo qui pubblicato alle pp. 141-145.

ARCHIVI DOMESTICI

Questa sezione raccoglie alcune fonti sulle origini e i primi tempi del Villaggio San Marco, a Mestre (1954-55), prodotte dai primi abitanti, sia uomini sia donne: perlopiù sono frutto di interviste, in un caso sono ricordi scritti, in un altro poche lettere ritrovate in un cassetto, in un ultimo caso un discorso in pubblico. Sono memorie individuali e di famiglia, conversazioni trascritte, carte che si conservano in casa per ragioni affettive, o fiscali, o burocratiche, cose scritte per determinate occasioni: una pratica storiografica applicata a vicende domestiche. Le interviste raccolte nel 2021 si inseriscono in una mobilitazione civica a salvaguardia della dimensione di quartiere contro un progetto speculativo che la cancellerebbe, e quindi testimoniano il momento in cui memorie di famiglia diventano un patrimonio più ampio e collettivo.

Le voci e i documenti qui presentati mettono in luce soprattutto il disorientamento iniziale e i modi in cui persone e famiglie che non si conoscevano hanno cominciato a intessere reti sociali e costruire un quartiere (aspetto che richiederebbe una raccolta di analoghe testimonianze relative al periodo successivo). Per questo motivo i temi proposti possono essere analizzati confrontandoli con un testo che chiude la sezione, e che rivela le aspettative che l'architetto Giuseppe Samonà, allora direttore dello Iuav (Istituto Universitario di Architettura di Venezia), riassunse nel giugno 1947 per presentare i risultati di un'indagine condotta assieme a un gruppo di studenti presso lavoratori di Marghera sulle loro condizioni abitative e sulla casa in cui avrebbero desiderato vivere. L'indagine condotta da Samonà sarebbe stata all'origine del progetto elaborato assieme a Luigi Piccinato di un quartiere Ina-Casa in località San Giuliano, sul bordo della laguna, che sarebbe stato chiamato Villaggio San Marco: il primo nucleo abitativo, attorno a piazza Canova, venne consegnato nel 1954; in quell'anno e in quello successivo vennero assegnate dapprima le «Corti femminili» (non completamente) e in seguito le «Corti maschili»[1]*. Il confronto tra il progetto urbanistico e i modi in cui gli abitanti avevano dato vita a una socialità di quartiere era alla base di una ricerca iniziata da Mario Tonello: la trascrizione del documento di Samonà viene dalle carte che Mario ha lasciato.*

[1] Per un inquadramento storico si vedano P. Sartori, *I primi anni del Villaggio San Marco*, in *La città invisibile*, cit., pp. 107-117; M.T. Sega, *«No ghe gera niente...». Tempo, cambiamento, identità*, ivi, pp. 118-126; R. Pellegrinotti, *«No ghe gera niente...». Un modo di vivere la territorialità*, ivi, pp. 127-129.

Prima del Villaggio

Gian Pietro Francescon e Lucio Brunello
intervistano Luciano Schio

Luciano: Sono nato nel 1943 in via Hermada. Nel 1970 quando mi sono sposato sono andato ad abitare in via Molmenti e nel 1986 mi sono trasferito qui, in via Vittoria. Quindi, quando sono nato non esisteva né il Villaggio San Marco né il Viale. Esisteva solo via Hermada. C'era la fabbrica dei marmi, di Pfeiffer, dove adesso c'è la Provincia, e la fermata del bus era la fermata Ai Marmi. Io sono nato in una casa sul lato sinistro della fabbrica. C'era un filo che di notte tagliava i marmi, tutta la notte... Dove stiamo parlando adesso – in via Vittoria –, in questa zona dove è stato costruito il primo blocco del Villaggio San Marco, qui c'erano i campi dei pastori. Erano chiamati così perché erano i campi dove una volta i pastori portavano le bestie al pascolo, e dopo i pastori, come gli Andriollo, avevano comperato quei campi e li coltivavamo. C'erano alberi di ciliegie, di prugne... Una volta sono stato un giorno intero sopra un albero, nei campi dei Cerato, a mangiare ciliegie...

Gian Pietro: Per rialzare i terreni hanno portato tanto materiale...

Luciano: Per preparare i terreni hanno portato tanto materiale per imbonire, ma non nel primo lotto, dove adesso ci troviamo. Qui i campi erano abbastanza alti. C'era una stradella bassa, che andava all'Osellino, ma qui i campi erano abbastanza alti, era zona agricola e veniva coltivata. C'era un campo di una mia zia, dei Poletto, e venivamo con la famiglia a raccogliere pannocchie, perciò i terreni erano alti. L'inquinamento interessa la zona delle corti femminili, fin verso San Giuseppe e San Teodoro. Noi la chiamavamo *campera*, campi dove c'era terra umida, umidità, acqua, e d'inverno si formava ghiaccio e noi venivamo a scivolare, quindi era una zona molto bassa.

Gian Pietro: Come vedevi questa gente che arrivava?

Luciano: All'inizio non li volevamo. In piazza Canova c'era il mondo, tantissimi bambini e fioi giovani. Ma noi piccoli facevamo fatica ad accettarli. Si diceva che nelle vasche da bagno piantavano piantine di pomodoro... All'inizio, quando stavano ancora costruendo, c'erano persone che toglievano e rubavano i tubi di piombo... e non venivano da fuori ... È brutto dirlo, ma c'erano dei balordi... Eppure malgrado questo in piazza Canova c'era vita, tanti giochi, e poi ballavano. E così quelli un po' più vecchi, come mio fratello e i suoi amici, hanno cominciato a legare perché c'erano tante ragazze...

[2021]

Bambine

Brani da un'intervista di Gian Pietro Francescon e Lucio Brunello a Diana Marzo

Diana: Siamo arrivati qui in Corte Lunardo nell'ottobre 1955, io avevo dieci anni... Con le galosce...

Lucio: Asfalto, porfido per terra...

Diana: Come no? Palude, nel vero senso della parola...

Lucio: Però...

Diana: Però casa! Finalmente una casa... Mia mamma lavorava alle Saponerie Venete, e io ho preso il suo posto appena compiuti i quattordici anni. Per andare alle Saponerie San Marco, bisognava andare in via Triestina [via Forte Marghera] per prendere la Circolare; andavamo via da casa con gli stivali fin qua [al ginocchio], passavamo da Venchierutti che faceva varecchina, c'era come una calle stretta, un sentiero in mezzo a un boschetto si può dire, e come arrivavamo in strada toglievamo gli stivali e li mettevamo in una borsa, e ci mettevano le scarpe... Prendevamo la Circolare, andavamo a Mestre, Corso del Popolo, cavalcavia, andavamo all'Agip; all'Agip il bus ci lasciavano giù, e facevamo a piedi Vetrocoke, Sirma, Saponerie San Marco. D'estate invece si poteva andare al lavoro in bicicletta, per il Cavalcavia di San Giuliano appena fatto. Il cavalcavia: una roba grande, importante...

Gian Pietro: Mi scuso se interrompo per rilasciare una testimonianza anch'io... Mio papà era di Venezia: quando arrivava a Venezia gli guardavano ai piedi... se aveva fango sulle scarpe, e lui si vergognava... il fango sulle scarpe... Da dove venivate?

Diana: Noi eravamo profughi giuliani, perciò abbiamo girato un po' tutta l'Italia. Come siamo arrivati in Italia nel 1947, siamo stati in un campo profughi a Barletta, e poi piano piano ci siamo spostati verso Venezia... Ci hanno dato una baracca dove stare, finché questa casa non fosse pronta... La baracca era in via Oslavia, a Mestre. Mi ricordo via Podgora, via Oslavia... Mia mamma ha voluto metterci tutte e tre noi figlie in collegio – una colonia – a Asolo, così aveva più punteggio per la casa. Avevamo anche un punteggio come profughi giuliani... mi ricordo che mia mamma ringraziava sempre De Gasperi per aver dato le case ai profughi giuliani. In più mio papà in quel momento era a Torino... e così mia mamma aveva punteggio perché era senza marito. E così siamo arrivati qui. Eravamo in quattro. Io avevo dieci anni.

Gian Pietro: Come avete fatto il trasloco?

Diana: Il trasloco lo abbiamo fatto con i fratelli Serena di Mestre, che avevano i cavalli con i carri, mia mamma conosceva la vecchia Bertoli che andava per le case a far punture, e così le ha chiesto come potevamo fare... In baracca non avevamo quasi niente, un carro e un cavallo era più che sufficiente, e quando siamo arrivati qua e abbiamo visto questa casa, grande, tutti ci hanno detto: andate da Bertoli [che stava all'inizio del Viale, che ancora non c'era] che vi aiuta, anche per il pagamento mensile... Abbiamo comperato sala, letti, tavolo per la cucina. Mi ricorderò sempre che mia mamma ha firmato un pacco di cambiali alto così... e quando ne pagava una la metteva via perché diceva: *non si sa mai nella vita, se dicono che hai pagato o non hai pagato*... e me la ricordo con queste cambiali sempre dietro... Un giorno mi ricordo che siamo andati a vedere il presepio ai Cappuccini, che si vedeva il giorno e la notte, e hanno aperto la borsa a mia mamma, il ladro ha sentito questo rotolo, avrà pensato che erano soldi e le ha rubato le cambiali, le abbiamo trovate poi tutte lungo via Cappuccina.

Mia mamma andava a lavorare in Saponeria San Marco, e noi qua. Quanti bambini, era pieno di bambini, quanti bambini! Se mia mamma faceva il turno dalle due alle dieci di sera, noi l'aspettavamo qua in corte... Mia mamma non era preoccupata, un po' tutti in corte davano un occhio, noi stavamo al numero 5, al numero 4 c'era una donna un po' anziana da sposare, che chiamavamo zia, pensa te, lei ci chiedeva se avevamo mangiato o se avevamo fatto le lezioni, e poi c'era il signor Pasqual, sempre preoccupato per noi; a scuola alla Roncalli avevamo la refezione e mangiavamo lì, ma quando per qualche motivo non andavamo a scuola allora Pasqual ci chiedeva se avevamo mangiato, se avevamo bisogno, entrava a casa nostra come fosse sua... La televisione andavamo a vederla al bar Bortolo, che aveva preparato una stanza con le sedie, chi prendeva il gelato chi uno stick [ghiacciolo], chi un'ombra di vino, e finita la televisione si tornava a casa, ricordo che quando è nato mio fratello, nel 1969, stavo guardando *Il musichiere*, ma poi dopo il ritorno da Torino di mio papà abbiamo comperato la televisione anche noi, nel frattempo mia mamma aveva finito di pagare i mobili... Tutti quelli della corte ci si dava una mano... quelli del palazzo erano più... riservati... Io mi sono sposata nel 1967, avevo 22 anni. Quindi sono stata in via Lunardo più di dieci anni, e noi abbiamo vissuto per tanti anni lasciando le chiavi attaccate alla porta, poi negli ultimi anni lasciando le chiavi appena appena sotto la persiana, sulla finestra (già era cambiato qualcosa).

Qui in mezzo alla corte non c'era questa fontanella, c'era una specie di vaschetta, mettevamo l'anguria dentro, ognuno da casa si portava una sedia e ci mettevamo attorno, e la Titti, che non era ancora sposata, ballava, con la gonna faceva la spagnola; c'era chi andava a Mestre a prendere il ghiaccio sotto i portici in piazza Barche e poi corri corri per portarlo, e poi fare a fette l'anguria...

Facevamo il Redentor, mi ricordo; certe case mettevano alle porte i balloni, nel campiello qui vicino ricordo che mettevano una specie di transenne, noi andavamo a prendere verde e frasche, c'era un giradischi e si ballava, e poi a mezzanotte andavamo sulla terrazza del palazzone a vedere i fuochi di Venezia, si vedevano quelli più alti, appena appena.

Gian Pietro: I bambini giocavano...

Diana: Io ero un po' un maschiaccio... Giocavamo a mussa vegna (il primo si metteva appoggiato a un muro e gli altri saltavano uno sopra l'altro), a bandiera, a masse pìndolo, quanti vetri che abbiamo rotto!, a calcio no, a quello giocavano i maschi; e poi noi bambini andavamo a suonare i campanelli, ricordo tutti i campanelli di via Milosevich, poi ai Marmi, facevamo tutto il giro suonando campanelli e tornavamo dopo mezze ore... Al primo piano del palazzone qui di fronte abitava una vecchia che non ci poteva vedere perché il figlio lavorava di notte...

Lucio: Dappertutto ce n'era una...

Diana: Noi ci sedevamo sugli scalini e lei, da dietro, con la porta chiusa, ci buttava una mastella d'acqua...

Gian Pietro: E poi sei andata a lavorare in fabbrica...

Diana: In fabbrica ho sostituito mia mamma quando ha partorito, nel frattempo mio papà era tornato, era il 1959, io avevo quattordici anni ed è nato mio fratello, al lavoro ero la più giovane, a quattordici anni e un giorno sono entrata in stabilimento; scatoloni di sapone da 24 chili, mi ricordo, mi facevano caricare i carrelli, tutti riempivano e mi chiamavano, io chiudevo lo scatolone e mettevo nel carrello, loro riempivano e mi chiamavano, che brava sta fia! dicevano... Sono stata lì quattro anni, e poi col fatto che ero profuga giuliana avevo un bel punteggio e così sono andata a lavorare da Vidal, che era un posto... più fine, facevamo profumi, e anche lì sono stata qualche anno; ma il lavoro non era un problema, voglia di lavorare ne avevo... e poi come profuga giuliana...

Io facevo i turni, dalle 6 alle 14 e dalle 14 alle 22. Ora siccome qui avevamo il forte [Forte Marghera], ed eravamo sempre pieni di militari che passeggiavano, c'era Bruno Viosi, che voi avrete conosciuto, che era il mio capo al lavoro. Ora alla mattina alle 6 non c'erano militari per strada, e neanche alle 14, ma alle dieci di sera era pieno di militari che rientravano in caserma... e qualche bella ragazza cominciavano a dirle cose insomma... e allora mi ricordo che Bruno Viosi mi accompagnava a casa tutte le sere in bicicletta, e dopo andava a casa sua... non c'era luce, non c'era niente.

Lucio: Quando avrò avuto dieci anni, nel 1966, grosso modo, con la bici dei miei fratelli, perché io non avevo la bicicletta, con altri due amici andavo da Mansueto, in fondo al Viale dove adesso comincia il parco di San Giuliano, con un cartello con scritto Zimmer, e quando vedevamo macchine foreste gridavamo *Chambers, Zimmer,* e se erano d'accordo, corri corri forte in bicicletta noi davanti e la macchina dietro, e li portavamo qua in Corte Lunardo, ricordo qui in mezzo un grande albero con una rete, forse un reticolato attorno...

Diana: Io abitavo qui in Corte al numero 5, e preparavamo tutto in ordine, tutto pulito, le camere e il bagno, gli asciugamani per affittare a turisti di passaggio... Noi abbiamo avuto gente che è tornata dopo otto-dieci anni con i figli che nel frattempo erano diventati grandi, per farceli conoscere ... Pensa che io tenevo i bambini e loro andavano a Venezia, ma ti rendi conto? Lasciare i bambini a una ragazzina di poco più di dieci anni? Noi avevamo due camere al piano di sopra, e anche il bagno era al piano di sopra, con la porta che dovevi trattenere la pancia se volevi chiudere la porta da dentro... Noi tutte e quattro stavamo a pianterreno, nel salottino chiuso da una tenda, con le coperte mia mamma preparava da dormire per terra per tutte e quattro; e zitti, guai che nessuno respirasse, fino a che non avessero finito di fare colazione e gli ospiti non fossero tornati sopra, e allora piano piano andavamo in cucina, chiudevamo la porta che non potessero rientrare, e mangiavamo tutto quel ben di dio che avevano lasciato: la marmellata, il pane fresco, e il burro... quando mai vedevamo quelle cose? Mi sembra di sentire ancora l'acquolina in bocca...

[2021]

Mio papà Tonìn. Storia di un subaffitto

Luciano Zennaro racconta a Lucio e Piero Brunello

Mio papà se c'erano cinquantatré appartamenti popolari arrivava cinquantaquattresimo in graduatoria, se ce n'erano sessanta arrivava sessantunesimo, settanta arrivava settantacinquesimo, andava anche a protestare dal suo amico democristiano N. C., questo N. C. aveva promesso a mio papà una casa e a me un lavoro, la casa siamo ancora che l'aspettiamo, e per il lavoro quando ha scoperto che ero di estrema sinistra, fa a mio papà: *Ma Toni, mi hai portato un comunista, come faccio a dargli una mano a trovargli un posto?* Per fortuna, perché voleva mettermi in ferrovia...

Noi abbiamo avuto la casa in Villaggio San Marco perché casualmente il signore che ci aveva dato la casa è stato trovato morto... ma andiamo in ordine. Mio papà aveva un quaderno nero con le righe rosse, quaderni di una volta, e lì scriveva tutto, e aveva scritto l'accordo con il signor Taboga, assegnatario della casa. Il signor Taboga era assegnatario della casa qui in Villaggio, lui pagava l'affitto e mio papà gli dava i soldi per pagare le bollette. Senonché è arrivata una segnalazione del non pagamento delle bollette, allora mio papà gli ha detto: *Senta signor Taboga, voglio vivere sereno, domani mi prendo un giorno di ferie e se lei è d'accordo* (ma questo signor Taboga era un signore, un vero signore, era cavaliere, cavalier Taboga), *andiamo assieme da quelli della luce (che si chiamava Sade), andiamo da quelli dell'acquedotto, e facciamo che le bollette arrivano direttamente a me*. E così vanno assieme negli uffici a cambiare il nome a chi mandare le bollette, d'ora in poi a mio papà.

Il cavalier Taboga risultava ed era l'assegnatario, era un nobile uomo, l'accordo con la mia famiglia era questo: il cavalier Taboga, usciva di casa la mattina, si alzava prima che ci alzassimo noialtri, un grande!, e usciva, poi se volevi trovarlo lo trovavi dalla Sbolda... Perché qui in villaggio avevamo tre o quattro... enoteche, no? C'era la Veronica, la Sbolda, i Scalinetti, il bar San Marco, e il Giardinetto, quello dietro, vicino a quello con le scarpe che vendeva con un camioncino verde... Taboga tornava alle nove di sera, mangiava il piatto di minestra che era concordato, mia mamma quando lo sentiva arrivare gli faceva trovare la pentola, Taboga la faceva intepidire, mangiava e lasciava in scafa, mia mamma gli diceva: *Signor Taboga non serve che lavi*, e lavava lei stessa.

Insomma Taboga muore in vasca da bagno. Vigili del fuoco: fermi tutti, tenete i bambini in camera che chiamiamo l'ambulanza, Mauro mio fratello era già nato, quindi dopo il 1960. Arriva l'ambulanza, dicono: facciamo finta che sia ancora vivo, e lo portano via. Passa qualche mese, ci chiama l'Ina casa. Mio papà si mette giacchetta e cravatta come la domenica. Gli dicono: *Ma lei Zennaro cosa ci fa in quella casa?* Lui dice: *sono in subbaffitto*. Ma lei non può... *Va bene mettetemi su una strada, qualcheduno mi darà una casa*... Ma lei cosa fa? *Lavoro alla Breda.* L'impiegato dice tra sé: ma io come faccio a buttar fuori casa uno così? Gli dice: *Ma lei ha qualcosa da darci in mano?* Ecco tutte le bollette di acqua luce gas, intestate a me. Questa è stata la sua salvezza. Gli dice: *lei stia lì che troviamo una soluzione.* Dopo altri pochi mesi lo hanno chiamato, e ci hanno messo in regola.

Mio papà fino a un giorno che siamo andati a vedere una partita di calcio al bar San Marco era in apnea, era un veneziano morto, puoi immaginarti che quando siamo venuti ad abitare qua il viale San Marco si fermava al bar San Marco, era di ghiaia e senza luce, e lui stava a Venezia in Strada Nova... Andiamo dentro là e quel giorno mio papà incontra Goattin e Nane dal Gesso, persone che hanno sempre lavorato nel mondo delle barche: *Ma Tonìn* (perché il mio papà era il più piccolo), *ma ti xe vegnuo ad abitar qua?* Sì. *Manco mal.* (Manco mal? Ma se volevo coparme?). *Ogni sabato vieni a fare manutenzione ai topi a motore* (perché mio papà era maestro d'ascia). Mio papà, che aveva una sua filosofia, mi diceva: *Ma ti sembra permesso che lavorando il venerdì pomeriggio e il sabato guadagno più che un mese alla Breda?* Mio papà ha fatto la prima mascareta della regata di Mestre (o forse non era una mascareta?), l'ha fatta per i fratelli Uccelli, che quando l'hanno messa in acqua pareva una foglia secca caduta in acqua e i fratelli Uccelli hanno detto: *Tonin portala tu.*

Mio papà a Venezia era proprietario di un cantiere, ancora adesso se prendi il battello Circolare, poco la Baia del Re, ci sono ancora due gru, quello è il cantiere Zennaro; erano tre fratelli, tutti e tre in cantiere, mio papà viene via perché mia mamma e la moglie di uno dei fratelli abitando nella stessa casa non andavano tanto d'accordo, mio papà avrebbe potuto rilevare un'edicola a Marghera con i soldi che gli dava in prestito suo fratello più grande – mio zio Emilio – che aveva comperato un'edicola in campo Santi Apostoli (bisognava prima andarsi a prendere i giornali, alla mattina aprire alle sei fino a sera, niente festa), ma mio papà è andato a lavorare alla Breda.

Alla Breda mio papà era assunto mese per mese, aveva la pagella mensile, settimana per settimana non potevi più trovare la tua pagella, perciò tutti gli scioperi quando veniva a casa aveva il mal di stomaco, perché se non scioperava gli imbrattavano lo stipetto, gli bruciavano l'asciugamano, lui voleva scioperare ma sapeva che se lo faceva ti chiamava il capo e ti diceva: *Signor Zennaro*... Si è salvato perché il capo cottimista, un certo Bepi Moro da San Donà, allora c'era il cottimo, l'ingegnere gli diceva: *per questo lavoro* (il coperto delle navi veniva fatto tutto in legno) *ti do tot lire, tutto quello che non spendi è tuo*, e allora trattavano il cottimo e Bepi Moro ha detto: *Questo mastro d'ascia ce lo teniamo*, e così è andata avanti fino a che...

La massima soddisfazione che un carpentiere in legno poteva avere era che qualcuno della sua famiglia andasse a vedere il varo, sennonché va via questo ingegnere, che si chiamava Signoretto, e arriva uno nuovo che dice: *dal prossimo varo mettiamo qualcuno dei fioi giovani*, i vecchi hanno detto: *varda che non è facile fare un varo* (bisogna dare insieme con la mazza a delle cassette che hanno come una specie di... catenacci, dando insieme di qua e di là con la mazza sui catenacci, si apre la cassetta, va giù la sabbia... e la barca va in acqua). L'ingegnere insiste... Insomma io ero là ad assistere a questo varo, e mio papà l'hanno portato via con l'ambulanza, ha avuto una bruttissima ernia al disco, è stato operato, perciò ha fatto gli ultimi anni di cantiere un po' avvilito perché l'avevano messo responsabile dei materiali, ogni giorno consegnava i materiali e dopo con l'ape andava a ritirarli... Siccome mio papà aveva fatto venire dentro la Breda tanti fioi – Giancarlo Dall'Acqua, Giorgio Trevisan – allora loro andavano sempre a trovarlo e a fargli coraggio... e dopo, quando è andato in pensione la Breda oltre alla liquidazione gli ha regalato un tumore al polmone, e nove mesi dopo è morto: sessantun anni e mezzo.

Io rimpiango ancora adesso mio papà, rimpiango di non vederlo in sogno, spero che se c'è qualcosa di là di ritrovarlo. Per dire com'era mio papà, aveva fatto per noi una barca, qui, sull'Osellino, in legno dolce, scaldato, tutta verniciata, e noi, con i fratelli Ferrara, con la barca andavamo nei campi di là a rubare le pannocchie, e allora cosa ha fatto mio papà? Ha fatto la barca a pezzi: *non si va a rubare di là...*

[2021]

Da una camera in affitto a una casa

Da appunti e ricordi scritti di Egidio Brunello

Una domenica che mi trovavo al campo sportivo a San Polo di Piave dove abitavo, durante una partita di calcio, mi avvicina il maresciallo dei carabinieri e mi dice che l'Agip gli aveva chiesto informazioni sul mio conto. Ebbi così la conferma della possibilità di lavoro presso la raffineria Irom di porto Marghera. Avevo poco più di trent'anni, ero sposato con Amalia.

Certo la decisione non fu facile. Il signor Vittorio Giol m'invitò al castello assieme al direttore della filanda, dove lavoravo come meccanico, per sentire di persona perché volevo lasciare San Polo, proponendomi varie soluzioni purché restassi. Chiesi una settimana per decidere. Amalia mi incoraggiava ad accettare l'offerta dell'Agip. Quando al termine della settimana mi presentai dal capo personale della raffineria (avevo chiesto anche a lui che mi lasciasse una settimana di tempo), venni assunto come operaio qualificato conduttore di caldaie, il 9 novembre 1953. Seduta stante, un fattorino della direzione mi consigliò una camera in affitto a Marghera presso una famiglia. Rimasi a Marghera due anni. Dalla camera dove dormivo al lavoro andavo in bicicletta, attraversavo via Fratelli Bandiera, passavo a fianco di Vidal e percorrevo la via principale per Venezia, lungo le mura del cantiere navale Breda con le sue alte gru. Facevo i turni: tre giorni dalle 6 alle 14, tre giorni dalle 14 alle 22, e tre giorni notte; dopo l'ultimo turno di notte tornavo a casa, in treno e autobus.

Nei primi tempi sono stato fortunato perché ogni giorno alle 11,30 potevo entrare in stabilimento e mangiare alla mensa. La ditta gestiva a Carpenedo una stalla di mucche per avere il latte fresco. Ogni giorno davanti a ogni reparto veniva depositato un bidone di latte di 10-15 litri come disintossicante contro acidi veleni gas, prima fra tutti l'acido solforico, che veniva usato a mano all'aria aperta, rovesciandolo nei filtri. Ma si può dire che solo io lo bevevo, gli altri lo portavano a casa. Poi tolsero il latte, l'Irom lasciò la stalla a Carpenedo, e davano delle pillole disintossicanti.

Appena iniziato il nuovo lavoro, il primo o il secondo giorno incontro un fuochista nell'intervallo di mezzogiorno, Torso Aldo di Cavarzere, che stava compilando un modulo in uno stampato di color verde. Mi spiegò di una casa popolare Gescal in costruzione tra San Giuliano e Mestre. Cercai lo stampato. Lo dissi ad Amalia, lei mi disse di non perdere l'occasione. Il giorno dopo era domenica e l'ufficio di collocamento del Ministero del Lavoro era già chiuso. Saltai il cancelletto della palazzina vedendo un uomo che stava per entrare dal cortile dell'ufficio. Era il guardiano, che accettò il foglio della domanda e lo pose sul tavolo dell'addetto ai lavori. Passò circa un anno, quasi non ci pensavo più. Una sera, tornato a casa a San Polo, Amalia mi disse che era arrivata una raccomandata dal Ministero del lavoro di Venezia. Non l'aveva aperta per paura che fosse qualcosa di brutto che riguardasse il mio lavoro o altro. Invece era la notizia dell'assegnazione di una casa Gescal-Ina casa, con l'invito a recarmi in un determinato giorno al Ministero stesso presso campo Sant'Angelo a Venezia, per la comunicazione dell'avvenuta assegnazione, ottenuta anche perché avevo un viaggio di oltre due ore per recarmi da casa al lavoro. Furono punti preziosi. E poi avevamo tre figli piccoli. Mi recai a Venezia con Amalia. Ebbi una grande fortuna perché uscì per primo il mio nome, così potemmo scegliere per primi la casa osservando il disegno e la posizione, guardando dove girava il sole. Andammo a mangiare in una trattoria. Qui siamo stati sfortunati, perché forse ci avevano presi per foresti. Gente di campagna ed era pur vero. La bistecca di vitello era cattiva dura e con odore di vecchio e di freschìn. Costò allora 5000 lire. Era il 1955!

Mi trasferii con la famiglia a Mestre, nella casa che mi venne assegnata dall'ente Ina-Casa. Con un camion di un'impresa interna all'Irom che portava fango ho fatto il trasporto. Era un camion che andava a metano con i bomboloni fuori. Ricordo che mi costò 500 lire. Vedendo il camion, la signora di una bottega uscì sulla porta e commentò: «Che brut San Martin!». (Se ricevevano l'escomio, i mezzadri lasciavano il podere l'11 novembre). «Vai a Mestre – mi dicevano i miei conoscenti –, ti va a finir in mezzo ai fumi...».

Una volta avute dal notaio Braggion le chiavi della casa al CC 10 (indirizzo provvisorio, prima che le corti avessero ciascuna un nome dai personaggi di Goldoni), sempre con Amalia andai a comperare una branda, due sedie e un fornello a gas. Così rinunciai alla camera di Marghera. Mi sembrava un sogno! Casa e lavoro erano vicini un paio di chilometri. I primi tempi con la bici per andare al lavoro dovevo fare il giro per Corso del Popolo. Poi, per passare il Canal Salso e raggiungere via Righi facevo una specie di traghetto, prendendo una barca che attraversava il canale grazie a una fune metallica. Di lì a poco costruirono il cavalcavia di San Giuliano, perciò per andare al lavoro all'Irom prendevo quello, e così potevo aspettare di andare al lavoro fino all'ultimo momento, specialmente nel turno di notte potevo dormire un po' di più.

Venimmo ad abitare – allora avevo già tre figli, il quarto lo avrei avuto in Villaggio San Marco – tra avvallamenti, buche profonde, pozzanghere, cortili e fondamenta delle case e dei palazzi ancora sterrati, pericolosi con passarelle per accedere alle nostre case. Non c'era niente. Senza botteghe, senza farmacie, senza bus. Il sindaco Favaretto Fisca con i vigili urbani faceva scaricare la terra, ora qua ora là per imbonire la palude e gli acquitrini. Allora non si sapeva da dove proveniva quella terra. Poi, pian piano si scoprì la provenienza: dagli scavi degli stabilimenti chimici di Porto Marghera, veleni velenosi tossici, mercurio, acidi solforici, nitriti sode caustiche e via dicendo. E così è cresciuto il quartiere.

[1992-2000]

Ricordi di famiglia, con l'aiuto di una zia

Giannarosa Vivian ricorda il trasferimento della sua famiglia da Pellestrina al Villaggio San Marco

Racconterò dell'arrivo della mia famiglia a Mestre, che poi, secondo me, Mestre non era, trattandosi per la precisione del Villaggio San Marco. Lasciavamo Pellestrina in dodici, una famiglia allargata, patriarcale direi oggi, ma io all'epoca non lo sapevo e la vivevo bene. Una famiglia che comprendeva nonni, zie, figli e figlie sposate, genero, una nipote... dodici persone che fino ad allora avevano abitato in una casa grande presa in affitto da un veneziano che possedeva case e terreni nell'isola. I miei ricordi di quell'epoca sono limpidi e pochi: la bisnonna che dava da mangiare alle oche nell'orto dietro casa, col pozzo in mezzo; la scala buia che conduceva ai piani superiori; l'atrio con le piante sempreverdi chiamate "lingua di vacca"; la camera dove dormivo in un lettino metallico accanto a quello dei miei genitori, e alla sera, accanto all'abat jour, la radio che trasmetteva ballabili. Il trasloco non lo ricordo, ma di questo avvenimento conservo un racconto oramai diventato epopea, una mitica partenza per l'esilio: i pesanti mobili di legno massiccio caricati la mattina del 6 ottobre 1955 a bordo di un barcone preso a noleggio. Gli anziani portati a spalla fino alla barca, immagine che non si è cancellata dalla memoria in virtù dell'istruzione classica ricevuta a scuola: come non collegare la mia storia familiare ai virgiliani Enea e a suo padre Anchise? I vicini di casa che vengono a dare l'addio. A mezzogiorno si mangia per l'ultima volta a Pellestrina, insieme a qualche parente corso all'ultimo momento a dare una mano, attorno a un tavolo apparecchiato all'aperto, in riva alla laguna. Fortuna, così si racconta, che non piove.

Cos'era la Mestre di metà anni Cinquanta per degli isolani nati e vissuti sempre in laguna?

Era una certezza, una speranza e un rammarico, così dice la zia Lisetta che mi accompagna in questo viaggio tra i ricordi.

La certezza di entrare in possesso di una casa nuova, costruita nel dopoguerra dall'Ina Casa, una casa dotata di acqua corrente, servizi igienici, camere per tutti. Le case del Villaggio San Marco erano di tipologie diverse, al nonno fu assegnata quella più grande con tre camere. Ci si poteva stare in dodici stringendosi un po' e adattando a camere anche il soggiorno e il salotto.

La speranza era che i sei figli più giovani del nonno, ormai in età da lavoro, potessero trovare una sistemazione come garzoni di latteria o di panificio; se poi si fosse trattato di un posto in fabbrica nella vicina Porto Marghera, allora sarebbe stato il massimo. Solo uno di loro lavorò per alcuni anni alla Breda, prima di essere assunto dall'Acnil come capitano nei vaporetti della navigazione lagunare.

Ma c'era anche il rammarico, il dispiacere di lasciare il proprio paese, Pellestrina, e ritrovarsi in terraferma, addirittura in un villaggio, confinati come in un penitenziario, mi dice la zia. Nella casa di Corte Lindoro letti dappertutto, alcune brande cioè semplici reti metalliche. I mobili della sala, i più belli della casa, furono eliminati presto, bruciati nella stufa del soggiorno, stando a quanto dicono. Non c'era spazio sufficiente per le belle credenze di legno massiccio, né per i quadri che riproducevano scene delle opere liriche più famose, la Carmen, la Tosca, il Barbiere di Siviglia.

A quel tempo mio papà faceva il cuoco in un albergo vicino a piazza San Marco. Per anni aveva preso in affitto una camera in città per evitare di fare il pendolare tra Venezia e Pellestrina, dove abitavamo io e la mamma con la famiglia del nonno. Il trasloco interessava anche lui, dunque. La sera del 6 ottobre 1955, anziché tornare nella sua camera in affitto Giovanni andò a Mestre. In via Triestina, ora via Forte Marghera, scese alla fermata "dei Marmi", l'attuale via Hermada, e si mise a cercare la nuova casa. Strade sterrate, grandi pozzanghere negli scavi recenti dove l'acqua piovana non riusciva a defluire, resti di acquitrini dove abitavano rane e farfalle e non solo zanzare (calamità biblica che negli anni seguenti si sarebbe tentato di eliminare con piogge di DDT spruzzato da elicotteri benefattori direttamente sulla testa di chi, entusiasta, accorreva fuori a salutarli). Agli occhi del nuovo arrivato, case all'apparenza tutte uguali, abitate da gente sconosciuta appena arrivata dalla Giudecca, dall'Istria, dal meridione d'Italia, insomma gente alla quale secondo mio padre era inutile chiedere informazioni.

Giovanni girò in lungo e in largo per delle buone mezz'ore, stanco e scoraggiato, finché, a sera tardi, capì di essere arrivato riconoscendo il mio triciclo azzurro dentro allo spazio recintato dietro casa, che negli anni seguenti sarebbe diventato un orto, con la pianta di uva fragola, i pomodori e l'insalatina, e in anni più recenti un giardino di rose e dalie per metà occupato dal garage della macchina.

Qualche tempo dopo, la mia piccola famiglia mononucleare – così l'avrei chiamata più tardi per distinguerla da quella originaria, patriarcale – andò ad abitare per conto proprio, in via Talamini, dieci minuti a piedi da Corte Lindoro. Noi tre da soli. I miei erano felici e io non capivo perché, visto che mi piaceva tanto stare in compagnia dei parenti, dormire nel letto antico della "vecchia" zia Ida – avrà avuto poco più di cinquant'anni –, quella che mi raccontava le storie prima di dormire, e mi lasciava mettermi di traverso ai piedi del letto per occupare meno spazio, dato che doveva dormirci anche la zia Rosina.

La mia vita si svolgeva tutta lì, in un quartiere che pian piano andava assumendo una sua propria fisionomia. A Mestre andavamo solo alla domenica pomeriggio a fare una passeggiata, oppure di quando in quando a comprare le scarpe o per qualche altra occasione importante. E non si diceva "andiamo in centro", si diceva "andiamo a Mestre".

In ottobre per esempio. Per la festa del santo patrono, san Michele, in fondo al corso del Popolo arrivavano il circo Orfei e il luna park. In piazza Barche, dalla parte dove ancora adesso c'è il negozio di abbigliamento "alla Campana", ricordo l'esistenza di un forno che esponeva in vetrina grandi teglie di castagnaccio. I miei genitori me ne compravano una fetta, e l'odore del castagnaccio combinato con quello del fumo che usciva dai comignoli (legna bruciata, fuliggine sospesa nell'aria umida) più l'odore delle foglie cadute sui marciapiedi, più quello di quaderni, matite, cartella nuova, ecco questa mescolanza di odori stava a significare che era tempo di scuola.

Con la bella stagione le passeggiate della domenica pomeriggio prendevano un'altra direzione. Si gironzolava per le corti, apparentemente senza una meta precisa, per fissarsi in mente la geografia del territorio. Dopo anni, e ancora adesso a essere sincera, non sapevamo con precisione se quella di fronte alla chiesa si chiamava corte Smeraldina, Lucetta o Clorinda. Oppure ci si ritrovava diretti verso San Giuliano, a controllare il procedere dei lavori nei cantieri dove stavano sorgendo i nuovi nuclei del villaggio: i quartieri Aretusa, San Teodoro, San Giuseppe. Criticavamo molto, mi ricordo, il tipo di finestre caratteristico di quei palazzi: finestre alte e strette. Troppo strette, diceva mia mamma, non fanno passare la luce e l'aria, meglio quelle classiche che abbiamo noi delle corti maschili e femminili.

Il confine ideale di questo mondo, verso Mestre, era l'avvallamento del campo Domenichelli, il punto che corrisponde all'attuale incrocio di via Vespucci con via Sansovino. I maschi ci giocavano le partite a pallone, le femmine si tenevano alla lontana. Comunque, il luogo non doveva avere una brutta fama se la mia famiglia lo ha scelto come sfondo per le foto ricordo del giorno della mia Prima Comunione.

Dietro casa mia, una palazzina a due piani, c'era la casetta singola di una famiglia con cui stringemmo rapporti di buon vicinato. Sior Gigio lavorava alla "Cellina", che io identificavo nei tralicci della Sade, che poi diventò l'Enel. Tornava dal lavoro in bicicletta portando sul manubrio sacchi di erba appena falciata destinata ai suoi conigli. Sul retro aveva costruito una conigliera e ogni tanto mi capitava di incappare in un coniglio scuoiato a testa in giù. Accanto alla conigliera, durante le vacanze estive, noi bambine giocavamo a maestre o a cucire vestiti per le bambole. Alla sera sior Gigio ascoltava le commedie alla radio, io mi chiedevo come facessero a riprodurre dentro uno studio della Rai il rumore del treno in corsa, lo scalpitio dei cavalli al galoppo, un mare in tempesta.

Sua moglie, la signora Agnese, andava in bicicletta a fare le spese. Partiva presto e tornava dopo ore. Dov'è tua mamma? Chiedevo. È andata in piazza, rispondeva una figlia. Dov'era questa piazza, mi chiedevo io. Certo non nei paraggi, e nemmeno a Mestre, perché anche se la frequentavo poco non mi pareva ci fosse una piazza in città, cioè uno slargo degno di tale nome.

Quando mi spiegarono che per piazza si intendeva la strada che andava dalla chiesa di San Lorenzo alla torre, dove allora passavano le macchine, restai delusa.

Ma in quegli anni un'adolescente era interessata ad altre cose, alle nuove amicizie intrecciate a scuola, alle calze di nylon, ai primi rimmel sulle ciglia, al gusto della libertà. Un abbonamento in tasca, al tempo delle scuole medie, e ti muovi con destrezza nella toponomastica cittadina, impari tutto sui numeri degli autobus e dei filobus, percorsi e orari.

Se sei capace di fare questo, diventa bello darsi appuntamento con i ragazzi della tua età davanti a Coin, o in piazza Ferretto o davanti all'Upim di via Rosa. E Mestre non è né bella né brutta, non ti poni la domanda, è la tua città e tu ci sai stare dentro.

[2003]

Gli arsenalotti e il pullman rovesciato

Vittorio Norsa racconta a Gian Pietro Francescon e Lucio Brunello

Noi venivamo dalla Giudecca. In famiglia eravamo in quattordici, stavamo con mia zia. Mio papà lavorava in un colorificio, Jogna, al Redentore. Io a 13 anni e mezzo, finita la quinta elementare, sono andato a lavorare in un'officina di lampadari, in Barbaria de le Tole. Mio fratello più vecchio lavorava anche lui in Barbaria de le Tole, dal fratello del mio padrone, Zanon, che faceva mobili. In Villaggio San Marco siamo venuti in sei: mio papà, mia mamma, una sorella e un fratello più vecchi di me, e un'altra sorella più piccola. Era il 1954, io avevo quindici anni. Avevamo avuto una casa alla Rana, ma poi l'abbiamo persa perché hanno messo i profughi giuliani; allora mia mamma è andata su e giù per uffici dello IACP, che era fatto con i soldi degli operai, e le hanno detto: *Signora, deve avere un po' di pazienza*... Ci hanno dato una casa, qui, con tre camere...

Per il trasloco dalla Giudecca siamo andati in barca fino al Tronchetto. E lì è venuto il moroso di mia sorella (che allora era già abbastanza grande), che abitava a Macallè, con un carro e un cavallo. I letti che avevamo di ferro sono stati buttati in acqua, perché mio fratello che lavorava anche lui in Barbaria delle Tole, da Zanon che faceva mobili, si è fatto dare i letti in legno per noi: il letto matrimoniale, la cuna di mia sorella piccola, e altri tre letti... Non avevamo nessun altro mobile. Qui in fondo [in viale San Marco], sulla destra, c'era una botteghetta, Bertoli, che vendeva mobili, e lì abbiamo preso i mobili: a cambiali...

Non c'era la fognatura, solo vasche, fosse biologiche, ognuno aveva la sua, solo dopo, quando hanno fatto il viale che sotto corre la fognatura, allora ci siamo attaccati alla fognatura... da me ci sono ancora le vasche... Non c'era riscaldamento... ci lavavamo con l'acqua che scaldavamo sulla stufa, con la legna che andavamo a rubare nei cantieri che stavano facendo le case del Villaggio... Io lavoravo ma non prendevo soldi, il padrone mi dava solo i soldi della filovia... Le case erano a riscatto: ottomila e cinquecento lire al mese. C'era chi poteva pagare e chi non poteva, finché dopo è stata fatta una riunione, e siamo passati in affitto a metà soldi, quattromila e duecentocinquanta lire al mese, più duecentocinquanta lire di condominio che andava all'Ater e che passavano a prendere per le case...

Il pullman non esisteva... C'erano biciclette, ma io non sapevo andare in bicicletta, sapevo vogare, e comunque la bicicletta costava... Per andare a Mestre – ma dopo anni! – andavi in via Forte Marghera, ai Marmi, e prendere la Circolare Sinistra, che ti portava a Mestre... E dopo, c'era De Gobbi che vendeva biciclette a Mestre, e allora il padrone mi dava tremila lire, e tramite mio cognato ho comperato una bici a cambiali, mio cognato che era maggiorenne ha firmato e sotto firmavo perché ero io responsabile... Cambiali per i mobili, cambiali per la bicicletta... in bottega ci segnavano sul libretto... Dalla Giudecca eravamo venuti via con debiti... col panificio, col bechèr... e per tanto tempo mia mamma andava alla Giudecca a dare... una goccia, perché con una goccia tiri avanti e fai bella figura...

Il pullman è venuto dopo mesi e mesi, tanti mesi... il pullman della FAP, quello che abbiamo ribaltato... Sì, ribaltato, rovesciato, qua in piazzetta Canova, con Ciccio che abitava là e lavorava in Arsenale, con Bruno... e con tutti gli arsenalotti che andavano a lavorare... Motivo? Per metterne due, di pullman. E infatti dopo hanno messo un pullman doppio. Il pullman ci scaricava a Mestre in piazza Barche, dove c'era Zanessi delle biciclette, lì c'era il deposito, ci sbarcava lì, e lì prendevamo la filovia.

La piazzetta era sempre piena di fioi... solo dove abitavo io eravamo in sessanta persone. Eravamo estranei. Dove abitavamo noi [nel palazzone]: noi venivamo dalla Giudecca, i Miorin vicino a noi da Portogruaro, Cappellina veniva da Meolo, Bonaldo Jogna da Chioggia, poi c'era una famiglia di profughi giuliani... baruffe per i fioi... Ci vuole tempo per conoscersi... Televisione niente, l'abbiamo comperata quando mio papà è andato in pensione... Tutte le sere in piazzetta Canova c'era un mangiadischi e si ballava, il tango, il boogie... in tre quarti di queste casette la domenica davamo cinquecento lire e ci affittavano la saletta e ballavamo in otto coppie, una volta una casa e una volta un'altra... poi andavamo a ballare a Macallè... e così si formavano le coppie.

[2021]

Pionieri

Lettere di famiglia in un cassetto di casa

Apro un cassetto in camera. Mi capita tra le mani una busta gialla con la scritta «Lettere famiglia Brunello». Dentro sono conservate cinque lettere e una cartolina illustrata. Mi siedo davanti al computer e mi metto a leggere. Le prime due lettere sono spedite dall'Australia da mio zio Luigi ai suoi genitori, che erano i miei nonni.

Geelong 17.11.53
Genitori Carissimi
Io sto bene, e così pure auguro sia di voi tutti. caro fratello, mi domandi la mia oppinione, che vuoi che ti dica: se non altro che ai fatto bene a piantare quella porca di filanda. In più l'irom di Marghera deve essere un posto sicuro che dura sempre. Ma dimmi un po' che mestiere fai dentro li. perché qui a due passi da me, stanno piantando anche una raffineria, sarebbe la Shell. Io per esempio potrei entrare come saldatore Elettrico e autogeno ma la paga è uguale e allora non ci vado a lavorare fuori all'aperto. Potrei andare solo per fare un po' di pratica su impianti di raffineria.
Sono contento pure che sei tornato con mamma e papà, anzi con i soldi che vi o mandato, fate soffitare la camera, e mettere porte finestre ecc. insomma metterla a posto.
Io vi saluto e vi bacio tutti vostro
affmo Luigi

Geelong 25-5-1966
Carissima Mamma Io sto bene e così pure spero di te e famiglia tutta. O ricevuto la tua lettera dove dici che vuoi vendere la casa. per conto mio puoi farlo, e spero che farai una bella cosa. Per il momento non so ancora

quando tornero. La famiglia Gottardello dove abito sono venuti in Italia sono sulla nave Galileo Galilei Quando arrivano verano a trovarvi tutti a Mestre e vi porteranno i miei saluti e qualche cosa. Perche io li ho detto che tu mamma eri da Egidio e Amalia e nipotini
Saluti a tutti
tanti baci
Luigi Brunello

C'è una lettera di una mia zia a mia mamma:

28.11.71
Cara sorella
Domenica sono andata dalla mamma e m'incaricò di scriverti. per il caffè, quando avrai l'occasione di venire e di portarli 10 chili.
ti aspetta per darti la gallina dice che è bella grassa, ma devi venire di giorno altrimenti di sera non può prenderla.
Senti Amalia un'altra cosa ti faccio sapere se mi faresti un piacere anche a me se dovessi andare a San Polo dovrei cambiare 2 paia di pantaloni perché sono stretti ghi avrei trovato di venderli ma sono stretti di vita qui una signora m'incarica di comperarle 2-3 paia. se per te vale la pena le comperi altrimenti niente.
Se vuoi quando vai a S. Polo vengo anch'io assieme a te, perche sarei andata con mio marito: ma non so se facevo bene perché le hai prese tu, e non so i tuoi accordi comunque so che per te e un disturbo e mi dispiace ma se puoi ti sarò grata.
Spero che tutti stiate bene così pure noi ti saluto caramente mia famiglia
ciao Noemi
Saluti da Egidio

La cartolina spedita da Alberese, in provincia di Grosseto, il 24 marzo 1973, ha per soggetto una mucca maremmana in primo piano, un buttero a cavallo in secondo piano, e sullo sfondo la maremma con una mandria di bovini. Leggo:

Cari tutti come vedi sono lunga a scriverti; ma sai dopo poco il ritorno ha cominciato; stò facendoli la cura; ma vedo poco la notte e brutta, il giorno

si tribula. Voi come state? scrivemi ti saluta famiglia Perin Angelo Da noi tutti ciao Famiglia P.

Rimetto tutto dentro la busta e la appoggio sopra fogli alla rinfusa sul tavolo. Penso a una fotografia di mio zio con altri uomini in piedi davanti a una piantagione di canna da zucchero. Siamo seduti sulle sedie davanti alla casa di San Polo di Piave, come ogni sera con la bella stagione assieme a tutti gli abitanti della strada. Noi bambini un po' giochiamo e un po' stiamo ad ascoltare. C'è grande meraviglia per l'altezza delle canne da zucchero, le si paragona alle canne di granoturco. Io osservo nella foto il grande coltello di mio zio e dei suoi compagni. Gli uomini discutono della raffineria Shell in Australia. E quella di Mestre? La Irom si chiama? C'è lavoro? Quanto si guadagna? Mio papà forse torna da Marghera domani mattina con la Lambretta, dopo il terzo turno, quello di notte.

La canna da zucchero in Australia e il caffè a Mestre. Sento che c'è un nesso che però non riesco a intravedere. Nel 1971 caffè se ne trova anche nei piccoli paesi tra Oderzo e Conegliano. Scambi di caffè, galline e pantaloni. Rivedo i telai a San Polo di Piave, con tante ragazze in piedi e in silenzio, in solai dove fino ad allora ci mettevano il granoturco e noi sfogliavamo i rami del gelso. Rivedo i fili della corrente sul pavimento di legno e gli attacchi elettrici di fortuna. Sembrava tornato il tempo della filanda di vent'anni prima, solo che adesso facevano pantaloni e lavoravano in casa. Mia nonna corre dietro la gallina e le tira il collo sotto il portico. Dieci chili di caffè sono tanti. L'abbondanza! Ecco il nesso con le canne da zucchero. Mestre come l'Australia, luoghi in cui si emigra. A Mestre c'è caffè buono, c'è il Lavazza che allora non si trovava nei piccoli paesi, con le tazzine con la striscia blu in regalo. Mia nonna raccoglie ordinazioni delle vicine e mia mamma viene da Mestre e fa le consegne. Rivedo gli scatoloni dentro la Seicento e i traffici vicino alla stufa della cucina, un chilo alla Maria Breda e uno alla Dosolina Vigo.

Riprendo in mano la cartolina da Alberese con il mandriano a cavallo. Penso all'Ovest e a Buffalo Bill che perde la sfida con i butteri. I cugini di mio papà raccontavano che li avevano messi in baracche, e prima dell'alba, verso le quattro, passava un uomo con una tromba a svegliarli perché andassero a togliere i sassi dai campi. Dicevano «maremma maiala». Penso al mito della frontiera. Penso che la grande emigrazione italiana, a cavallo tra Ottocento e Novecento, è stata non solo raccontata, ma anzi resa possibile, grazie allo schema narrativo del mito della frontiera, dove la frontiera è uno spazio incessantemente mobile che apre nuovi orizzonti economici.

Dell'emigrazione è rimasta la sensazione di essere dei pionieri, ovunque si sia emigrato, in Australia, in Maremma, a Mestre. Ricordo i racconti che i miei facevano dei primi tempi al Villaggio San Marco a Mestre: quando siamo arrivati non c'era niente, la chiesa era una baracca, dopo un po' cominciava la barena... Sarebbe possibile l'emigrazione senza il mito della frontiera?

Mi viene in mente una mostra fotografica che non ho visto, *Macaroni e vu ccumprà*. Voleva che gli italiani riconoscessero la propria storia nelle vicende degli immigrati di oggi. È un'idea buona. Penso però che il titolo non funziona. Gli emigranti che ho conosciuto non riuscirebbero a identificarsi nei venditori ambulanti, perché non si sono mai sentiti tali. Potrebbero forse riconoscersi in lavoratori percepiti come pionieri, per esempio operai, meccanici e agricoltori che sono in Italia con le famiglie. Quello che un secolo di emigrazione ha trasmesso è la sensazione di essere pionieri.

Mi chiedo: il Nordest di cui si fa un gran parlare è una nuova frontiera? Per prima cosa dire Nordest significa tracciare una linea di confine con il sud-ovest. Ma i discorsi sul Nordest hanno così fortuna perché sono modellati sul mito della frontiera? Mi viene in mente l'imprenditore in Friuli intervistato da Luca Pes nel secondo numero di «Altrochemestre». Prendo in mano la rivista che tengo assieme ad altre carte sul tavolo. L'imprenditore dice di sentirsi come «quelli che colonizzavano il Far West in America, quindi un ambiente piuttosto vergine». Rimpiango di non aver ritagliato gli articoli del «Gazzettino», che promuove e diffonde il mito del Nordest. Mi ripropongo di fare un salto all'emeroteca di Mestre, ma so già che non ne avrò voglia. Ricordo un articolo di pochi giorni fa, in cui si elencavano gli obiettivi del Nord-Est. Si trattava di autostrade, collegamenti veloci, ferrovie. Penso a titoli del tipo *La locomotiva del Nord Est*. Come in ogni mito della frontiera, anche qui si parla di conquista di grandi spazi aperti, dove tutto diventa possibile. L'unico conflitto previsto e accettato è quello tra il lavoro umano e la natura. Si parla di spazi disponibili in un momento in cui aumenta la congestione e la non-disponibilità degli spazi urbani. Ricordo di aver letto che nella storiografia statunitense il mito della frontiera nasce alla fine dell'Ottocento nel momento di grandi immigrazioni nelle aree urbane, proprio per non fare i conti con la nuova realtà e continuare a sognare le praterie.

Riporto la busta gialla dentro il suo cassetto.

Da leggere: F.J. Turner, *La frontiera nella storia americana*, Il Mulino, Bologna 1959, e soprattutto l'Introduzione di M. Calamandrei e il primo capitolo, *Il significato della frontiera nella storia americana*.

[1996]

Uomini in fabbrica, donne in casa, bambini all'aperto

Giuseppe Samonà, *Relazione sul metodo adottato e sui risultati ottenuti per determinare le caratteristiche di un quartiere residenziale per lavoratori nella zona industriale di Marghera*[1]

[...] Noi ci proponiamo dunque di progettare un quartiere di abitazione che rifletta le necessità reali degli uomini destinati ad abitarle, necessità che non sono né solo economiche né solo igieniche né solo basate sul numero dei componenti la famiglia, né tanto meno solo tecniche, ma vanno oltre tutti questi elementi e tutti li comprendono; sono necessità individuali e collettive insieme a cui ci adegueremo perché il nostro progetto corrisponda ai sinceri bisogni di uomini vivi sia cioè elemento di vita. Per fare questo noi inizieremo il nostro lavoro tutto al contrario di come generalmente si suol fare, partiremo dalla casa organizzata in modo che ogni nucleo familiare senta di poterci vivere pienamente secondo le sue individuali necessità, e associando tutte queste case in modo organico e i servizi relativi, costituiremo il nucleo che dalle case e dai suoi abitanti trarrà caratteri inconfondibili, costituendo ambiente adatto alla vita associativa di quella massa umana.

Il nostro studio richiede profonda riflessione pazienti analisi e un'adeguata dettagliata indagine sociale. Da questa indagine noi siamo partiti per costituire le basi che illuminino e giustifichino il nostro ulteriore lavoro. L'indagine si è fatta a Marghera, per interrogazione diretta e per referendum da un questionario che si è elaborato, dopo avere determinato dalla esperienza delle interrogazioni orali il carattere e la scelta delle domande. Gli studenti per gruppi coadiuvati dagli assistenti e da me, si sono recati presso le varie industrie e sulla falsariga di domande da noi prima attentamente determinate hanno svolto l'interrogazione

[1] Documento trascritto da Mario Tonello in vista di una ricerca da fare.

diretta che è stata di interesse grandissimo perché ponendo in contatto la nostra classe intellettuale con quella dei lavoratori ci ha rivelato elementi psicologici a noi poco chiari fornendoci di un numero di cognizioni sugli usi le abitudini e i desideri di questa classe che spesso ci si sono rivelati diametralmente opposti a quelle che erano le nostre considerazioni e deduzioni sulle esigenze del popolo viste attraverso la nostra mentalità di borghesi che ha fatto concepire tutta una organizzazione edilizia per il popolo artificiosa e spesso contraria alle sue esigenze di vita che potrebbero essere risolte, pur attenendosi alle conquiste scientifiche ed etiche della nostra civiltà, in modo molto più coerente e consono ad esse.

[...] Come lineamenti fondamentali noi possiamo concludere questo: il popolo di lavoratori di Marghera ha un senso spiccatissimo di individualità che deriva dalla coesione vivissima al focolare. Questa individualità tuttavia si unisce ad un bisogno associativo che reclama nella concezione del nuovo quartiere una variata promiscuità di classi lavoratrici: gli operai di una data industria vogliono mescolarsi nella vita ordinaria a quelli di altre industrie, non solo della loro stessa categoria ma a tecnici e impiegati, agli artigiani e agli addetti ai servizi ecc.

Questo senso di individualità fa prediligere in generale la casa unifamiliare, desiderio tuttavia temperato dalla netta coscienza delle difficoltà economiche che ne ostacola la realizzazione. Senso di individualità, di coesione e di desiderio di coesione della famiglia, che fa primeggiare tra le aspirazioni della donna sposata quella di rimanere in casa per dedicarsi soltanto all'andamento domestico, ai figli al marito al mangiare, escludendo la possibilità che un lavoro retribuito, espletato dalla donna fuori di casa, possa e uguagliare quella inesauribile fonte di benessere che sono in una casa due abili mani di donna e la sua oculata sorveglianza. Abbiamo infatti constatato che pochissime sono le donne che lavorano fuori casa e relativamente poche quelle che lavorano in casa per guadagno, quando sono sposate: non lo desiderano i mariti, non lo desiderano le donne. Non case collettive, dunque non ristoranti collettivi, non lavatoi collettivi, per la grande maggioranza la vita intima si svolge tutta ognuno per sé, chiusa nella inviolabilità del nucleo familiare. Per questa aspirazione sentita profondamente dal nostro popolo, maggiore e tremendo è il disagio della coabitazione, dell'abitazione in case che anziché attrarre respingono l'uomo nell'osteria, il bambino nella strada, la donna alla sciatteria e al trasandato di fronte a una situazione che più di una volta abbiamo visto tragica. Ed è per questo che trovata o ritrovata una casa, una vera casa, tanto meglio secondo noi se in un modo o in altro legata all'ente presso cui il proprio uomo lavora, la donna e i componenti tutti la famiglia la tengono con la massima cura, anche dopo parecchi anni di uso, con una cura commovente come abbiamo potuto constatare in alcune case nuove costruite da qualche ente locale.

[...] Notevole è il [desiderio] di istruirsi, per il proprio mestiere, per una cultura generale, sicché moltissimi lavoratori chiedono una pubblica biblioteca, tutti reclamano la scuola vicina al luogo di abitazione e il doposcuola quando i genitori non si sentano in grado di badare ai compiti di casa e per togliere i figli dai pericoli della strada. Altrettanto dicasi per l'asilo infantile, mentre l'asilo nido è assai poco richiesto – quasi tutte le donne sposate rimanendo in casa. Abbastanza notevole è il desiderio di un piccolo ambiente sia per lavoro che per studio, ambiente che farebbe più volentieri rimanere in casa i mariti. Costante la richiesta di un piccolo orto e di un ingresso proprio che preceda l'appartamento, di un posto comodo dove collocare la bicicletta in casa. Assoluta avversione invece per adoperare le camere da letto per un qualsiasi altro uso che non sia il dormire e la camera di soggiorno da adibirsi di notte a stanza da letto. Desiderio quasi costante di mantenere il proprio mobilio piuttosto che trovarlo fisso nella casa affittata, ciò che li costringerebbe a privarsi di una proprietà che cambiando di casa e non trovandola più ugualmente arredata li metterebbe in grave imbarazzo e disagio.

Questi desideri dei lavoratori rivelano un attaccamento profondo alla vita tradizionale, di cui occorre vagliare con molta oculatezza gli elementi retrivi, mantenendo gli altri che contengono un senso elevatissimo di morale per la salvezza del nucleo familiare.

[...] Il congegno delle arterie di traffico sarà disposto in modo tale da nettamente distinguere le vie pedonali da quelle carrabili impedendo ogni incrocio pericoloso e promiscuità di esse specialmente all'infanzia che sarà più libera di vivere all'aperto nel nuovo nucleo, e che col suo numero di scolari, gravitante su una unica scuola elementare, è proprio il fattore determinante della popolazione di circa 6000 abitanti da noi scelto per la sua formazione.

Ogni nucleo altresì perché risulti vario come impongono necessità spirituali e le esperienze negative fatte in recenti quartieri di tutto il mondo, non dovrà essere costruito di getto ma per gradi preordinando le fasi successive per modo che casa e servizi possono accrescersi in maniera organica, dal primo gruppo costituito entro la trama preordinata del nucleo. Noi determineremo nel nucleo la costruzione delle prime 250 abitazioni – esattamente ¼ di esse – costituendo i servizi generali che ad esse devono corrispondere fatti in modo da poterli accrescere man mano che il nucleo si andrà compiendo nel tempo [...].

[1947]

DISCUSSIONI

Spazi verdi in città

Se qualcuno ci chiedesse di indicare i Comuni veneti con una rilevante attività agricola, a chi verrebbe mai in mente il comune di Venezia? Eppure, come dimostra una recente pubblicazione allegata al «Bollettino economico» comunale, Venezia, con i suoi 6600 ettari di superficie agraria e 4300 addetti vede circa un terzo del suo territorio, se si esclude la laguna, occupato da attività agricole (*L'agricoltura nel comune di Venezia tra funzione economica e tutela delle aree rurali*, coordinamento di Giorgio Franceschetti, Paolo Barbieri, Sandro Lombardo, con la collaborazione di Tiziano Tempesta, Pierluigi Martorana e Marco Giada, dicembre 1985, pp. 32; si tratta di una sintesi divulgativa di una più ampia ricerca sui dati del III censimento dell'agricoltura nel Comune di Venezia).

Più che apparire contrapposto al restante territorio regionale, il Comune di Venezia, se si esclude ovviamente Venezia, appare per certi versi simile a quella «campagna urbanizzata» che caratterizza larga parte della nostra regione. Alcune aree sono più marcatamente agricole. Nell'estuario di Cavallino-Treporti e nelle isole prevale la tradizionale orticultura specializzata e intensiva. Nella terraferma invece il vigneto è quasi ovunque scomparso e ha lasciato il posto alla monocoltura di granoturco, avvantaggiato dalla congiuntura di prezzi favorevoli e alle rese unitarie paragonabili a quelle nordamericane. A mano a mano che ci si avvicina al centro di Mestre, le strisce di terreno che si insinuano tra i nuclei abitati si fanno più rade, fino a diventare dei patetici relitti – sterpaglie intisichite e vecchie case accanto a floride righe di mais – che sembrano sul punto di dissolversi da un giorno all'altro in nuovi fabbricati.

Questi dati del 1982 dicono ancora poco se non vengono raffrontati con il censimento del 1970, in modo da poter avere un quadro sia dei mutamenti avvenuti nel decennio scorso, sia, con ogni probabilità, delle tendenze tuttora in corso. E il confronto ci dice che nel Comune di Venezia l'attività agricola è in netto regresso. Tra il 1970 e il 1982 le aziende si sono infatti ridotte del 6%, e la superficie agraria utilizzata del 23% circa.

Ovviamente la sottrazione di suolo all'agricoltura non è una prerogativa solo veneziana, ma ha interessato con maggiore o minore intensità, e non sono negli anni Settanta, tutte le regioni italiane: basti dire che il 5% del territorio agricolo padano si trasforma ogni decennio in area urbanizzata. Quello tuttavia che colpisce nel caso del Comune di Venezia è l'entità del fenomeno. Dati ampiamente noti (elaborati da Matelda Reho e pubblicati nella rivista dell'Ires-Cgil Veneto «Oltre il ponte» del giugno 1984) mostrano che nel Veneto la riduzione della superficie agraria utilizzata tra il 1970 e il 1982 è stata dell'8,6%, e che nella provincia di Venezia la percentuale è stata di poco inferiore. Come si è visto, il Comune di Venezia conosce invece un processo molto più intenso, superiore a quello di qualsiasi altro capoluogo Veneto, se si pensa che più di un quinto dell'intera superficie coltivata del Comune è stata trasformata nel medesimo periodo in strade, fabbricati, terreni sterili.

E il futuro? La pubblicazione allegata al «Bollettino economico» del Comune di Venezia afferma la necessità di una tutela delle aree rurali, al fine di evitare «attraverso il degrado ambientale, uno scadimento della qualità della vita della popolazione e, in prospettiva, danni rilevanti sul piano ecologico» in un Comune, in bilico tra mare e terraferma, che presenta un equilibrio territoriale in rapido degrado (p. 25).

Ma invece di elencare, come ci si aspetterebbe, alcune linee di programmazione territoriale basate sulla difesa delle risorse ambientali, la pubblicazione individua quali territori possano e quali non possano essere destinati a usi extra-agricoli, distinguendo, sulla base del maggiore o minore valore economico dell'azienda agricola, tra aziende da sottoporre e quelle da non sottoporre a tutela; queste ultime sono quelle il cui valore socio-economico è attualmente a un livello tale che l'insediamento di un'attività non agricola in quel medesimo terreno produrrebbe un reddito più stabile e più elevato, e comunque benefici superiori ai costi e alle conseguenze negative derivanti dalla perdita di terreno agricolo utilizzato.

Risultano essere aziende da sottoporre a tutela quelle «imprese in cui elevate sono le produttività unitarie, e vi è una prospettiva di media o elevata stabilità dell'attuale organizzazione produttiva», e inoltre «aziende di maggiori dimensioni che assumono un ruolo rilevante, in termini occupazionali». All'opposto, le aziende non sottoposte a tutela sono «unità produttive di modeste dimensioni o che non praticano colture intensive, condotte generalmente a tempo parziale» (p. 21).

Questo significa che nella terraferma attorno a Mestre, dove non crescono le produzioni pregiate dell'estuario, le aziende da non sottoporre a tutela rappresentano in media il 21% della superficie, per un totale di 900 ettari circa che il settore primario «è "disposto" a cedere ad eventuali usi extra agricoli» (p. 1).

La pubblicazione allegata al «Bollettino economico» non prevede né tantomeno propone che questi 900 ettari debbano per forza essere coperti in breve tempo dal cemento; si limita a dire che dal punto di vista del calcolo economico questi – e non altri – terreni possono, con maggiore convenienza o minori costi, essere ceduti ai nuovi insediamenti che si rendessero necessari.

È decisivo precisare in che cosa consistono questi nuovi insediamenti. Limitarsi a parlare, come nella pubblicazione che stiamo esaminando, di «nuove abitazioni e nuove attività produttive» (p. 20), lascia aperta la possibilità che si continui come si è proceduto fino a oggi, e con ritmo particolarmente intenso, nel Comune di Venezia dove, come si è visto, l'attività agricola è stata e continua a essere sostituita con altre che rendono ovunque sistematicamente sterile il terreno; mentre quello che oggi va discusso e programmato è un uso dei terreni per così dire replicativo, che consente cioè di poter tornare alla stessa attività agricola di prima qualora se ne presenti la necessità. Che senso avrebbe altrimenti deprecare la perdita di 1500 ettari agricoli nell'intero Comune di Venezia, e poi dichiarare che se ne possono perdere tutto sommato altri 900 nella sola cintura attorno a Mestre?

Inoltre l'affermazione secondo la quale l'area agricola a ridosso della città è talmente fragile da non meritare di essere tutelata (e perché non potrebbe essere il contrario?), sembra quasi riposare sull'idea di una necessaria crescita urbana, e rischia di avallare qualsiasi decisione volta a una ulteriore e massiccia espansione di Mestre verso i comuni limitrofi. La cosa interessa l'intero Comune di Venezia, dal momento che lo sviluppo di Mestre è sempre andato di pari passo con l'esodo dei veneziani dal centro storico. Arrestare lo spopolamento di Venezia e salvaguardare, per quanto è ancora possibile, le risorse della terraferma mediante un attento controllo dello sviluppo urbano sono aspetti di una medesima questione da affrontare unitariamente.

[1986]

Per un museo del Novecento

1. L'estetica del rustico, del mondo contadino e dell'antico

Da poco io e mia moglie abbiamo restaurato una casa. Abbiamo comperato una cucina nuova con frigo, mobili pensili, mensole eccetera; poi abbiamo preso il macinino da caffè di mia nonna e l'abbiamo messo in vista sopra una mensola. Comincio da questo episodio perché illustra bene il fatto che la modernità crea l'estetica del rustico e del mondo contadino.

Nel Veneto lo si vede con chiarezza. Una famiglia adibisce la vecchia casa colonica a deposito di attrezzi o a garage, vi costruisce davanti una villa sopra una collinetta, e nella villa ricava una sala di rappresentanza detta taverna, e appeso a un muro mette il giogo dei buoi o una ruota di carro. Una amministrazione comunale che approva un P.R.G. che prevede l'abbattimento di tutte le case rurali fa qualcosa di analogo, e cioè, a scelta: a) commissiona un libro sul paese nell'Ottocento; b) pensa a un museo della civiltà contadina; c) raccoglie fotografie su «Il paese com'era» per farne una mostra.

Edgard Morin ha osservato il fenomeno in un paese bretone negli anni Sessanta, quando nelle case entravano le prime piastrelle e i primi frigoriferi. Morin spiegò che il gusto per i mobili vecchi era dovuto in un primo momento a parigini villeggianti o emigrati che tornavano in paese per l'estate e amavano assaggiare dolci tradizionali e partecipare a feste folcloriche; solo in un secondo tempo anche contadini e abitanti del piccolo paese cominciarono a riabilitare le cose vecchie.

Non si tratta di un processo ovvio. Negli anni Sessanta e Settanta nel Veneto le cose vecchie venivano buttate via con senso di liberazione perché ricordavano la miseria. Se si entrava nelle case contadine abbandonate dalle famiglie che emigravano in città o si trasferivano in una casa nuova (a me è successo nel Trevigiano ancora negli anni Settanta) sembrava che gli abitanti fossero scappati all'improvviso, per un'invasione di nemici o per un terremoto. Le porte erano aperte o non c'erano più, in cucina restavano le sedie di paglia, la grande tavola, il *secèr* in pietra per lavare i piatti (ma senza acqua corrente), lo specchio senza cornice a sinistra dell'ingresso con la mensola per il pettine. Poi, a un certo punto, si è andata strutturando una estetica del vecchio, del rurale, del rustico, del finto rustico. Dapprima fu una estetica urbana; in un secondo momento si affermò anche nei paesi, a mano a mano che le tracce della ruralità venivano cancellate e spariva la campagna.

Riflesso di questo cambiamento nei gusti lo si può cogliere nella grande quantità di libri di storia municipale prodotti da Comuni, banche, casse rurali, parrocchie. I discorsi sul passato contadino, e il fatto di stabilire un qualche legame tra il presente e quel passato, sono un modo per dare un senso alle trasformazioni che hanno cambiato il modo di vivere e di produrre; e contemporaneamente sono il segno di una rimozione, il segno dell'incapacità di raccontare, di descrivere, di vedere le trasformazioni. Questo modo di pensare il passato trova le parole per parlare di un mondo com'era, ma non trova il modo per raccontare quello che è diventato. Luca Pes nel n. 3 della rivista «Altrochemestre» lo ha scritto bene: se uno guarda vede «tralicci elettrici, antenne televisive, villini messicani; cavalcavia, benzinai, impianti sportivi; condomini, capannoni, ipermercati», ma se prende in mano libri di storia locale trova pellagra, folclore, civiltà rurale, polenta, capitelli, emigrazione transoceanica.

Questi discorsi sul passato sembrano innanzitutto un modo per legittimare il presente, dando il senso della «bontà delle radici da cui proveniamo». Vitaliano Freguglia nel n. 4 di «Altrochemestre» ci vede qualcosa in più, e di diverso: sagre e feste folcloriche, «travi a vista, mobilia in arte-povera tutta-in-noce-massello, specie le fodere dei frighi, la saltuaria assunzione di roba unta col contorno di polenta abbrustolita», walzer e mazurche sarebbero riti di contrizione (un sostituto delle funzioni religiose) per stili di vita e «consumi definitivamente modernizzati».

2. Immagini di Mestre senza Mestre

Qualcosa del genere si è verificato anche a Mestre. Lo ha spiegato bene Domenico Canciani in una analisi delle cartoline illustrate di Mestre in un volume di storiAmestre, *Mestre infedele*, che raccoglie gli atti di un convegno del 1989. Se si guardano le cartoline di Mestre ci si accorge che mancano immagini e simboli di tutta la città, mentre i vecchi centri continuano a rappresentare sé stessi – Marghera, Chirignago, Favaro, Carpenedo, Campalto, Tessera. Negli anni Sessanta, anni del boom edilizio, quasi scompare dalle cartoline perfino la Torre, di cui si intuisce l'incapacità di rappresentare i nuovi abitati e i nuovi abitanti (la stragrande maggioranza ormai).

Le cartoline di quegli anni rappresentano la modernità: automobili come simbolo di status, camion, condomini come grattacieli, Standa, Coin, strade di notte con le scie di luce delle macchine: nessuna cartolina dei nuovi quartieri. Poi, a partire dagli anni Ottanta, resiste la Torre, resistono i vecchi centri (torre di Tessera o chiesa di Campalto a disegno a tratto e non più foto), ma il traffico automobilistico e i condomini spariscono sostituiti da dettagli, scorci, angoli che sembrano silenziosi e riparati e potrebbero ricordare Parigi. I margini sfumati ed evanescenti sottolineano maggiormente l'estraneità al contesto urbano (particolare della Provvederia per esempio, particolare delle mura di via Torre Belfredo o del monumento ai marinai, una fontana).

In altre parole, se uno guarda Mestre con occhi storici tende a rimuovere quello che è stato costruito nel Novecento, cioè quasi tutto, e si fissa su quello che c'era prima. Per questo motivo le fotografie vecchie diventano il principale reperto. L'espressione «storia di Mestre» fa venire in mente la storia di Mestre prima che Mestre diventasse quello che è: il borgo di San Lorenzo, piazza Barche, poco più. La storia di Mestre cioè si ferma quando comincia a formarsi la città, quando nascono nuovi quartieri, quando avviene il boom edilizio: di conseguenza non trova le parole per raccontare lo sviluppo urbanistico e la vita degli abitanti nel Novecento.

Sergio Barizza, autore di una *Storia di Mestre* (Il Poligrafo, Padova 1994), dice che si tratta di un limite temporale dovuto soprattutto alla mancanza di documenti accessibili, e in parte è senz'altro vero. Ma il motivo principale credo consista nel fatto che il recente sviluppo industriale e urbano, le modalità cioè di formazione della città che noi conosciamo, viene sentito come privo e immeritevole di storia.

3. Mestre ama fare progetti

Mestre è una città che ha un passato, che avrà un futuro, ma che non ha un presente. Per questo Mestre è la città dei progetti. Mestre non ama tanto *i* progetti: ama piuttosto *fare progetti*, sa che non si realizzano mai, anzi spera che non si realizzino, altrimenti non se ne potrebbero più fare. Ci sono pubblicazioni sui progetti del nuovo ospedale, non c'è una storia dell'ospedale. Ci sono progetti del nuovo parco di San Giuliano, non c'è una storia di Punta San Giuliano o dell'hotel Ramada. Ci sono progetti per le aree industriale dismesse, non c'è una storia del paesaggio industriale, e così via. Mestre è incapace di raccontare sé stessa. Vive di compensazioni simboliche, per esempio: «sono veneziano», «la mia è una delle poche famiglie mestrine originarie», «sto a Mestre ma sono di Venezia» eccetera. Per sentire di avere un presente, Mestre dovrebbe sentire che la prospettiva del passato e quella del futuro hanno tra loro un qualche legame. Invece, se pensa al passato, Mestre lo sente *altro*, classificabile come *reperto* archeologico. Le ricorrenti polemiche su «Il Gazzettino» a proposito di quello che c'è *sotto* piazza Ferretto, lo stanno a dimostrare.

4. Perché un museo del Novecento

Nasce da queste considerazioni la proposta di un *Museo del Novecento*. Qualcuno ha osservato che verrebbero così cancellate le epoche precedenti. In questa proposta le epoche precedenti compaiono invece nei seguenti modi: in primo luogo nella conformazione geologica e nei segni fisici del territorio (laguna, fiume Marzenego eccetera); in secondo luogo nella forma urbana e nei manufatti che il passato ha lasciato nel Novecento, o meglio che il Novecento ha lasciato oppure trasformato, abbattuto, ri-funzionalizzato (canal Salso, edifici, strade, piazze e

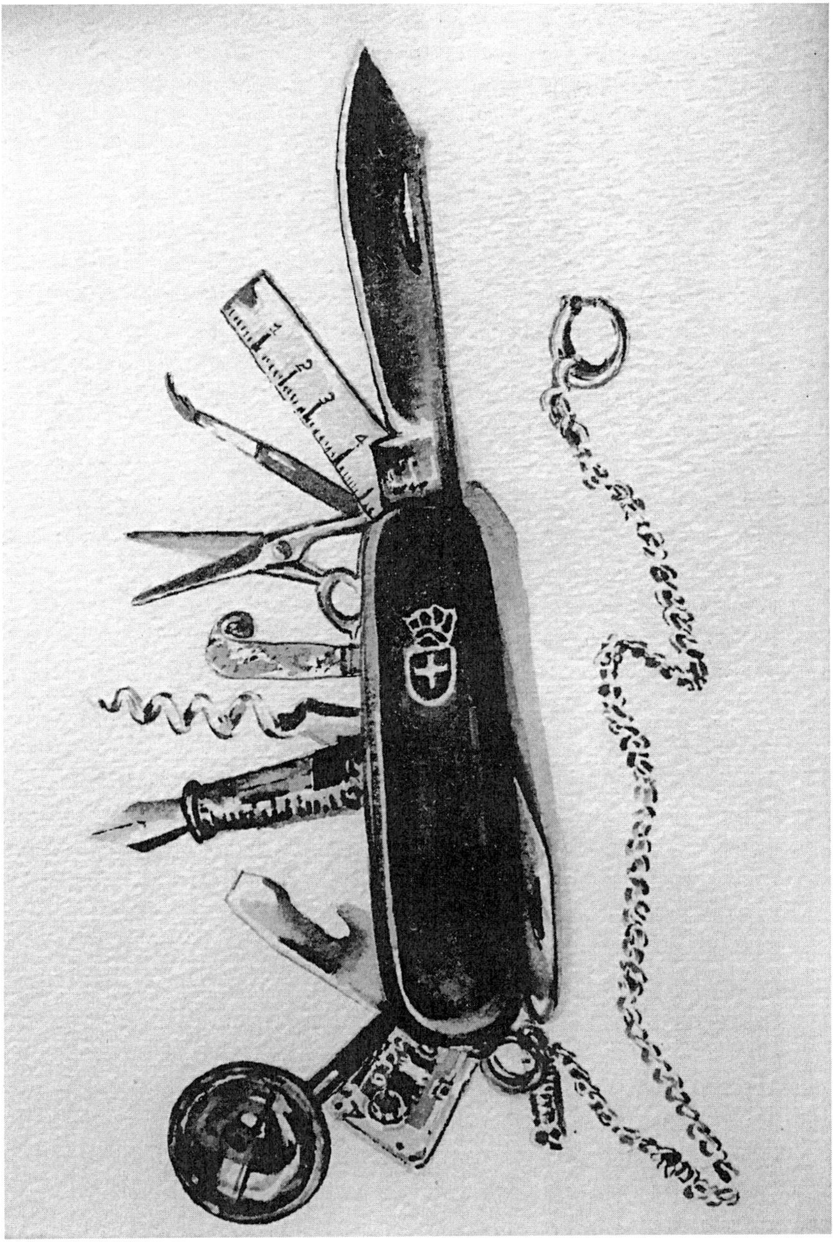

così via); e infine nelle affabulazioni, nelle leggende, nel racconto, nelle rievocazioni storiche, nell'immaginario del passato, nei miti di fondazione della città (la costruzione del plastico del castello, le rievocazioni in costume del 1848, lo stemma municipale, i resti archeologici di Mestre di Urbani de Gheltof).

A proposito di Urbani de Gheltof, quei resti archeologici a me non sembrano interessanti perché sono resti romani. Immagino che ce ne siano un po' dappertutto lungo le strade romane. A me sembra invece interessante che ci sia stato qualcuno che li ha cercati a Mestre nel Novecento. In questo modo in un museo del Novecento entrano Urbani de Gheltof e la sua raccolta, una parte almeno (oltretutto si metterebbe fine a una vicenda di cui sento parlare da quando avevo le braghe corte). Una parte della raccolta, dicevo. Buoni musei archeologici vicini infatti non mancano (uno ad Altino e uno a Concordia): non credo che convenga farne uno ogni comune, che Spinea per esempio si faccia il suo (a meno di qualche scoperta sensazionale).

5. Un museo del Novecento rende sconosciuti e perciò conoscibili i contesti familiari

Fin da quando è nata e per un primo periodo, l'antropologia urbana ha cercato il sostituto dei selvaggi e li ha trovati nelle periferie, tra i barboni, tra i marginali, nelle bidonville, nella prima generazione di immigrati, nelle bande giovanili, nei ghetti eccetera. L'antropologo urbano, ma anche il sociologo, si è occupato a lungo degli stessi soggetti di cui si occupa l'assistente sociale. (Un certo riflesso di questa distinzione è rimasta: dei centri si occupa istituzionalmente l'assessorato alla cultura, mentre delle periferie si occupa l'assessorato alle politiche sociali. Nel centro si studia l'arredo urbano, nelle periferie la marginalità. Nelle città europee infatti il centro sta non al mezzo, ma sopra la città, mentre le periferie stanno non ai margini ma sotto: nel centro sono concentrati i rappresentanti di Dio, dello Stato, della Finanza).

Contrariamente a questa impostazione, se vengono visti come sconosciuti, anche i contesti più familiari diventano suscettibili di nuove scoperte. Nelle città coesistono diversi sistemi di significato, e analizzando con precisione ciò che ciascuno sostiene di essere e ritiene che siano gli altri, si imparano molte cose. Per rappresentare ambienti vicini conviene in altre parole vedere sé stessi e i propri concittadini come gli antropologi vedono gli abitanti di un piccolo villaggio nella giungla, o come potrebbe fare un marziano che atterri per caso nel parcheggio vicino casa.

Uno sguardo di questo tipo fa vedere il deismo antropomorfo del fruttivendolo sotto casa, il culto delle immagini nello spazio domestico, le credenze sulla esistenza o inesistenza della città e sulla labilità dei confini. Per fare un esempio che conosco, nelle case della cooperativa in cui ho abitato per quindici anni i garage erano la capanna degli uomini sposati, col rito dell'imbottigliamento del vino e con altri riti di socialità, mentre lo stenditoio era lo spazio delle donne: e infatti, essendo soci i capifamiglia, i regolamenti di condominio tendevano a disciplinare l'uso e gli orari degli stenditoi, ma non dei garage.

In conclusione, il Museo del Novecento può essere uno strumento con il quale pensare in modo nuovo ciò che avviene attorno. In questo senso un museo assomiglia a un manuale di storia, il quale non è tanto un racconto degli avvenimenti del passato, quanto piuttosto una interpretazione del presente ottenuta mediante un resoconto degli avvenimenti del passato. Al pari di un manuale di storia, il museo è una mappa dei gusti e dei valori della società che lo allestisce.

6. Un museo non autoritario

Il poeta Paul Valéry ha scritto che in un museo la sua voce si faceva un po' più alta che in chiesa ma molto più bassa che nella vita di tutti i giorni, di modo che il museo gli sembrava qualcosa a mezzo tra il tempio, il salotto, il cimitero e la scuola. Il museo, o il curatore del museo, si presenta come l'esperto e i visitatori si collocano al di sotto. Non per niente al museo associamo l'immagine di visite guidate di scolaresche. Il museo si presenta pertanto in modo tale da tenere lontani quelli che non hanno studiato la cultura classica, e da mettere a proprio agio le persone istruite della classe media. L'uso di lunghe didascalie scritte e la preferenza accordata alla documentazione scritta esclude per esempio la gente che non produce documentazione scritta o ha meno possibilità di farlo. Come ha osservato Bourdieu, in un museo le opinioni dei professori sono sovrarappresentate.

Il museo come prodotto finito e inappellabile è un museo autoritario. Non a caso molta gente ai musei preferisce gli scaffali dei supermercati o dei centri commerciali perché lì (lasciando perdere le costrizioni imposte dalla moda e dalla pubblicità), si sente almeno libera di giudicare in nome della legittima differenza dei gusti, dei colori, della forma. Al contrario un museo tende a fare gerarchie di gusti, e a far sentire sprovveduto chi non capisce.

Non so come si potrebbe fare ma, come dicono un po' tutti, il museo dovrebbe essere un processo più che un prodotto finito, incoraggiare i visitatori ad avere un ruolo attivo, fare in modo che i visitatori contino qualcosa piuttosto che limitarsi a contare il numero di visitatori. Qualche cosa può fare l'architettura e la distribuzione degli spazi. Ho fatto un controllo al centro Le Barche. In un piano dell'edificio c'è una mostra di pannelli sulla costruzione del palazzo. Non c'è una entrata vera e propria che separi chi resta fuori da chi entra a vedere i pannelli, e infatti la gente, che continua a sentirsi dentro un centro commerciale, si ferma a discutere e a commentare a voce alta le foto e i progetti. Più in là, dove è esposta la mostra di foto su piazza Barche, e il luogo diventa simile al corridoio di un museo, il pubblico tende al contrario ad abbassare la voce.

Più che a un museo come luogo di visite guidate o come collezione di oggetti per uso scolastico o didattico, penso a un museo come mezzo di comunicazione. Nel progetto di museo delle fortificazioni presentato da storiAmestre ci si chiede: i forti sono strumenti per proteggere la città dai nemici o sono un modo con cui il potere militare tiene sotto controllo la città? Vengono esposti alcuni punti di vista, tra i quali: militari, pacifisti, abitanti delle città a loro volta con opinioni diverse. A differenza dei musei che di solito forniscono una visione armoniosa e non conflittuale del passato (si pensi ai musei della scienza che celebrano lo sviluppo scientifico unidirezionale e progressivo), il Museo del Novecento dovrà restituire il senso dei conflitti, delle differenze, delle sconfitte, delle perdite.

7. Un museo municipale

Parlando per grandi approssimazioni, in Francia i musei sono promossi dallo stato-nazione e si rivolgono ai cittadini, mentre in Gran Bretagna i musei sono opera di fondazioni e si rivolgono ai consumatori. In Italia esiste un terzo tipo di musei, che sono quelli municipali. Per quanto Mestre non sia un Comune, il Museo del Novecento, quanto a committenza e ambito, sarà di quest'ultimo tipo. Personalmente non ho niente in contrario a un uso sobrio del municipalismo: in questo seguo Carlo Cattaneo e la Costituzione della repubblica italiana.

Vorrei però fare una avvertenza. Quando si pensa agli abitanti della città di cui si debba conservare memoria, di solito si pensa alle vecchie famiglie, cioè a quelle residenti da più lunga data. Al contrario le cose da ricordare non dovrebbero riflettere quello che si chiama «il radicamento» degli individui in un luogo; l'estraneità o il fatto di essere di passaggio dovrebbero essere considerati allo stesso modo della permanenza di periodi più lunghi. Fanno parte della storia di Mestre chi ci abita, chi ci ha abitato, chi ci viene per studio o per lavoro, e così via.

Note

Il volume di Edgard Morin citato nel punto n. 1 è *Indagine sulla metamorfosi di Plodémet*, Il Saggiatore, Milano 1969. Fu proposto come un buon libro per interrogarsi su come la società italiana e veneta avesse riflettuto sulla «trasformazione subita dal paese negli ultimi trent'anni» da Gigi Corazzol in «Protagonisti. Trimestrale di ricerca e informazione dell'Istituto storico bellunese della resistenza», n. 15, giugno 1984, pp. 39-43. In quel periodo ci fu una discussione sulla coeva produzione di storia locale nel Veneto, che parve un modo per legittimare il presente mediante il discorso sulle «radici» e mediante l'esclusione del presente dall'analisi storica (ne riferivo in *Storie cittadine finanziate da enti locali, banche e parrocchie*, in «Il manifesto», 27 settembre 1986). Una riflessione su quel tipo di storia locale apparve in «Protagonisti. Trimestrale di ricerca e informazione dell'Istituto storico bellunese della resistenza», n. 31 (1988), pp. 3-56.

Lo scritto di Luca Pes nel n. 3 di «Altrochemestre» è *Ipermercati e periferie*; presentato al convegno "La storia locale tra ricerca e didattica", Treviso, 16 marzo 1995, propone una storiografia che colmi il «distacco tra questi libri e le cose che vediamo oggi» e tenga conto delle esperienze delle generazioni giovani che non hanno conosciuto «il trauma della trasformazione».

Lo scritto di Freguglia, *Dopo il terzo numero,* cit.

La ricerca sulle cartoline illustrate di Mestre, di Domenico Canciani, è presentata in piccola parte nel saggio *Immagini urbane. Le cartoline di Mestre*, in Associazione storiAmestre, *Mestre infedele,* cit., pp. 66-84.

Nel punto n. 2 riprendo alcune osservazioni dall'intervento che tenni al convegno promosso da storiAmestre e Movimento di Cooperazione Educativa del 25-27 marzo 1988 e pubblicato in *La città invisibile,* cit., pp. 13-22: in particolare l'impressione che «per molti la storia di Mestre [...] finisca proprio quando inizia la città attuale» e il fatto che «Il recente sviluppo urbano [...] viene presentato come privo e immeritevole di storia» (p. 16).

Le osservazioni del punto n. 5 sull'antropologia urbana (inclusi gli esempi del marziano, del deismo antropomorfo, del culto delle immagini, e compreso l'accostamento agli assistenti sociali), sono riprese testualmente da U. Hannerz, *Esplorare la città. Antropologia della vita urbana,* Il Mulino, Bologna 1992: l'antropologia urbana vi è definita «uno strumento con il quale gli abitanti delle città possono pensare in modo nuovo ciò che avviene attorno a loro», «per cui persino contesti familiari possono divenire sconosciuti e pertanto suscettibili di nuove scoperte», e grazie al quale si acquisisce «consapevolezza che ogni stile di vita non è che uno fra un numero quasi infinito di alternative» (pp. 80-81). Sono temi ai quali si ispira la rivista «Altrochemestre», e derivano da continui ragionamenti con Luca Pes nel discutere e progettare assieme i numeri finora usciti.

Il punto n. 6 si basa interamente sul volume *The Museum time-machine. Putting cultures on display*, ed. by R. Lumley, Routledge, London-New York 1988, in particolare sull'introduzione (pp. 1-23). Lumley definisce il museo come luogo in cui le società rappresentano i rispettivi rapporti con la loro storia e con le altre culture (p. 2); propone un museo come processo e strumento di comunicazione più che prodotto finito, in grado di incoraggiare i visitatori ad avere un ruolo attivo e non più in posizione subordinata rispetto all'esperto (p. 8, 15); cita Paul Valéry e osserva come il pubblico dei musei sia la sezione istruita della classe media (p. 9); distingue i musei statali rivolti ai cittadini in Francia dai musei britannici che si rivolgono ai consumatori (p. 10); suggerisce di evidenziare in un museo i differenti punti di vista attorno ad un argomento piuttosto che fornire una versione inappellabile (p. 13).

Ho trovato molte analogie tra il museo analizzato da Lumley e il manuale di storia definito da Luisa Muraro «una interpretazione del presente attraverso una ricostruzione del passato» (Comunità di pratica e riflessione pedagogica e di ricerca storica, *Lo scambio necessario. Insegnanti ricercatrici docenti per una storia che tenga conto dell'autorità femminile.* Atti dell'incontro. Milano, 14 maggio 1994, Milano 1995, p. 12).

I rapporti tra gusti estetici e classe sociale, e l'osservazione secondo cui nei musei le opinioni dei professori sono sovrarappresentate, a cui accenno nel punto n. 6, sono analizzati da P. Bourdieu, *La distinzione. Critica sociale del gusto*, Il Mulino, Bologna 1983.

[1997]

Una città disciplinare

1. Se si vuole raccontare una città o un luogo di lavoro, la prima cosa è ascoltare. Per questo si guarda con piacere il film *Porto Marghera. Gli ultimi fuochi* di Manuela Pellarin. La città è una catena di liberi narratori, di libere narratrici. Chiunque racconti una storia, si inserisce a un certo punto delle narrazioni. Le influenzerà, ma non ha l'ultima parola[1]. Le narrazioni continueranno. Questo, almeno, è l'augurio. Sono brutti i luoghi che non sanno raccontarsi, e che non sanno ascoltarsi. Questo film invece lo fa bene: suscita coinvolgimento emotivo e induce a molte riflessioni.

A raccontare, in questo film, sono leader operai degli anni Sessanta e primi Settanta. Per capire meglio le loro storie, partirei dal fatto che la città costruita attorno alle fabbriche – e non penso in termini di confini amministrativi, ma di relazioni e di spazi che si strutturano attorno al lavoro di fabbrica – è una città che ripartisce individui, ceti, classi, generi, gruppi professionali. Se fino al XVII secolo i vagabondi e i mendicanti vengono rinchiusi negli ospizi e messi a lavorare, dopo di allora il proletariato urbano viene controllato ed educato sia nei luoghi di lavoro che in quelli di residenza.

Augusto Finzi fa capire in questo film che la fabbrica non ha mai cessato di essere quello che è stata all'origine: un luogo in cui raccogliere a forza i poveri costringendoli «alla disciplina del lavoro quotidiano e del riposo comandato»[2]. Finzi parla di operai «mandati al macello», di

[1] H. M. Enzensberger, *La breve estate dell'anarchia. Vita e morte di Buenaventura Durruti*, Feltrinelli, Milano 1978, p. 14.

[2] M. Turchetto, *Il lavoro senza fine. Riflessioni su «biopotere» e ideologia del lavoro tra*

un'organizzazione del lavoro che ricorda lo slogan «obbedire e combattere», di guardiani fascisti, di reparti confino per oppositori politici. Altri parlano di caporalato nelle imprese. È la città, e non solo la fabbrica, a essere un luogo di controllo sociale. Al Pacinotti, dove la fine delle ore di lezione è segnata dalla sirena, si impara a fare i capi reparto, mentre negli istituti di avviamento al lavoro «si impara un mestiere», come si diceva; per essere assunti in uno stabilimento e trovare casa serve la raccomandazione; il figlio subentra nel posto di lavoro al padre; i bambini vanno nelle colonie estive della fabbrica; a volte il padrone della fabbrica e della casa è lo stesso, e così via. Se nelle famiglie e nelle scuole si impara a diventare operai, nelle fabbriche si diventa uomini. Ce lo ricorda Finzi quando parla delle prove di forza per essere assunti, una sorta di rito di iniziazione maschile al primo impatto con l'istituzione in cui si entra a far parte con la prospettiva di rimanervi tutta la vita; e ce lo fanno intuire gli accenni di Lino Chinellato ai classici luoghi del cameratismo maschile come gli spogliatoi e le docce. Le fotografie che ci sono rimaste degli scontri del 1950 davanti alla Breda, e che vengono mostrate di sfuggita nel film, rappresentano con chiarezza i ruoli maschili e femminili che anche le lotte operaie rafforzano: il giovane ferito dalla polizia; l'oratore in piazza; le donne che assistono alla manifestazione dalle finestre esibendo i vestiti insanguinati del giovane.

I ruoli e le gerarchie prodotte dal sistema di fabbrica si riflettono nella localizzazione delle case, nei materiali edilizi, nell'architettura, nel tipo di relazioni sociali e famigliari. All'interno della «città giardino» di Marghera per esempio, che già viene progettata in periferia, sorgono aree separate per impiegati (villini), capi operai (casette isolate), operai (case operaie); ancora più in là, alla Rana, finiscono i disoccupati (casette minime). Le case degli impiegati prevedono il bagno e l'acqua, mentre nei «villaggi rurali» il bagno è esterno e serve due famiglie, e l'acqua si prende dalle fontane. I caratteri della segregazione sociale e spaziale sono teorizzati negli anni Trenta, tanto che si dovrebbe parlare di città clerico-fascista[3]. Ma il modello è evidente anche dopo. Ci sono

XVII e XX secolo, in «Zapruder. Storie in movimento. Rivista di storia della conflittualità sociale», 3 (2004), p. 14.

[3] Vedi P. Brunello, *Cronaca e storia nelle «memorie» di Angelo Simion*, in Simion,

le case dei ferrovieri, il villaggio Sartori e quello Chiari e Forti, le casette autocostruite, l'edilizia popolare; dalle case di campagna, da cui si può raggiungere Marghera in bici o in treno, provengono manovali e operai non specializzati. Nei ricordi di chi ha la mia età ci sono «il palazzo dei maestri», «le case dei profughi giuliani», «le baracche», «i palazzoni» e così via. Domenico Canciani ha mostrato come ciascun quartiere ha la chiesa che gli spetta. Quartieri operai avranno la chiesa di san Giuseppe artigiano o di Cristo lavoratore; i quartieri-bene avranno una chiesa-bene, e il centro il duomo; quartieri che non hanno nome ma sigle, come il Cep, avranno una chiesa in prefabbricato, adatta alla retorica della frontiera eccetera[4]. Un posto specifico spetta alla produzione di veleni da immettere nell'ambiente. In una delle norme di attuazione del piano regolatore generale di Venezia del 1962, si diceva: «Nella zona industriale troveranno posto prevalentemente quegli impianti che diffondono nell'aria fumo, polvere o esalazioni dannose alla vita umana, che scaricano nell'acqua sostanze velenose, che producono vibrazioni e rumori»[5]. Il sistema di fabbrica infine produce saperi professionali e tecnici, dice in altre parole che cosa studiare e conoscere e che cosa no: o meglio, decide chi deve conoscere che cosa. Nascondere agli operai la natura delle sostanze con cui lavorano ne è un esempio tragico; e osservazioni analoghe dovrebbero essere estese alle materie insegnate a scuola, agli ambiti della ricerca universitaria, urbanistica, storica, medica, scientifica eccetera.

È il movimento operaio a rompere questa segregazione sociale e spaziale. Presidia confini simbolici come i binari ferroviari della stazione di Mestre e l'inizio – per chi viene dalle fabbriche – del ponte lagunare. Fa baccano dove è previsto silenzio o rumori del traffico: batte tamburi, suona fischietti, lancia slogan. Suona i campanelli delle case, chiama le donne alle finestre. Quello che è previsto debba restare al margine

Registro delle memorie di S. Maria della Rana, cit., pp. 99-133, e F. Brusò, *Il Villaggio di Ca' Emiliani*, ivi, pp. 137-154.

[4] D. Canciani, *Chiese e quartieri*, in «Altrochemestre. Documentazione e storia del tempo presente», 2 (1994), pp. 32-5.

[5] Chinello, *Storia di uno sviluppo capitalistico*, cit., p. 42. Cfr. Beretta, *Fare ordine nella città metropolitana*, cit.

si insedia al centro: dopo gli scontri alla Breda i dimostranti occupano piazza San Marco, e da allora in poi piazza Ferretto, il nuovo centro. Riepiloga le forme espressive del teatro popolare e dello *charivari*, dalle pentole ai crocefissi, ai fantocci, alle maschere. Percorre a piedi le strade assegnate agli autobus e alle macchine. Nei luoghi del consumo e negli spazi destinati allo shopping si distribuiscono volantini, si formano capannelli e si parla di politica. Dalle fabbriche escono e si diffondono in ogni ambito idee egualitarie come la richiesta delle 5000 lire di aumento per tutti: una cosa da poco, come spiega Sbrogiò, se si guarda ai soldi, ma dirompente se si pensa al fatto che rifiuta le gerarchie. E niente mostra la debolezza del movimento operaio dei nostri giorni meglio di quelle immagini del film in cui si vedono giovani operai con il megafono lanciare appelli dal ponte di Rialto, mentre nel sottostante Canal Grande passano i vaporetti.

Le storie raccontate nel film mettono in primo piano l'impegno di quanti hanno saputo costruire relazioni di solidarietà in luoghi volti al controllo, alla frantumazione sociale e al disciplinamento: mostrano le lotte per l'emancipazione dei lavoratori e per lo sviluppo integrale degli individui. Ma il film fa intuire anche fino a che punto il movimento operaio abbia fatto propria l'ideologia del lavoro alienato come perno di identità sociale, requisito di cittadinanza, significato dell'esistenza, accettando «sviluppo» e «occupazione» come obiettivo a cui sacrificare tutto il resto. Differenti tradizioni attraversano il movimento operaio. Il tema ritorna spesso nelle interviste senza essere analizzato, e meriterebbe invece di essere messo a fuoco, anche per capire meglio le difficoltà e i conflitti che queste storie ci raccontano.

2. «Chi comanda al racconto non è la voce: è l'orecchio», scrive Italo Calvino ne *Le città invisibili*[6]. Nel film *Porto Marghera. Gli ultimi fuochi* invece, non si vede mai chi intervista: le interviste non sembrano neppure tali, quasi non ci fosse chi osserva, chi fa domande, chi ascolta – chi in altre parole rende possibile la scena e *quel* racconto.

[6] I. Calvino, *Le città invisibili*, Mondadori, Milano 1993 [ed. or. Einaudi, Torino 1972], p. 137.

APEROL

APEROL

Il film sembra fissare una memoria prima che sia troppo tardi, prima che si estingua. Il punto di vista da cui nascono le interviste non viene mai mostrato, come se non ci fosse: il che impedisce di analizzare il coinvolgimento di chi fa le domande, e di conseguenza «la costruzione dialogica di narrazioni» che la storia orale, scritta o filmata, implica[7].

Dico questo non per omaggio a quella che viene chiamata «correttezza metodologica», ma perché riflettere sulle domande significa riflettere sull'incontro tra generazioni. Credo che oggi le domande, soprattutto delle generazioni più giovani, e in particolar modo dopo il processo al Petrolchimico e le recenti fuoriuscite di gas tossici, partano da una visione della fabbrica come luogo di veleni e di morte. C'è una discussione e uno scontro molto aspro sul futuro dell'area industriale, e in recenti manifestazioni per la chiusura della chimica a Porto Marghera è accaduto che gli operai stessi siano stati individuati quali colpevoli dell'inquinamento e dei veleni. Questi conflitti vanno presi sul serio: sono punti di partenza di una ricerca. Nelle generazioni più giovani non si deve scorgere assenza di memoria – da colmare con i racconti dei vecchi –, ma una memoria diversa, che implica differenti idee di lavoro, di tempo libero, di ambiente e così via. Se si parla oggi con ventenni figli di operai, o con mogli o vedove di operai, si capirà quanto poco o niente sappiano del lavoro e dell'attività del padre o del marito. Anche in questo caso l'ignoranza di una vedova o di una figlia non significa assenza di punti di vista, ma un punto di vista che non sappiamo riconoscere. Evidenziando le domande, in altre parole, sarà più facile chiedersi quale storia raccontare.

Per cominciare a farlo vorrei riflettere sul punto di vista, inespresso ma presente, che sta alla base di questo film. In *Porto Marghera. Gli ultimi fuochi* tutto, dalle musiche alla luce e ai colori, trasmette l'idea che una volta a Marghera c'erano operai e veleni, e oggi rovine e veleni: una volta c'erano il movimento operaio e le fabbriche e oggi nemmeno resti di archeologia industriale, bensì macerie. La storia del movimento operaio è raccontata con toni che vanno dall'epica all'elegia. Epici sono

[7] A. Portelli, *Per la memoria di chi? A proposito del film sulla Shoah «Gli ultimi giorni»*, in «il manifesto», 2 novembre 1999.

gli slogan, epiche le immagini delle manifestazioni, epiche le vicende con cui i narratori si identificano – Nerone Piccolo con gli scontri alla Breda, Lino Chinellato con la lotta delle imprese, Italo Sbrogiò con la richiesta di un aumento uguale per tutti, Germano Mariti con la solidarietà tra operai di fabbrica e proletari della città, Augusto Finzi con la lotta alla nocività e per condizioni di vita e di lavoro dignitose. L'elegia è affidata alle foto in bianco e nero e alle canzoni della colonna sonora, da Bob Dylan a Gualtiero Bertelli. Epica ed elegia fanno parte di una stessa memoria generazionale. Alla fine il racconto oscilla tra la celebrazione della lotta e un che di nostalgia per un tempo che non c'è più; in entrambi i casi l'evento storico sfuma in un passato leggendario, tanto che le immagini di repertorio mancano di didascalie e la loro sequenza non segue un ordine cronologico.

Gli ultimi fuochi del tempo del mito sono i fuochi metaforici del movimento operaio; gli ultimi fuochi del presente sono quelli reali delle fabbriche, che stanno per spegnersi. Se vediamo questo film come il racconto di una discesa all'inferno, le guide del tempo del mito ci accompagnano nei gironi riconoscendo le categorie di dannati e il sistema delle pene. L'inferno di oggi non ha gironi, non ha regole del contrappasso, e non ha nemmeno guide che ci accompagnino nel viaggio; è un luogo indistinto e caotico, senza ragioni e senza ordine, e pertanto senza via di uscita. I giovani operai che compaiono in questo film, e che potrebbero fare da guida, non rispondono a interviste, non si rivolgono a un pubblico. Vengono ripresi mentre parlano tra sé in una stanza e si chiedono come farsi ascoltare al di fuori. Non sanno bene chi sono e si interrogano su come raccontare sé stessi. Non hanno nome e cognome in sovraimpressione come capita agli operai del passato: sono tutti anonimi. E infine non sono nemmeno i destinatari dei racconti degli operai più anziani. Perché i racconti possano essere trasmessi dalle generazioni più vecchie a quelle più giovani, è necessario infatti partire dalle domande di queste ultime.

Il film stenta in conclusione a vedere la Porto Marghera di oggi. I richiami al presente sembrano l'aggiunta a una trama che non li prevedeva, inseriti soprattutto per enfatizzare il contrasto con il passato. Eppure gli operai della Fincantieri che vengono ripresi durante un'assemblea – ricattabili e divisi – non sono così diversi dagli operai delle imprese protagonisti dei memorabili scontri a Ca' Emiliani. È vero che le fabbriche non sono più quelle di trent'anni fa. Ma la differenza maggiore sta nel rapporto tra città e fabbrica. C'è scarso interesse in città per chi lavora dietro quelle vetrate e dietro quelle targhette con sigle e nomi di società di spedizione che vediamo oggi a Porto Marghera. Ritorna sotto altre forme la segregazione sociale e la frammentazione con cui dovette fare i conti il movimento operaio del passato: e non è detto che le risposte debbano seguire le stesse strade. Negli ambienti di lavoro oggi convivono persone più anziane, che hanno un minimo di tutela, e persone più giovani, senza alcuna garanzia: la separazione è netta e produce differenti immagini del futuro e differenti memorie del passato. Ecco – ed è ancora una volta un augurio per la regista Manuela Pellarin – un buon argomento per un prossimo film.

[2004]

Un museo non sono cose da vedere, ma un modo di vedere le cose

Cercherò di rispondere a un paio di domande. La prima: perché, non appena la Fondazione di Venezia ha comunicato di voler costituire un museo a Mestre, questa prospettiva, invece di causare un senso di sollievo (finalmente un museo a Mestre), ha provocato al contrario un senso di vuoto da riempire con un secondo polo culturale? La seconda, che viene di conseguenza: che cosa si pensa a Mestre quando il termine «museo» viene unito al termine «città»? Dirò poi due parole sul fatto che un museo suggerisce quello che la città è e può essere.

Prima neanche un museo, adesso due

Il 1° dicembre 2008 la Fondazione di Venezia ha presentato al Centro Culturale Candiani i risultati del lavoro di un anno, frutto di otto attività che avevano coinvolto «circa 120 persone, oltre 20 imprese e 3 centri di ricerca universitaria». Alla fine di un impegno così oneroso la Fondazione ha resa pubblica la proposta di costituire a Mestre un Museo del Novecento, di cui si è pensato anche il logo M9.

È un peccato che a nessuna delle 120 persone, delle 20 imprese e dei 3 centri di ricerca universitaria sia venuto in mente di mettere in cantiere l'attività numero nove, e cioè una ricerca sulle discussioni promosse a Mestre dagli anni Cinquanta a oggi a proposito del museo. Bastava poco perché le 120 persone, le 20 imprese e i 3 centri di ricerca universitaria potessero scoprire, per esempio, che nel 1996 storiAmestre ha organizzato un convegno i cui atti sono pubblicati con il titolo *Un museo a Mestre? Per un museo del Novecento. Proposte di storiAmestre e dibattito*, a cura di

C. Puppini e F. Brusò, Mestre 1997. Oppure le 120 persone eccetera se ne sono accorte? La Fondazione di Venezia non ne fa cenno[1].

Circa tre mesi dopo la proposta pubblica della Fondazione di Venezia, il 20 febbraio 2009 il Centro Studi Storici di Mestre ha promosso un incontro a cui hanno partecipato, oltre a esponenti dell'associazione, anche autorità comunali e della municipalità di Mestre, e dove è stato presentato il progetto di un secondo museo, o polo culturale, da affiancare a M9. Questo secondo museo (ma la parola viene sempre usata tra virgolette) non ha ancora un nome, ma ha almeno quattro proposte di definizioni: Museo della città, Museo di Mestre, Urban Center, Casa della città.

Qualcuno che ne capisce dovrebbe analizzare i due progetti dal punto di vista dell'investimento immobiliare e urbanistico. Mentre M9 dovrebbe sorgere in un'area attorno all'ex distretto di via Poerio (con restauri, abbattimenti, riedificazioni e ampliamenti), il secondo museo dovrebbe sorgere nello spazio dell'ex scuola De Amicis in via Pio X, in fianco alla Torre, anche qui con interventi edilizi. Non è cosa da poco. M9 prevede di costruire «un nuovo edificio di grande qualità», e di servizi quali «bar-caffetteria, ristorante, libreria». Si tratta quindi di capire lo spazio e il peso effettivo di un museo all'interno di un investimento immobiliare rilevante di questo tipo nel centro storico di Mestre: che peso avrà M9 nell'insieme dell'operazione? E il resto? È davvero M9 la cosa principale su cui discutere dell'intera operazione?

Ma io mi limito qui ai due progetti di museo.

Senso d'inferiorità

Perché – venendo alla domanda iniziale – un secondo polo da affiancare a un Museo del Novecento? L'incontro promosso dal Centro Studi

[1] Mi baso sulla brochure presentata al centro Culturale Candiani il 1° dicembre 2008, consultabile nel sito della Fondazione Gianni Pellicani. Il link <www.fondazionegiannipellicani.it/fgp/pub/Fgp/IdeePerMestre/081128_bruchureM9.pdf> non è più attivo e sul sito della Fondazione si trova solo una pagina di presentazione della brochure; il pdf è attualmente consultabile online <https://docplayer.it/9839894-Nuovo-polo-culturale-e-museo-del-novecento-di-venezia-mestre.html>.

Storici di Mestre ne ha spiegato le ragioni. Tutti gli intervenuti all'incontro, anche se con accenti diversi, hanno detto di voler documentare la storia di Mestre dalle origini fino al Novecento, epoca di cui invece si occuperà M9, esprimendo cioè il timore che un Museo del Novecento escluda la storia precedente di Mestre, dalla città immaginata «paleoveneta» a quella romana, medievale e così via.

Da un lato c'è il senso di essere defraudati di qualcosa che viene avvertito come essenziale per definire l'identità della città, dall'altro c'è l'impressione che il Novecento non faccia far sufficiente bella figura. Alla base vi è in altre parole il solito senso di declassamento, che si tenta di superare vantando origini più o meno leggendarie, mettendo in mostra l'antichità dei reperti e inserendo la città nelle vicende della grande storia (Romani, il medioevo e soprattutto la Serenissima).

Schemi vecchi

E così vengo alla seconda domanda: che cosa si pensa quando a Mestre si pronunciano le parole «museo» e «città»? Le risposte che emergono dagli argomenti usati per sostenere la proposta del secondo polo culturale mi sembrano queste:

a. Un museo si fa per mettere in mostra l'evoluzione di una città nel corso dei secoli. Nel caso di Mestre, un eventuale museo documenterebbe l'evoluzione storica della città, dalle origini definite «paleovenete» fino alle soglie del Novecento.

b. Un museo si fa per documentare un'epoca particolare della città. Nel nostro caso, Mestre nel Novecento, di cui si occupa appunto la Fondazione di Venezia.

c. Un museo si fa perché la città ha reperti antichi da valorizzare, e per mostrare quindi l'antichità delle origini o della storia. Nel nostro caso si ricordano, a titolo d'esempio, la torre di Tessera, la torre di Mestre, il duomo di san Lorenzo.

d. Un museo si fa perché gli abitanti si riconoscano nella città in cui vivono, per promuovere quindi una sorta d'identità civica. «Riconoscersi» e «identità» sono espressioni più volte usate nell'incontro a cui mi riferisco.

I primi tre punti a, b, c costituiscono altrettante poetiche attorno a cui si sono costruiti i musei cittadini o nazionali in Europa, fin da quando gli spazi espositivi furono organizzati non più per il piacere privato del principe ma per essere strumenti di educazione pubblica.

Tuttavia è da parecchio tempo che questi schemi sono abbandonati. Non sono nemmeno sicuro che abbiano ancora un pubblico. Accenno solo al fatto che le concezioni evolutive della storia, dal semplice al complesso, riflettono schemi desunti dalla geologia o dalla biologia dell'Ottocento che nessuno oggi segue più. Dove un tempo si vedevano origine, evoluzione e sviluppo, oggi si individuano soglie, discontinuità, limiti e rotture.

Un ordine, un significato

Vorrei soffermarmi piuttosto sul quarto punto d, e cioè sul fatto che il museo ha a che vedere con il riconoscersi dei cittadini in un patrimonio culturale.

Il museo trasforma gli oggetti in simboli di identità culturale, in elementi di una narrazione; il museo decide quali aspetti valorizzare a dispetto di altri. Perciò l'interrogativo di chi decide, e su mandato di chi, quali verità mettere in evidenza (e di solito sacralizzare), e quali verità invece ignorare, è una posta in gioco del conflitto politico[2]. Le discussioni attorno ai musei pongono «il problema più ampio di chi costituisca la comunità e di chi debba esercitare il potere di definirne l'identità»[3]: per questo suscitano passioni così vive.

È stato detto che il museo è un modo di vedere. Non si fa un museo perché ci sono reperti antichi, caso mai si fa un museo per attribuire a tali oggetti un ordine e un significato. Di qui l'importanza attribuita per esempio ai simboli e ai reperti storici che rappresentano il centro politico, economico, militare e religioso. Il museo rende infatti «la città visibile, quindi conoscibile, come un tutto», conferendo un ordine alle cose e

[2] C. Ribaldi, *Introduzione*, in *Il nuovo museo. Origini e percorsi*, I, prefazione di D. Jalla, Il Saggiatore, Milano 2005, pp. 25-41. È da questo volume che prendo molte delle osservazioni.

[3] C. Duncan, *Il museo d'arte e i riti di cittadinanza*, ivi, p. 170.

«attribuendo agli individui un posto all'interno di esso»: e spesso lo fa secondo il punto di vista dei gruppi dominanti, che però, grazie al complesso espositivo, presumono di rappresentare il punto di vista di tutti[4].

Tra le altre cose, un museo sul futuro

Chi ha detto che un museo debba accogliere reperti sulla base della loro antichità? Un museo potrebbe anche mettere insieme collezioni che servano a capire domani quello che siamo oggi e in che modo lo siamo diventati[5]. I musei di quartiere nelle metropoli degli Stati Uniti affrontano questioni, anche controverse e impopolari, offrendo soluzioni alternative. Ho visto che viene spesso ricordata la mostra allestita all'Anacostia Museum sui ratti, perché in quel quartiere i ratti erano un serio problema ambientale. A questo proposito qualcuno ha detto che la popolazione parla e discute, e il museo è l'orecchio in ascolto[6].

Ora, se si fa un museo a Mestre è per interrogarsi sulla specificità di Mestre rispetto, che ne so, a Conegliano o a Feltre. Un museo non si fa per accumulo di reperti, ma per individuazione di temi. Che cosa vogliamo tematizzare di Mestre? Io credo debba essere messa in evidenza appunto una sua specificità, sia in un contesto regionale, che nazionale e anche europeo. Che senso ha mostrare che Mestre, inteso come area del castello non più esistente, è come Noale?

Il programma della Fondazione di Venezia è ancora troppo generico per poter capire che cosa intenda documentare con M9. I temi proposti sembrano riguardare Mestre nel Novecento piuttosto che il Novecento a Mestre, però, ripeto, il programma è ancora in uno stadio preliminare[7].

[4] T. Bennet, *Il complesso espositivo*, ivi, pp. 125-128; L. Jordanova, *Oggetti di conoscenza: una prospettiva storica sui musei*, ivi, p. 172.

[5] D.F. Cameron, *Il museo: tempio o forum*, ivi, p. 63.

[6] J. Kinard, *Intermediari tra il museo e la comunità*, ivi, p. 71.

[7] Nella brochure della Fondazione di Venezia si legge, al punto 3.3: «L'esposizione permanente del Museo si articolerà in cinque sezioni tematiche: 1. Storia sociale: individui, gruppi e società; 2. Storia economica: lavoro, economia e stili di vita; 3. Storia urbana: architettura, urbanistica e infrastrutture; 4. Storia della cultura: istruzione, cultura e tempo libero; 5. Storia dell'ambiente: ecosistema, paesaggi, territorio».

Quello che proponeva storiAmestre nel convegno del 1996 era senz'altro il Novecento a Mestre: un museo a Mestre più che un museo di Mestre (anche in omaggio al nome dell'associazione). Il museo a cui pensavamo era organizzato per temi. Giovanna Lazzarin parlava di luoghi del lavoro, dell'abitare, del quotidiano, della socialità, del consumo[8]. Luca Pes indicava quali temi l'immigrazione, l'urbanizzazione (o la speculazione edilizia), il consumo, le industrie, la modernità[9].

Questi sono naturalmente spunti di riflessione. Ci sono ambiguità da sciogliere e argomenti allora più intuiti che analizzati. Negli atti del convegno non sempre si capisce per esempio se si sta parlando di storia urbana novecentesca o di storia di Mestre nel Novecento. Occorre problematizzare ancora di più la forma-museo: chiederci per esempio a che pubblico pensiamo, dal momento che un museo rende visibile, e quindi produce, il pubblico al quale dichiara di rivolgersi[10]. E poi conviene tener conto delle trasformazioni urbanistiche, culturali e politiche dal 1996 a oggi: il processo al Petrolchimico, la percezione del territorio in seguito alle ripetute inondazioni o in seguito all'apertura del parco di San Giuliano sulla gronda della laguna o in seguito al nuovo passante che ha spostato il giro immaginario della cinta muraria, la stessa esperienza del Laboratorio Mestre Novecento eccetera. Importante, come diceva Luca Pes nel convegno del 1996, è che il museo possa diventare «una specie di centro di riflessione sull'Italia urbanizzata»: il che apre riflessioni sullo sviluppo, sull'utilizzo delle risorse acqua terra aria, e alla fin fine sulle prospettive e sul futuro.

Immagini di città

Vorrei solo rispondere a una critica che sento ricorrere di continuo. Qui non sono in discussione le testimonianze del passato: il passato non è solo quella cosa che viene prima, il passato è una dimensione

[8] M.G. Lazzarin, *A che serve un museo?*, in *Un museo a Mestre?*, cit., pp. 24-29.

[9] L. Pes, *Per un museo sulla modernità, sull'urbanizzazione e sulla speculazione edilizia*, ivi, pp. 30-34.

[10] Duncan, *Il museo d'arte e i riti di cittadinanza*, cit., p. 163.

costituiva del presente, quindi entra per forza di cose nei nostri discorsi sul presente, oltre che nella nostra vita.

La differenza non è tra gli amanti dell'archeologia e gli amanti della modernità. La faccenda è un'altra: definire, attraverso un museo, l'immagine di una città, e suggerire quindi quello che la città è e può essere. Se ho l'idea che una città è fatta di quartieri, e se penso che la democrazia si fonda sull'autonomia e sul federalismo, o se ragiono in termini di città diffusa o di città metropolitana, che senso ha mettere in risalto un duomo e una torre come luogo simbolo? Il centro non sta in mezzo, come vuol far credere: sta sopra.

Se pensiamo a un museo sul futuro, non per questo sosteniamo che i segni del passato debbano essere ignorati. Come spiegava lo stesso Luca Pes nel convegno del 1996, non puoi parlare di urbanizzazione se non parli dei segni storici e della forma di una città: se non altro per documentare in che modo l'urbanizzazione ha fatto i conti con il passato. Lo stesso vale se si parla di acqua alta e di inondazioni: non puoi farlo se non conosci il millenario sistema idrogeologico, ed è questo per esempio che si propone di fare il Centro di documentazione sulla città contemporanea, promosso da storiAmestre e dalla municipalità Chirignago Zelarino. Per fare un ultimo esempio, se lavorassi in un museo metterei on line le foto degli altarini sopra i comò, con le immagini degli antenati collocate accanto a statue di santi protettori della famiglia (chiedendomi se ci sono differenze secondo le diverse culture e classi sociali). Questo pone domande sul passato: fai fatica a capire questi altarini se non conosci, accanto a tante altre faccende recenti e contemporanee, il culto per i Lari e per i Penati.

Post scriptum

Ai fini di una storia di un museo a Mestre sarebbe importante tracciare un bilancio dell'esperienza realizzata dal Laboratorio Mestre Novecento, curato da Giorgio Sarto, che si è concluso con la mostra *Il secolo breve della città di terraferma* (Mestre, Centro Culturale Candiani, 27 ottobre-9 dicembre 2007). Il bilancio dovrebbe prendere in esame la vasta mole dei materiali raccolti, la loro sorte dopo la fine del Laboratorio, e le linee interpretative della costruzione della città metropolitana, per le quali rinvio a G. Sarto, *Mestre Novecento. Il secolo breve della città di terraferma. Profilo delle trasformazioni urbane*, in *Mestre Novecento. Il secolo breve della città di terraferma*, a cura di E. Barbani e G. Sarto, Marsilio, Venezia 2007, pp. 17-32.

[2009]

Polvere della storia e gerarchie dell'archivistica

Chiedevo documenti del Governo austriaco, e mi portavano una busta di cartone che nessuno aveva mai aperto dal 1821 o dal 1840, anni in cui un imperial regio impiegato d'ordine l'aveva legata con uno spago. Prima scuotevo con attenzione la busta per togliere lo strato di polvere, poi mi davo da fare per sciogliere il nodo (a volte non c'era altra scelta che strappare lo spago), e alla fine andavo a lavarmi le mani, operazione che mi sarei trovato a ripetere più volte nel corso della mattina. Spesso dovevo chiedere uno straccio per togliere la patina nera sulla busta e pulire il tavolo. Da allora mi è rimasta l'abitudine, quando vado in Archivio di Stato a Venezia, di mettermi una maglia scura, meglio se di colore blu: sconsigliate camicie bianche e giacche; mentre i miei amici che studiavano il Cinquecento, ricevevano registri tirati a lucido, come se una Fata Piumetta passasse ogni notte con la cera sui settanta chilometri di scaffali nei corridoi e nelle stanze dell'ex convento dei Frari. Anche la carta dei loro documenti mi pareva diversa: quella che portavano a me sembrava si sgualcisse con un niente, mentre quella del Cinquecento mi ricordava la pergamena dei film in costume, con i paggi e le trombe.

Esagero naturalmente: ma queste sono le mie impressioni di allora. Erano i primi anni Settanta, e si capiva che l'Archivio di Stato dei Frari, dove passavo le mattine, aveva una preferenza per le carte della Serenissima, e che i documenti dopo Campoformio erano conservati (stavo per dire: subìti) solo per dovere istituzionale. Dimenticavo di aggiungere che le buste della Polizia austriaca erano andate sotto acqua nel 1966 e non si potevano toccare. Anche questo episodio confermava l'idea che nei piani bassi, soggetti alle maree, dovendo scegliere era preferibile mettere le carte prodotte dal 1797 in poi: nel dubbio, sempre le più recenti.

Del resto l'Archivio di Stato dei Frari era nato con lo scopo di raccogliere le carte della Serenissima, tanto che quando fu aperto, nel 1815, si chiamava Archivio generale veneto. È per questo scopo che venivano a consultarlo studiosi italiani ed europei. Rawdon Brown, figlio di un banchiere londinese, arrivò a Venezia nel 1833 a ventisette anni per scoprire la tomba del duca di Norfolk, di cui aveva letto in Shakespeare, e vi rimase mezzo secolo, fino alla sua morte. (L'avrà trovata la tomba? Non so.) Iniziò a studiare alla biblioteca Marciana e al Museo Correr, e dal 1851 all'Archivio di Stato ai Frari, stabilendo così la topografia e la scansione della giornata dell'erudizione storica veneziana. Con il tempo a quei luoghi deputati allo studio si sarebbe aggiunta la biblioteca Querini, mentre sarebbe scomparso l'ascolto alla sera della banda musicale austriaca in piazza San Marco, un'altra delle abitudini di Rawdon Brown. C'è da dire che, diversamente da quelli successivi, questi erano studiosi benestanti, che abitavano nei palazzi sul Canal Grande e frequentavano il Quadri o il Florian. Aggiungo che Rawdon Brown inaugurò anche un'altra delle passioni degli eruditi veneziani, e cioè l'edizione di inediti d'archivio, pubblicando l'*Itinerario* di Marin Sanudo per la terraferma veneziana nel 1483.

Fu nel 1848 che l'Archivio ai Frari ribadì la sua vocazione. Nel maggio di quell'anno Samuele Romanin inaugurò un corso di Storia veneta "come parte d'Italia", impresa resa finalmente possibile – disse – grazie alla libertà (e si riferiva all'indipendenza dal governo austriaco), oltre che ai documenti «resi aperti» e agli archivi «custoditi colla gelosia»[1]: una storia documentata insomma, come avrebbe dichiarato pochi anni dopo già dal titolo della sua opera principale. Tra parentesi, anche per lui i luoghi di studio erano l'Archivio ai Frari, la Biblioteca Marciana e la Biblioteca Correr.

Poche settimane dopo la prima lezione di Storia veneta tenuta da Romanin, il direttore dell'Archivio di Stato dei Frari, Fabio Mutinelli,

[1] S. Romanin, *Corso di storia veneta. Lezione prima letta all'Ateneo il giorno 11 maggio 1848 e pubblicata a sussidio della Cassa del Governo*, Co' Tipi di Pietro Naratovich, Venezia 1848, p. 6.

inviò una relazione al governo provvisorio con un progetto per riorganizzare l'Archivio che – scriveva – custodiva i documenti di una Repubblica che per alcuni secoli, unica in tutta Europa, «presentò ordini perfetti»[2]. Venezia – questa la sintesi della sua relazione – aveva salvaguardato dai barbari la civiltà romana: ora si trattava di distinguere gli archivi della Repubblica (827 per la precisione) dagli archivi dei governi succedutisi dopo Campoformio (che erano 442), per «separar quindi [in questi ultimi archivi] gemme da scoviglie». Scoviglia, stando al dizionario del Boerio, è la traduzione italiana di scoasse. Di qui la proposta di istituire una «Scuola di Storia dell'antica Repubblica di Venezia di Diplomazia e di Paleografia», che sarebbe stata inaugurata pochi anni dopo.

Le gemme stavano nelle carte della Repubblica di Venezia, ma qualcosa anche dopo. Mutinelli teneva infatti in grande conto i documenti del periodo napoleonico, «il cui sistema in qualsivoglia ramo di amministrazione, può servir di modello ad ogni illuminato Governo». Le leggi e le ordinanze raccolte negli archivi di quel periodo erano «madri e nutrici, abbenché rimote di que' giganteschi lanci già fatti e di quell'intellettuale sviluppo e di quel prepotente impulso a fare di che presentemente godiamo». Mutinelli pensava al Codice, all'abolizione degli istituti feudali e all'uguaglianza civile degli uomini, valutati «per la nascita, non per la classe ma per le personali loro qualità»[3].

In Archivio ai Frari molti segni di questo clima, come ho detto, si percepivano ancora negli anni Settanta. Quella che era venuta meno, non saprei dire da quando, era semmai l'ammirazione per il periodo napoleonico, ma il quadro d'insieme rimaneva quello: custodia della memoria della Serenissima e culto per la Diplomazia e la Paleografia. Tuttavia da alcuni anni qualcosa, seppur lentamente, stava cambiando. Non farò la storia dell'interesse degli archivisti e degli studiosi – a volte le stesse persone – per i fondi ottocenteschi da allora a oggi. Sarebbe una pagina da ricostruire, ma se si leggono le note sconsolate sullo stato di quei fondi alla fine del libro di Paul Ginsborg su Daniele Manin

[2] Fabio Mutinelli al Comando della guardia civica, 22 marzo 1848, in Archivio di Stato di Venezia, *Governo provvisorio 1848-49*, b. 440, n. 122.

[3] Relazione di Fabio Mutinelli, 6 giugno 1848, ivi, b. 21, n. 8031.

(*Daniele Manin e la rivoluzione veneziana del 1848*, Feltrinelli, Milano 1978, poi Einaudi, Torino 2007), si vedrà quanta strada si è fatta da allora. Da parecchi anni lo studioso dell'Ottocento – mi riferisco al periodo austriaco – trova indici e inventari ben fatti, e non solo per fondi governativi, ma anche per quelli privati, per non parlare della possibilità di consultare il Notarile. Gli uomini possono indossare camicia bianca e giacca. Quello che resta dell'impostazione ottocentesca è la separazione tra fondi prima e dopo il 1797, tanto che il grosso degli archivi del periodo successivo alla Repubblica di Venezia si trova in una sede staccata, alla Giudecca.

La sede alla Giudecca era chiusa dal 1991. Da allora le voci di prossima apertura si inseguono. Per questo l'inaugurazione della sede restaurata è un momento che molte persone – sia studiosi sia archivisti – aspettano da molto tempo. Giorni fa ho ricevuto un sms che diceva: «Riapre la Giudecca, allora dobbiamo credere nei miracoli!!!». Ricerche, accantonate per forza di cose, possono riprendere la loro strada. Aperti gli archivi giudiziari, dalle preture ai tribunali fino alla Corte d'Assise; aperti gli archivi delle carceri; disponibili i fondi post-unitari e quelli novecenteschi. Mi unisco perciò molto volentieri alle felicitazioni per questo evento, e ai ringraziamenti a chi ha reso possibile quello che c'era il rischio diventasse un'altra delle tante storie del sior Intento. Con un augurio e un consiglio. Già tanti anni fa la sezione della Giudecca era stata aperta per un po', per chiudere nuovamente. L'augurio è che questa apertura abbia una sorte diversa. Il consiglio è questo: chi non ha l'imob, meglio farlo, perché se no il traghetto alla Palanca, malgrado il nome, costa sette euri. Grazie insomma a chi ha lavorato per questo esito e a chi lo renderà possibile nel futuro, e buon lavoro a chi avrà la fortuna di fare ricerche con questi fondi «custoditi colla gelosia» e «resi aperti» nella libertà, per riprendere le parole del Quarantotto.

[2015]

Gli spazi pubblici non sono di proprietà delle giunte comunali

Mi è stato chiesto di dire due parole sugli spazi urbani a Mestre a nome di storiAmestre, per cui proverò a riflettere su che cosa è cambiato in questo campo negli ultimi trenta e passa anni di vita dell'associazione. Mi limiterò a due temi: gli spazi verdi, e gli spazi culturali. Chiuderò con un'osservazione su come è cambiato più in generale il modo in cui amministrazioni comunali e ancor più gruppi di interesse pensano e organizzano lo spazio nell'area metropolitana in cui viviamo.

1. Spazi verdi. Non comincerò da quando abitavo in Villaggio San Marco; mi basterà dire che davanti a casa nostra, al di là del Canal Salso, era tutto vuoto fino a via Torino, e al sabato pomeriggio andavamo a giocare a calcio in campetti non attrezzati, più o meno dalle parti di via Ca' Rossa. Comincio invece da quando abitavo in fondo a via Bissuola e quando potevo andavo a correre. Dove? Nei campi dove oggi sorge il quartiere Pertini. Poi, quando mi sono trasferito a Favaro prendevo invece da Dese le stradine di campagna in direzione dell'aeroporto, con fondo di monti; di per sé era tutta campagna anche dalle parti di via Pionara, dove oggi sorge l'area dei centri commerciali, ma abitando a Favaro era un posto scomodo.

Ricordo questo per dire che, quando abbiamo fondato sAm, la possibilità che Mestre avesse al proprio interno spazi verdi non necessariamente attrezzati a parco pubblico ma ad attività ortofrutticole o a campi, non era per niente campata in aria. Se denunciavamo «l'orrore del vuoto» che presiedeva all'esistenza di Mestre (o, per dirla in modo ironico, alla fede nella sua esistenza), era perché pensavamo di poter far qualcosa per cambiare le cose.

Nella seconda metà degli anni Ottanta l'epoca delle casette autocostruite il sabato e la domenica su minuscoli lotti era finita, era finito anche il periodo dei quartieri popolari, mentre continuavano a costruire le ultime cooperative edilizie[1]. Insomma, un intervento pubblico era possibile. È stata molto importante la scelta di assicurare parchi alla città (Bissuola, Hayez, Albanese, e ultimo San Giuliano), anche se non soprattutto per la socialità che promuovono. Tuttavia ho sempre avuto l'impressione che i parchi siano una moneta di scambio, quasi un modo per dire: noi vi diamo un parco, voi dateci mano libera sul resto. E infatti gli spazi verdi che ho ricordato sono cementificati. Il che ci suggerisce di non lasciarci abbacinare da quella che chiamiamo politica, ma invece chiederci: chi comanda sulla città? quali insieme di interessi la governano? E poi: chi ha proposto e deciso? dove se n'è discusso? Insomma per capirne qualcosa dobbiamo guardare ai dati opachi e non a quelli strillati nei giornali e nelle discussioni politiche solo apparentemente pubbliche, che devono essere trattati per quello che sono, e cioè attività di marketing.

Veniamo all'oggi e al futuro. Ci sono ancora possibilità concrete di applicare quell'idea di quel *continuum* urbano-rurale che può contrastare l'impoverimento della vita delle metropoli? Sì, è ancora possibile, in primo luogo qui vicino a dove ci troviamo. La Festa di San Martino a forte Mezzacapo dimostra infatti l'esistenza di una realtà ortofrutticola tuttora viva.

In una prospettiva più generale, resta aperta la salvaguardia delle aree attorno all'aeroporto, minacciate dal progetto del Quadrante di Tessera, e attorno a Dolo, interessato dal progetto di Veneto City, e c'è tutto un rammendo territoriale da curare, un impegno in cui molte associazioni si sono prese a cuore. Dopo l'alluvione del 2007 storiAmestre ha istituito un gruppo di lavoro sul Marzenego, dalle risorgive alla laguna: il sito <ilfiumemarzenego.it>, e alcune pubblicazioni che abbiamo prodotto, a cominciare da *Acque alte a Mestre e dintorni*, credo possano essere utili per l'intervento paziente che ci aspetta.

[1] Si veda C. Zanlorenzi, *Casette operaie. un esempio di autocostruzione a Zelarino (1957-1963)*, appendice a Beretta, *Fare ordine nella città metropolitana*, cit., pp. 128-158, con mappe e fotografie.

2. Dove è possibile organizzare oggi un incontro pubblico come questo a cui partecipiamo oggi? Prima di costituire ufficialmente storiAmestre, dal 1986 al 1988, ci trovavamo nell'allora Teatro alla Bissuola, e lì abbiamo tenuto il primo convegno. Avevamo la sede in Corte del Castello, a ridosso della Torre, una location curiosa per un'associazione che privilegiava la storia dei quartieri e delle periferie, se non fosse che la condividevamo con il Mce, come da allora abbiamo continuato a fare (ora siamo in via Ciardi, alla Cipressina).

Ecco, allora esistevano i Quartieri, con le proprie strutture amministrative. Anni dopo le circoscrizioni vennero ridisegnate e denominate municipalità. Per scegliere in quale sala incontrarci e promuovere un incontro pubblico c'erano molte possibilità. All'inizio l'uso era gratuito, in seguito a pagamento ma con tariffe accessibili anche ad associazioni che come noi vivono delle quote di tesseramento dei soci. Negli anni abbiamo quindi utilizzato la sala del Consiglio di Quartiere di via Sernaglia, la sala del Municipio di Mestre, il teatro Lipiello alla Cipressina, l'edificio di via Tiepolo e la sala del Consiglio della Municipalità di Zelarino Chirignago, le biblioteche di Marghera e di Mestre, l'emeroteca di via Poerio, la sede degli Itinerari educativi alla ex scuola De Amicis o in via Portara (l'ultima volta alle ex scuole Roncalli in viale San Marco), la saletta o la sala grande del Centro Candiani. Vado a memoria, di sicuro dimentico qualcosa. Le domande, che poi avevano la forma di poco più di una comunicazione, andavano presentate direttamente alla sede che di volta in volta ci ospitava.

Non sono mancati tentativi di controllare l'uso degli spazi pubblici. Nel maggio 1991 per esempio scrissi a nome di storiAmestre una lettera ai giornali cittadini per contrastare il progetto di far pagare gli spazi per iniziative a cui il Comune stesso o il Consiglio di Quartiere non avessero dato il patrocinio. Nella mia lettera (che avevo dimenticato e che ho ritrovato di recente cercando un documento nell'archivio dell'associazione) scrivevo che il progetto avrebbe penalizzato le associazioni come storiAmestre che non avevano finanziamenti pubblici; in secondo luogo il progetto avrebbe avuto come conseguenza «di diminuire la libertà su cui si fonda l'associazionismo e di concedere ancora di più gli spazi pubblici ai partiti».

Non è stata l'unica volta in cui ho sbagliato le previsioni. Gli spazi pubblici non erano destinati ai partiti (che allora tentavano di fagocitare la società civile, ma di lì a poco sarebbero scomparsi), ma ai privati. Faccio l'esempio più noto. Quando abbiamo fondato storiAmestre c'era un unanime accordo che l'ex distretto militare di via Poerio sarebbe stato assegnato alle associazioni per un museo cittadino. Nei primi anni Ottanta per esempio alcuni studenti coordinati da Giorgio Sarto e dall'équipe dei docenti che insegnavano nel corso sperimentale dell'Istituto per Geometri G. Massari di Mestre (si trattava del corso del triennio 1980-1983) realizzarono il rilievo degli spazi dell'ex distretto, proponendo sala per sala il contenuto di quello che chiamavano Museo di Mestre.

Nel 1996 la rivista «Altrochemestre» pubblicò due proposte di storiAmestre, sotto il titolo *Musei*, relative a un «Museo del Novecento» e un «Museo delle Fortificazioni»[2]; nello stesso anno l'associazione promosse un convegno dal titolo *Un museo a Mestre? Per un museo del Novecento*, riprendendo in mano il progetto dell'Istituto Massari, e pubblicandone poi il rilievo nel libro degli atti usciti l'anno dopo[3].

Cosa sia successo lo sappiamo. L'ex distretto è passato in mano a una fondazione privata, e l'ex scuola De Amicis, che a un certo punto era stata fatta balenare alle associazioni come il classico contentino in cambio della perdita dello spazio in via Poerio, è in abbandono e nessuno ha saputo dirmi che fine farà.

Di tutti gli spazi pubblici che le associazioni culturali hanno utilizzato negli ultimi trent'anni, in pratica oggi ne sono rimaste a Mestre solo un paio: il Centro Candiani e la Biblioteca civica. Una volta abolite le municipalità, gli spazi che queste gestivano non possono più funzionare. Ma come si fa per poter utilizzare uno spazio pubblico? L'associazione fa una domanda, che viene vagliata prima dall'assessore al Turismo e in seconda battuta dal capo di Gabinetto; la risposta positiva si accompagna alla co-organizzazione, il che evita il pagamento dei canoni per le locandine o per occupazione del suolo pubblico; in questo caso l'associazione riceve un logo, composto dal *Leon moéca* simbolo

[2] Si veda storiAmestre, *Musei*, in «Altrochemestre. Documentazione e storia del tempo presente», 4, primavera 1996, pp. 56-57.

[3] *Un museo a Mestre?*, cit.

del Comune e dalla scritta «Le Città in Festa» (il plurale non è un refuso mio), che dovrà a sua volta inserire nella locandina. In altre parole esiste un'unica cornice (un format, per dirlo con le parole delle delibere) in cui vanno inserite tutte le iniziative (gli eventi, per rimanere nel nuovo lessico). Questa cornice che in sostanza è un calendario, si chiama, non chiedetemi perché, «Le città in Festa» o «Città in Festa» (interessante anche l'oscillazione tra l'idea di una o di due città). Quando, in vista di questo incontro, mi sono documentato sull'iter pensavo di aver capito male, ma mi è stato confermato che è proprio così: prima l'assessore al Turismo e poi il capo di Gabinetto. E così mi sono accorto dell'istituzione di un «Settore Programmazione e Gestione degli Eventi e Tutela delle Tradizioni», all'interno di una «Direzione Sviluppo, Promozione della Città e Tutela delle Tradizioni».

Certo, metti di voler evitare il timbro, un'associazione può sempre chiedere uno spazio comunale e pagarlo. Quanto paga allora? Per poter svolgere nella sala conferenze del Candiani un'iniziativa che non risponda «ai requisiti delle linee programmatiche del Centro pubblicate sul sito»[4] (niente di più facile, nel caso nostro, visto che non contemplano la Storia), si paga tra i 350 e i 450 euri. Ora, noi di storiAmestre non vogliamo e non possiamo permettercelo.

Ma, al di là di questo, le iniziative di storiAmestre rispondono ovviamente alle linee programmatiche dell'associazione pubblicate nel proprio sito, in regola con la Costituzione e la buona creanza: perché, per poter utilizzare uno spazio pubblico, dovrebbero rispondere alle linee programmatiche decise di volta in volta da un ufficio comunale?

Si sa che le trasformazioni del sentire comune vengono accettate in modo irriflesso perché sono opera del tempo e del vocabolario. Nel nostro caso, nelle delibere del Comune di Venezia si parla di «promozione turistica e culturale». Non sarebbe meglio dire: turistica o culturale? E poi perché tutto deve trasformarsi in un «evento»? Tutto questo ricorda un ufficio di censura, perché stabilisce che gli spazi pubblici vengono graziosamente concessi a condizioni decise

[4] Si veda *Centro Culturale Candiani: «Linee programmatiche 2017-2020»*, online <https://www.comune.venezia.it/it/content/centro-culturale-candiani-lineeprogrammatiche-2017-2020> (pagina non più disponibile, 13 ottobre 2023).

dall'assessore al Turismo e dal dirigente più alto in grado che risponde unicamente al sindaco.

Il Circolo Unione Atei Agnostici Razionalisti di Venezia (UAAR) ha denunciato più volte di essere sistematicamente escluso dall'utilizzo degli spazi destinati a «Le città in festa». Anche il contesto è importante: c'è un Ufficio Tutela delle Tradizioni che stabilisce che cosa è tradizionale. Senza dire che l'invito a festeggiare può suonare grottesco se, come è successo a sAm e all'associazione Dalla guerra alla pace, viene scoperta a forte Mezzacapo una targa per ricordare un giovane soldato di Trivignano fucilato senza processo nei giorni della ritirata di Caporetto. In quell'occasione decidemmo perciò di rifiutare la co-organizzazione e la conseguente cornice, e di promuovere un'iniziativa autonoma: vi aderirono, oltre alla Municipalità Chirignago Zelarino (peraltro già formalmente abolita) altre associazioni che sono qui presenti[5].

Questa situazione può far riscoprire il gusto dell'autonomia. Il Negozio Piave 67 a Mestre o l'Ateneo degli Imperfetti a Marghera, con cui collaboriamo, ne sono un buon esempio, per non dire delle associazioni qui presenti. Questo però non può significare acquiescenza verso una politica di chiusura degli spazi e di privatizzazione di quelli esistenti. Credo che su questo le associazioni debbano protestare in nome della libertà di espressione e di associazione, e per ribadire che gli spazi pubblici non sono di proprietà delle giunte comunali.

3. Per finire, una breve riflessione per rispondere alla domanda: come si chiama e che cosa definisce lo spazio urbano in cui viviamo? Quando è nata storiAmestre, esisteva una città di terraferma suddivisa in quartieri. L'apprendistato politico si faceva nel proprio quartiere. Quartieri dormitorio? Sì, se si intende che gli uomini lavoravano a Porto Marghera e dormivano nel bacino di reclutamento della manodopera raggiungibile in bici o in treno. No, se si vuol dire mancanza di una vita associata.

E oggi? Le aree in terraferma in grande e rapidissima espansione, ormai fuori controllo, mi sembrano due: l'aeroporto di Tessera e la stazione di Mestre.

[5] Si veda *Per Arnaldo Checchin*, alle pp. 119-124.

Dell'aeroporto sappiamo; ma anche tutta la zona tra la fine di via Piave e via Ca' Marcello assomiglia a un enorme check-in, con un flusso continuo di persone che si tirano dietro trolley da e per Venezia. Lo spazio non è pensato per residenti. Avete mai provato a portare o andare a prendere qualcuno in macchina alla stazione di Mestre? Potendo, si fa prima a usare la stazione di Mogliano o di Maerne. E che dire del più che prevedibile caos nei trasporti tra Mestre, in particolare dall'area della stazione, a piazzale Roma a Venezia?

Nel 1926 il Comune di Mestre venne assorbito da quello di Venezia, ma l'unificazione non è che si sia proprio ben realizzata. Solo oggi sembra concretizzarsi compiutamente quello che mai era successo da allora, e cioè per la prima volta Mestre è assorbita da Venezia. Una città dormitorio? Sì, non più di lavoratori ma di turisti. Paradossale che questo avvenga quando Venezia non è più una città pensata per residenti. Possiamo discutere se e in che misura Mestre sia entrata finalmente a far parte della Grande Venezia sognata da Volpi, ma per guardare al futuro conviene piuttosto pensare a un'altra tappa nella costituzione di quella nuova entità che molti chiamano Veniceland. In altre parole questo processo di unificazione tra Mestre e Venezia, in nome della speculazione edilizia e della monocultura turistica, danneggia entrambe.

Chi ha pensato a M9 dichiara che il museo potrebbe essere ovunque. Vero, ma sarebbe da aggiungere: ovunque ci siano flussi turistici da intercettare. Per questo M9 non si trova a Mestre, ma a Veniceland. Il fenomeno è chiaro, basta fare una ricerca di Airbnb a Mestre e a Marghera. Le conseguenze sono altrettanto chiare: ed è su questo che dobbiamo riflettere e intervenire.

[2019]

Gita fuori porta per la Pedemontana Veneta

Domande di un cittadino perplesso (2016)

Nei progetti presentati nel 2003 la Pedemontana Veneta parte dall'autostrada Torino-Trieste (A4) presso il casello di Montecchio Maggiore e termina a Spresiano in corrispondenza della Mestre-Belluno (A27), per un percorso di circa 94,5 chilometri, di cui il 70% «in trincea», con 9 viadotti e 15 km di tunnel. La conclusione dei lavori, inizialmente fissata al 31 gennaio 2016, è slittata al 12 dicembre 2018. Nel tempo ci sono stati ripensamenti e continue oscillazioni fra l'idea di una superstrada e quella di un'autostrada, cosa che ha prodotto «la soluzione ibrida di una superstrada a pagamento, con caratteristiche autostradali». Così almeno la definisce la Corte dei conti nella Deliberazione *La superstrada a pedaggio «Pedemontana Veneta»*, del 30 dicembre 2015.

Ho letto le 171 pagine del documento con crescente incredulità, scoprendo aggiramento delle regole, sprechi, conflitti di interesse, sperpero del denaro pubblico, mancanza di trasparenza e di pubblicità degli atti a cominciare dalla segretezza della convenzione, nessuna ricerca di confronto con Comuni e cittadini se non dopo che questi ultimi sono ricorsi alla via giudiziaria, assenza di progettazione iniziale con continui aggiustamenti e continue nuove spese, distruzione irreversibile del territorio, esclusione di soluzioni più economiche e più rispettose dell'ambiente pur di favorire il profitto di privati tramite riscossione di pedaggi.

Ci sono stati ricorsi, esposti, critiche, denunce, pareri di istituzioni e attività di comitati, ma le procedure burocratiche sono andate avanti come niente fosse nelle due Giunte regionali presiedute prima da Galan (1995-2010) e poi da Zaia (dal 2010 a oggi).

Interessante tra l'altro è stato scoprire come una Regione che ufficialmente utilizza una retorica anti-romana ricorra al governo nazionale ogniqualvolta ne abbia bisogno per manipolare le procedure in merito a questioni legate al proprio territorio, al fine di evitare il confronto con Enti locali e cittadini.

Ho voluto fare un riassuntino del documento, con domande e risposte. Le domande sono quelle di un cittadino che tende a credere a quello che ufficialmente gli dicono; le risposte sono quelle della Corte dei conti, riprese alla lettera (salvo interventi di taglio e di sintesi), cosa che spiega certi tecnicismi e il linguaggio sorvegliato.

Chi legge trarrà come si dice le proprie conclusioni. Per quanto mi riguarda, almeno fin dalla vicenda giudiziaria del Mose, ogniqualvolta sento l'espressione «paroni a casa nostra» penso che si tratti di una buona definizione della Regione Veneto. Quanti stanno al governo della Regione non saranno gli unici padroni in casa nostra, ma senz'altro ne fanno parte, e la vicenda della Pedemontana lo conferma.

Gli inizi

Il 30 dicembre 2003 la Società Pedemontana Veneta spa. presenta un progetto alla Regione per la realizzazione e la gestione di un'autostrada nella tratta compresa tra la A31 e la A27. Un mese dopo la Regione affida la realizzazione dell'opera alla medesima società. Perché proprio a quella società?

Perché fu l'unica a presentarsi dopo l'avviso pubblico.

Quali costi spettavano alla Regione?

La Regione doveva anticipare una somma in conto capitale, e s'impegnava inoltre a concedere per trent'anni in conto di gestione un contributo integrativo in caso di traffico inferiore a una data soglia (e quindi in caso di bassi ricavi dal pedaggio).

Saranno state fatte stime del traffico quindi.

Certo, società e Regione fecero ciascuna le proprie stime.

E che cosa risultò?

Risultò che la Società stimò un traffico compreso fra i 13 e i 30.000 veicoli al giorno, mentre la Regione stimò un flusso superiore, gonfiando le previsioni di traffico..

Che effetto ebbe questa disparità nelle previsioni?

Il risultato fu che ipotizzando rilevanti flussi di ricavi da pedaggio, la Regione dimostrò la sostenibilità finanziaria dell'opera, e quindi sottostimò l'indebitamento a cui essa stessa poteva andare incontro; insomma le cifre proposte dalla Regione resero più facile l'approvazione della proposta.

La Regione iscrisse a bilancio il debito futuro?

No, perché dichiarò una stima di un flusso di traffico pari alla soglia massima e quindi escluse la necessità di un intervento pubblico.

Come si possono definire le previsioni di traffico della Regione?

Ottimistiche, in netto contrasto con la progressiva tendenza alla diminuzione della circolazione autostradale in Italia a partire dal 2007.

La dichiarazione di stato di emergenza e il commissariamento

Fu fatto uno studio di impatto ambientale, immagino.

Certo, la Regione lo fece fare già nel gennaio 2005.

E a chi lo fece redigere?

Alla stessa Società Pedemontana Veneta spa.

Ci sarà stato un parere della Commissione regionale Via (Valutazione impatto ambientale).

Certo, la Commissione dichiarò che il tracciato appariva poco accessibile alla rete locale, soprattutto nel tratto tra Montebelluna e Villorba, e lo dichiarò «in contrasto con gli obiettivi del progetto stesso».

E il passo successivo?

La Regione depositò regolarmente il progetto presso i Ministeri e le Istituzioni competenti, che produssero le loro osservazioni.

Quindi ci sarà stato il parere della Commissione speciale di Valutazione di impatto ambientale.

Certo, la Commissione speciale condizionò il parere di compatibilità a trentaquattro prescrizioni, e nel parere dichiarò che l'intera Valutazione di impatto ambientale manifestava «gravi lacune istruttorie», per concludere che «la soluzione proposta deve, comunque, essere maggiormente indirizzata a prevedere il massimo rispetto dei valori identificativi tutt'ora integri del territorio interessato».

Il progetto avrà naturalmente tenuto conto delle prescrizioni?

No, perché un decreto del presidente del Consiglio dei ministri del 31 luglio 2009 [governo Berlusconi IV] dichiarò lo stato di emergenza nel settore del traffico e della mobilità nel territorio dei Comuni di Treviso e Vicenza fino al 31 luglio 2010, termine che è stato via via prorogato fino a oggi, sempre su richiesta della Regione.

Stato di emergenza nel settore del traffico per le sole province di Treviso e Vicenza?

Esattamente, solo per le province interessate dalla Pedemontana veneta.

E da che cosa era causata l'emergenza?

Secondo l'ordinanza del presidente del Consiglio dei ministri del 15 agosto 2009 nelle due province esisteva «un rilevante pericolo per la salute fisica e psichica dei cittadini, nonché per la sicurezza stradale».

E quindi?

Stato di emergenza, e quindi procedure di emergenza.

In pratica?

In pratica la stessa ordinanza de 15 agosto 2009 nominò un «commissario delegato per l'emergenza determinatasi nel settore del traffico e della mobilità nell'area interessata dalla realizzazione della Superstrada a pedaggio Pedemontana Veneta». (Vedi: <http://www.commissariopedemontana.it/commissariopedemontana/commissario_delegato.jsp>.)

Quali compiti aveva il commissario?

Aveva il compito di provvedere «al compimento di tutte le iniziative finalizzate alla sollecita realizzazione delle opere» e di «adottare, in sostituzione dei soggetti competenti in via ordinaria, gli atti e i provvedimenti occorrenti alla urgente realizzazione delle opere [...] anche in deroga alle previsioni della delibera CIPE di approvazione del progetto preliminare». (Vedi: <http://www.commissariopedemontana.it/commissariopedemontana/commissario_delegato.jsp>.)

In altre parole?

In altre parole il commissario assomma in sé tutte le funzioni concernenti l'opera, e agisce con procedure semplificate.

In deroga quindi?

In deroga alla legislazione vigente, inclusa la legge obiettivo, che già rappresenta una modalità eccezionale e semplificata di realizzazione delle opere.

Quindi niente più prescrizioni del Cipe.

Nessuna prescrizione da osservare.

La figura del commissario era una novità?

No, analoga scelta era stata fatta per il Passante di Mestre, che perciò ha inaugurato una prassi nuova [2003, Governo Berlusconi].

Ma si può parlare di urgenza e di indifferibilità in materia di traffico e di viabilità?

No, si tratta di situazioni ampiamente prevedibili e risolvibili con interventi modulabili nel tempo.

Commissariamento e Regione Veneto

Ma il commissario non dovrebbe avere un incarico limitato nel tempo?
Sì, secondo la legge di riforma della protezione civile del 1992 la durata del commissario ha una scadenza, ma il d.l. 20 giugno 2012, n. 79 (governo Monti) esentò dalla limitazione temporale le gestioni commissariali stradali, per cui il commissario ha potuto essere riconfermato sino al 31 dicembre 2016.

Chi ha chiesto il commissariamento?
La Regione Veneto.

Quindi la Regione Veneto ha preferito privarsi delle sue competenze istituzionali?
Apparentemente sì, la Regione è stata esautorata.

Perché apparentemente?
Perché la scelta del commissario è caduta su un funzionario della stessa Regione.

Curriculum del commissario?
Era stato il presidente della Commissione regionale Via che ha approvato il progetto.

Altro?
Ha cumulato l'incarico di segretario alle infrastrutture della Regione, di amministratore delegato di Veneto Strade s.p.a. e di vicepresidente del Nucleo di valutazione e di verifica degli investimenti pubblici.

Altri incarichi nella Regione Veneto?
Già commissario per la Pedemontana, è stato nominato anche commissario straordinario alla riforma del settore trasporti della Regione.

Conflitti di interesse?
La Commissione europea aprì un procedimento su un'ipotesi di conflitto di interesse tra il ruolo di valutatore e valutato, ma la Regione

Veneto rispose assicurando espressamente che «non è stata rinvenuta alcuna ipotesi di incompatibilità».

E per esempio gli indennizzi dei terreni da chi sono stato decisi?

La delibera fu vistata dal commissario responsabile unico del procedimento anche in qualità di segretario regionale per le infrastrutture.

Come si può definire questa situazione?

Duplicità di funzioni in capo agli stessi soggetti.

Ma non dovrebbe esserci incompatibilità?

Per il commissario e per la Regione no.

Costi della struttura commissariale

La struttura commissariale comporta dei costi per le finanze pubbliche?

Sì, costi rilevanti. Si pensi per esempio all'assicurazione per responsabilità civile del commissario, per la locazione della sede, per la partecipazione a eventi fieristici, per la difesa erariale nei numerosi contenziosi (1,8 milioni di euro dal 2010 al 2014 secondo le dichiarazioni del commissario).

Che costi ha dichiarato la Regione?

La Regione ha dichiarato costi di gestione (2005-2014) per quasi 3 milioni e mezzo (€ 3.487.896,619), per voci che comprendono il Comitato tecnico scientifico, i consulenti, incarichi di service, logistica e gestione ordinaria.

Consulenti?

Sì, consulenti esterni.

Come sono nominati?

Le nomine sono *intuitu personae*.

Cioè discrezionali?

Diciamo senza selezione, e reiterate anno per anno.

Che cosa suscita questo genere di nomine?
Suscita perplessità.

Altre spese?
Per esempio le spese per il personale in distacco o comando dalla Regione, dalla Provincia di Venezia e da Veneto Strade s.p.a. che fruiscono di una deroga al principio dell'onnicomprensività della retribuzione. In totale hanno superato, alla fine del 2014, 1 milione e 100.000 euro.

La convenzione

La convenzione è stata resa pubblica?
No, la convenzione è stata dichiarata segreta, e la pubblicità negata.

Che cosa prevedeva?
Nella formulazione originaria (2009) la convenzione prevedeva un contributo pubblico in conto capitale di 173 milioni e uno in conto esercizio variabile in funzione dei flussi di traffico per trentanove anni, per un importo massimo di 436 milioni; nel 2013 ci furono alcuni cambiamenti: a) il contributo pubblico in conto capitale fu aumentato a 614 milioni, b) il contributo in conto esercizio divenne più favorevole al concessionario per le modalità di erogazione e di conguaglio, c) il sistema delle esenzioni concesse per il traffico residente locale divenne più restrittivo.

In altre parole a chi spettano i rischi di mercato?
Al pubblico.

In che modo?
Secondo l'art. 8 della convenzione, nell'ipotesi di traffico inferiore a quello previsto, il concedente potrebbe assicurare il mantenimento dell'equilibrio economico-finanziario con l'aumento del contributo pubblico.

È previsto il caso che il concessionario possa esercitare un diritto di recesso?
Sì, è previsto da una clausola, ma in questo caso gli spetta un in-

dennizzo pari al 10 per cento dei ricavi previsto per i 39 anni di concessione.

Come si può definirla?

Una clausola di favore.

C'era nella convenzione originaria?

No, è stata inserita appositamente con l'atto aggiuntivo sottoscritto in data 18 dicembre 2013.

Costi di realizzazione e contributo pubblico

A quanto ammontano i costi di realizzazione? Sono aumentati nel corso degli anni?

Nello studio di fattibilità del 2003 (seppure con riferimento a una soluzione progettuale diversa, senza oneri capitalizzati e Iva) il costo veniva valutato sotto il miliardo di euro; oggi ha superato, con gli oneri capitalizzati, i 3 miliardi.

Motivi?

Tra i tanti motivi, le procedure d'urgenza hanno escluso un confronto fra i soggetti coinvolti (enti locali e cittadini) attorno a un progetto ben definito, per cui l'unico modo in cui i Comuni potevano intervenire è stata una serie di ricorsi in via giudiziaria che hanno portato a opere compensative (che avrebbero dovuto essere presenti nel progetto preliminare).

La viabilità di raccordo con la Pedemontana è inclusa nel progetto e quindi nel costo dell'opera?

La viabilità di raccordo non è inclusa nel progetto, perciò serviranno altri soldi pubblici.

Chi ha pagato finora i costi?

Soprattutto il contributo pubblico.

E il capitale privato?
In gran parte ancora non è disponibile.

Tutto ciò in regola con il tipo di iniziativa avviata?
No, ciò è in contraddizione con le finalità del ricorso al partenariato pubblico-privato.

Questo che cosa suscita?
Suscita preoccupazione.

Ma l'opera si può sostenere finanziariamente?
La sostenibilità finanziaria è incerta. Insufficienti flussi di cassa generati da scarso traffico potranno richiedere ulteriori esborsi pubblici.

E le opere di viabilità di raccordo chieste da molti Comuni?
Non sono incluse nel progetto e quindi non sono incluse nel costo complessivo.

Chi le pagherà?
Ulteriori fondi pubblici.

In definiva a chi conviene la convenzione?
La convenzione presenta condizioni di notevole convenienza per il concessionario, mentre ricadono molti rischi sul concedente.

In altre parole su chi ricade il rischio?
Il rischio risulta sbilanciato a sfavore della parte pubblica.

Pubblico e privato

Che ruolo ha la Regione concedente nella direzione dei lavori?
Nessuno.

Chi ha nominato il direttore dei lavori?
Il concessionario (ma il direttore dei lavori nominato da quest'ultimo è stato tratto in arresto agli inizi del 2015 per altre vicende).

E le attività di monitoraggio ambientale?

A carico del concessionario.

A che punto sono?

Il Ministero dell'Ambiente lamenta la pratica impossibilità di procedere all'attività di monitoraggio ambientale; e il comandante regionale del Veneto del Corpo forestale dello Stato il 28 ottobre 2014 ha ritenuto insufficienti i sistemi attuali di controllo, e giudicato gli organi ordinari poco efficaci nel monitorare lavori di movimentazione di milioni di metri cubi di terra in un territorio molto industrializzato e quindi, per sua stessa natura, produttore di rifiuti.

I collaudi verranno senz'altro fatti.

Sì, regolarmente.

A chi sono affidati?

Spetta al concessionario scegliere i collaboratori e a pagarli.

È normale?

No, è contrario alla legge; l'attività di collaudo non spetta infatti all'impresa appaltatrice dei lavori, ma è attività del committente, per l'accertamento della conformità dell'opera eseguita alle pattuizioni contrattuali e alle regole dell'arte, e per la conseguente presa in consegna dell'opera.

Rapporti con il territorio

Come hanno reagito i Comuni interessati dalla Pedemontana?

Secondo alcuni Comuni, talune scelte soddisfano l'interesse del gestore dell'opera a far sì che la superstrada intercetti il maggior flusso possibile di vetture a pagamento, a discapito del consumo di territorio e delle condizioni ambientali e di vivibilità, con pregiudizio per la viabilità ordinaria e a esclusivo vantaggio dei ricavi del gestore.

Esempi?

Il Comune di Breganze ha osservato che un semplice allargamento della strada provinciale 111 tra Breganze e Nove-Bassano del Grappa comporterebbe un'ipotesi di riduzione dei costi di oltre centocinquanta milioni di euro per la sola tratta da Rosà a Breganze e un risparmio di oltre un milione di metri quadrati di prezioso territorio agricolo.

E come risponde il commissario?
Che non si può fare.

Motivo?
In una lettera alla Regione il commissario ha spiegato che una strada a traffico libero comporterebbe «una conseguente, significativa riduzione del traffico transitabile sulla superstrada» a pagamento, e questo obbligherebbe la Regione a rifondere i minori introiti del concessionario.

Un altro esempio?
Il Comune di Mussolente ha chiesto al commissario di sopprimere lo svincolo Loria-Mussolente, con un risparmio per la Regione del Veneto di svariati milioni di euro.

Risposta?
Risposta – solo a voce e negativa – è stato che il contratto di project non lo permette.

Conclusioni

Quali, in sintesi i caratteri della Pedemontana?
«La trentennale vicenda della Pedemontana veneta – conclude testualmente la Corte dei conti – è stata caratterizzata da: a) iniziativa pressoché esclusiva dei privati nella progettazione ed esecuzione dell'opera; b) ripetuti ripensamenti sulla modalità di realizzazione, con la soluzione finale ibrida di una superstrada a pagamento con caratteristiche autostradali; c) rilevanti contenziosi dei soggetti coinvolti, sia pubblici che privati; d) significativa lievitazione dei costi per ogni ridefinizione progettuale; e) costante aumento del contributo pubblico».

Nuovi interventi della Corte dei conti (2016)

Nell'adunanza del 6 ottobre 2016 la Corte dei conti ritenne «insoddisfacenti» le risposte delle Amministrazioni che aveva dovuto sollecitare l'11 luglio 2016. In particolare la Corte lamentò che le risposte nella maggior parte dei casi ignoravano i rilievi specifici; quando c'erano, erano comunque «carenti».

Alla richiesta di precisare i controlli effettuati sull'opera, il Dipartimento della Protezione civile aveva risposto che si stava provvedendo; la Regione era invece dell'opinione che «il ruolo regionale non possa configurarsi come un vero procedimento di controllo sull'esecuzione dell'opera, che spetta ai competenti ministeri, ma debba limitarsi ad un controllo di tipo diffuso».

Alla domanda se fossero stati definiti i costi per la viabilità di raccordo, il commissario aveva risposto che «non vi sono elementi di novità».

Alla domanda infine sull'effettiva disponibilità dei finanziamenti privati, le risposte, riassume la Corte dei conti, confermavano che gli oneri finanziari finora affrontati «nella quasi totalità» sono pubblici («contro i principi ispiratori della finanza di progetto»). Non solo, nel frattempo il concessionario (la Società Superstrada Veneta, subentrata nel 2011 alla Società Pedemontana Veneta) aveva dichiarato che senza l'intervento della Cassa depositi e prestiti (Ministero dell'Economia) la finanziabilità dell'opera «sarebbe definitivamente compromessa, con la necessità di interrompere immediatamente la costruzione», e lo stesso commissario aveva sollecitato l'intervento della Cassa depositi e prestiti; quest'ultima aveva dichiarato però che le stime di traffico «sono ampiamente inferiori a quelle poste a base del piano contrattuale», e che di conseguenza i costi per Regione Veneto e Ministero dell'Economia sarebbero «troppo onerosi».

L'11 novembre venne resa nota la Deliberazione della Corte dei conti, *Lo stato di realizzazione della superstrada a pedaggio Pedemontana veneta, 9 novembre 2016*, che ribadisce i rilievi fatti in precedenza: «l'estrema lentezza dell'iter dell'opera; i costi della struttura commissariale che si sovrappongono a quelli degli organi ordinariamente deputati alle stesse funzioni; le carenze progettuali; la portata di alcune clausole della convenzione; le difficoltà inerenti all'esecuzione dell'opera; la determinazione del computo degli espropri; l'esistenza di clausole contrattuali particolarmente favorevoli al concessionario; gli oneri e le penali e la loro rilevanza per i bilanci pubblici; le problematiche di ordine ambientale rilevate dal Ministero competente».

Colpisce soprattutto il tono dell'allarme sul futuro stesso dell'opera in mancanza del finanziamento privato, anche perché la Regione non ha ancora chiarito che cosa accadrà alla scadenza del commissario alla fine del 2016. Dinnanzi alla richiesta di un intervento della Cassa depositi e prestiti, la Corte torna a sollecitare «il perfezionamento del finanziamento di parte privata», esclude nuovi stanziamenti pubblici e ribadisce: «Il ricorso al partenariato pubblico-privato non solo non ha portato i vantaggi ritenuti suoi propri, ma ha reso precaria ed incerta la fattibilità dell'opera stessa».

Nuova convenzione (2017)

Alla fine del 2016, scaduto il regime di emergenza, la Regione si trovò a operare con una gestione ordinaria. Finanziatori privati, nessuno. I contratti obbligavano la Regione comunque a pagare per anni e anni, sia che continuasse sia che abbandonasse l'opera. Aprire una nuova gara? Recedere avrebbe comportato comunque costi e penali. Si noti che il contratto capestro del 2013 era stato concluso dalla stessa Regione, anzi dalla medesima Giunta.

La Società concessionaria avanzò questa proposta: la società manteneva l'incarico; i proventi del pedaggio andavano alla Regione; il canone di disponibilità a carico della Regione, fissato in 29 milioni l'anno per 15 anni, veniva eliminato e sostituito con uno parametrato ai ricavi da pedaggio previsti da un nuovo studio del traffico. L'Avvocatura distrettuale dello Stato fece sapere che la proposta «non era da considerarsi una modifica sostanziale» (come ci si aspettava date le richieste della Corte dei conti), in quanto continuava ad accollare costi e rischi alla Regione.

Incurante delle osservazioni dell'Avvocatura distrettuale dello Stato, il 29 maggio 2017 la Regione stipulò una nuova convenzione con la vecchia società (senza nuova gara), che riprendeva la proposta della medesima società, e precisamente alle seguenti condizioni:

1. la conclusione dei lavori veniva prorogata ulteriormente, fino alla fine di settembre 2020;
2. la Regione aumentava il contributo in conto costruzione da circa 615 milioni a circa 915;
3. sempre la Regione stipulava un mutuo di 300 milioni con la Cassa Depositi e Prestiti (gli interessi da pagare venivano valutati in più di 150 milioni);
4. la riscossione dei pedaggi passava dal Concessionario alla Regione;
5. in cambio della rinuncia ai pedaggi, la Regione s'impegnava a remunerare il Concessionario con un canone annuo («canone di disponibilità») calcolato sulla base delle entrate derivanti dai ricavi da pedaggio previsti nel nuovo studio di traffico commissionato dalla Regione Veneto: il canone, individuato in quasi 154 milioni + Iva per il 2020, si sarebbe aggiornato automaticamente sia per adeguarsi all'inflazione, sia in caso di aumento del traffico (la diminuzione non era prevista);
6. il Concessionario si impegnava a effettuare il *closing* finanziario, cioè a reperire fondi privati, entro il 29 gennaio 2018.

Chiamata a esprimersi sulla nuova convenzione, l'Anac, con delibera n. 1202 del 22 novembre 2017, dichiarò di vedere con favore il ritorno alla gestione ordinaria (richiamando due sentenze con cui il Tar del Lazio aveva dichiarato illegittima la dichiarazione dello stato di emergenza per una questione come il traffico stradale). Tuttavia – osservava l'Anac – il commissariamento non solo non aveva garantito «il perseguimento di quell'interesse pubblico» che lo stato di emergenza avrebbe dovuto risolvere, ma aveva utilizzato denaro pubblico in contrasto con gli scopi del Project financing.

La convenzione, si chiedeva ora l'Autorità, riequilibrava il rapporto tra Pubblico e Privato? Per rispondere, l'Autorità prendeva in esame a) il peso del contributo pubblico, b) la ripartizione dei rischi.

Sul punto a: «Appare comunque ancora preponderante l'impiego di risorse pubbliche rispetto alla mobilitazione delle risorse private da parte del Concessionario con uno sbilanciamento a sfavore del soggetto pubblico».

Sul punto b, l'Autorità distingueva tre tipi:

b1. rischio di domanda, dipendente cioè dall'andamento dei pedaggi, che «senza alcuna ambiguità, risulta allocato sul Concedente», in altre parole sulla Regione Veneto;

b2. rischio di costruzione, legato cioè al realizzo dell'opera. I tempi di fine lavori erano stati ulteriormente prolungati (da fine 2018 a settembre 2020), ma la durata della gestione era rimasta invariata. Da chi dipende il ritardo dei lavori? Dal Concessionario. Perciò il ritardo dev'essere pagato dal Concessionario, riducendo i tempi della gestione. Se no che cosa rischia?

b3. Rischio di disponibilità, legata alla capacità di erogare le prestazioni pattuite: «le disposizioni contrattuali pattuite a tutela dell'interesse pubblico» sono rinviate alla fase di gestione, e al momento «non appaiono note».

Come ha risposto la Regione alle osservazioni dell'Anac (Autorità Nazionale Anticorruzione)? Soddisfatta davanti a «una valutazione nel suo complesso largamente positiva sul Terzo Atto Convenzionale». Non so voi, ma a me non sembra.

Vediamo un solo punto, quello relativo alle stime dei pedaggi. La Regione risponde all'Anac che la differenza di velocità tra 130 e 110 km/h è «sostanzialmente irrilevante ai fini delle stime del traffico», e che il canone a carico dalla Regione sarà pagato dai pedaggi. Ma è così? Un intervento di Oscar Borsato e Nilo Furlanetto nel sito del Coordinamento Veneto Pedemontana Alternativa dimostra che non lo è. Vediamo perché. Il Terzo Atto Convenzionale prevede che la Regione paghi un canone di disponibilità crescente, dai 165 milioni del 2021 ai 435 milioni del 2059, qualunque siano le entrate dai pedaggi. In altre parole, se la differenza fra i pedaggi e i canoni di disponibilità fosse negativa, il costo andrà coperto dalla Regione. Ma perché l'aumento del canone annuo? Perché la Regione prevede un aumento del traffico medio dai 22.983 veicoli del 2020 ai 65.553 del 2059, e quindi dei pedaggi. Ma – scrivono Borsato e Furlanetto – una superstrada a due corsie (una per veicoli pesanti che non possono superare i 70 km/h, l'altra per autovetture limitate nella velocità ai 110 km/h), non può fisicamente far transitare in un giorno più di 25.632 veicoli leggeri e 6612 veicoli pesanti, cioè molto meno del traffico previsto per il 2024. «Ne deriva che il traffico superiore stimato rispetto al 2024 non ci sarà perché non ci sta letteralmente: quindi mancheranno gli introiti da pedaggio e la differenza verrà a carico della Regione». Quindi? «Il dato sottinteso e non rivelato – concludono i due – è quindi la certezza che dal 2025, l'intera Collettività Veneta pagherà la SPV o vedendo ridursi i servizi, come sanità o sociale, oppure vedendosi introdurre l'addizionale IRPEF».

La Regione si è detta soddisfatta perché qualche giorno dopo i rilievi dell'Anac avveniva il *closing* finanziario, cioè finanziatori privati (fondi pensione, banche d'investimento) acquistavano obbligazioni per un valore di 1 miliardo e mezzo, collocati da JP Morgan e necessari per finanziare l'opera. Il progetto poteva quindi ripartire. Ma a essere soddisfatti – osservano ancora Borsato e Furlanetto – sono i finanziatori che hanno acquistato i bond a tassi che vanno dal 5% all'8%, quando i tassi di mercato sono a poco più del 2%: investimento sicuro, garantito dalla Regione Veneta – non dagli amministratori, ma dai contribuenti.

Come funziona un project financing (2018-2021)

L'ultima deliberazione della Corte dei conti, del 21 marzo 2018, dal titolo *La ridefinizione del rapporto concessorio della superstrada veneta*, riprende i rilievi segnalati negli ultimi anni dalla Corte stessa e dall'Autorità Nazionale Anticorruzione (Anac).

Non farà male, a costo di qualche ripetizione, riassumere sulla scorta di questo documento una vicenda così intricata. Prima di farlo però, dico subito che non si capisce perché la Corte dei conti usi un termine eufemistico e fumoso come «criticità» invece di scegliere volta per volta l'espressione più adatta, soprattutto in caso di possibile rilevanza penale; comunque ecco le più importanti «criticità», cominciando dagli inizi dell'opera.

La Regione Veneto chiede e ottiene dal governo il commissariamento di tutte le opere connesse alla realizzazione della Superstrada, in deroga alle norme vigenti e alle ordinarie competenze, comprese le proprie, ma poi è la stessa Regione a nominare il commissario: una procedura «singolare» (p. 22).

La scelta – manovra ancora più singolare – è caduta su di un funzionario della Regione, che ha continuato a fare il segretario alle infrastrutture della Regione stessa, a presiedere le commissioni di valutazione ambientale e di sostenibilità economico-finanziaria (pp. 22-23).

La struttura commissariale ha richiesto «costi rilevanti» per consulenze esterne «che si sono aggiunti a quelli degli organi ordinariamente preposti alle attività ad essa delegate» (p. 23).

La convenzione originaria con la Società incaricata dei lavori è stata tenuta segreta. Inoltre, il controllo sui lavori spettava a chi li eseguiva: nessun controllo esterno.

Intanto il costo di realizzazione andava crescendo «notevolmente» nel corso degli anni, mentre parte della viabilità di raccordo continuava a non essere inclusa nei costi, cosa che si sapeva avrebbe comportato «ulteriori fondi pubblici» (p. 23).

Come venne garantita la sostenibilità finanziaria dell'opera? Gonfiando le previsioni di traffico, e concedendo al concessionario la riscossione di un pedaggio. E se gli introiti da pedaggio, com'era evidente, fossero risultati inferiori alle stime? La Regione avrebbe compensato comunque la differenza (p. 40). Così, commenta la Corte dei conti, «alla perdita di strade a libera circolazione si potrebbe, pertanto, aggiungere un ulteriore onere collettivo, attraverso la socializzazione delle eventuali perdite» (p. 24).

Alla fine del 2016 – il costo continuava a gravare sul contributo pubblico – l'opera era ancora ferma. In mancanza di finanziatori privati, nel maggio 2017 la Regione stipulò allora una nuova convenzione con la vecchia società (senza nuova gara), che prevedeva a. «l'aumento del contributo statale in conto costruzione per 300 milioni, che si aggiungono ai 614»; b. il passaggio alla Regione degli introiti derivanti dai futuri pedaggi; c. l'impegno della Regione a remunerare il concessionario con un canone annuo calcolato sulla base delle entrate derivanti dai ricavi da pedaggio. Perché il rischio da traffico ora veniva a ricadere sulla Regione? Perché il concessionario non voleva più accettarlo (pp. 27-30, 40-41). Del resto, per stimare il traffico, la società *Area engineering*, incaricata dalla Regione, calcolò una velocità di esercizio di 130 km/h, per una superstrada in cui è stabilito un limite di velocità 110 km orari (pp. 30-34). L'opera poté così ripartire solo grazie «al determinante intervento di organismi pubblici» (p. 39).

In definitiva su chi ricade il rischio d'impresa? Sulla Regione. Basti dire che per un'opera il cui costo è valutato intorno ai 3 miliardi, la Regione Veneto s'impegna a sborsarne 12 al privato. Tutto ciò rispetta tra l'altro le regole europee sulla concorrenza? Sembrerebbe di no (p. 19).

Gli argomenti avanzati dalla Regione e dal commissario per negare le «criticità» segnalate dalla Corte dei conti, in realtà ne confermano la fondatezza.

È vero che la Regione si impegna per un «ulteriore versamento del contributo pubblico in conto costruzione» (mediante la sottoscrizione di un mutuo di 300 milioni con la Cassa Depositi e Prestiti, interessi valutati in 150 milioni)? Vero, risponde la Regione, ma in vista di «una maggiore tutela dell'interesse pubblico»: in questo modo infatti la Regione risparmia «un ingente intervento finanziario» – previsto nella precedente convenzione ma mai quantificato nei bilanci – per compensare il concessionario per pedaggi inferiori alle stime.

È vero che con la nuova convenzione i rischi vengono «trasferiti» al pubblico? Verissimo, risponde sempre la Regione, ma questo lo si sapeva fin dall'inizio.

E perché la nuova concessione sospende le opere complementari che nella prima convenzione erano a carico del concessionario, e tutto ciò senza «una diminuzione del quadro economico generale»? Perché – parola del commissario – le opere fin qui eseguite sono costate più del previsto (pp. 30-35).

Ma almeno le spese sostenute finora per la Superstrada saranno state rendicontate e controllate da chi di dovere? No. Il Dipartimento della Ragioneria generale dello Stato ha infatti dichiarato di non aver mai ricevuto pezze giustificative per «la parte principale» delle somme (p. 57).

È un rapido riepilogo, ma sufficiente a capire come stanno le cose. Nel frattempo, pochi giorni fa, la Corte dei conti, rilevando che la Regione non ha ancora risposto a nessuno dei rilievi entro i sei mesi prescritti in questi casi, è tornata a chiedere risposte puntuali a quattro delle «numerose criticità» fin qui rilevate, e precisamente:

1. Dimostrare il rispetto delle regole europee sulla concorrenza, visto che ci sono «altri interessati all'affidamento dell'opera»;
2. Riferire sulle iniziative intraprese o da intraprendere «nei confronti dei responsabili» della convenzione originaria che ha causato un «ingentissimo aggravio economico a carico delle finanze pubbliche»;
3. Spiegare a che punto sono le strutture viarie connesse alla realizzazione dell'opera, dato che sono condizionate a ulteriori finanziamenti;

4. Fare il punto sull'attività di controllo dei lavori in corso: in primo luogo si è ottemperato allo studio di impatto ambientale effettuato dalla Commissione nazionale (Via)?

Anche a noi, come alla Corte dei conti, piacerebbe avere risposte «punto per punto» (p. 10).

[2016-2018]

Post scriptum

Nata per risolvere «lo stato d'emergenza» dovuto al traffico locale, la Pedemontana Veneta è di fatto un'autostrada a pagamento, con i pedaggi più cari d'Italia. Ecco le cifre calcolate nel gennaio 2023, secondo un'inchiesta giornalistica di Raffaele Oriani: costo dell'opera 2 miliardi e 400 milioni, di cui quasi un miliardo a carico delle casse pubbliche, il restante miliardo e mezzo a carico del concessionario; la Regione Veneto è impegnata a ripagare il privato con 12 miliardi di euro (cifra «misteriosamente lievitata» rispetto ai 435 milioni stabiliti nel contratto di concessione del 2009) in 39 rate annuali, qualsiasi sia il pedaggio che potrà realizzare (R. Oriani, *Un deserto chiamato Pedemontana*, in «Il Venerdì di Repubblica», 6 gennaio 2023, pp. 38-41).

[2023]

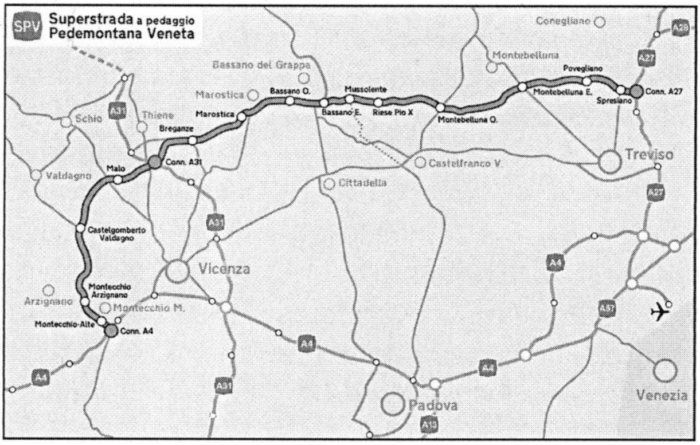

Quartieri invisibili, città immaginate

Spazi urbani e relazioni sociali

1. Il campo lungo il viale San Marco a Mestre su cui un costruttore ha messo gli occhi per innalzare una torre di oltre settanta metri, con l'appoggio della Giunta comunale di Venezia, non è uno spazio vuoto e *quindi* da edificare, bensì un'area pensata per il quartiere fin dal progetto costitutivo del Villaggio San Marco nei primi anni Cinquanta del Novecento.

Quello spazio fu utilizzato per decenni per lo scopo con cui era stato pensato, e cioè come campo sportivo e di gioco, sia della squadra di calcio del Real San Marco, sia per tornei di quartiere. Qualche anno fa è stato poi recintato perché è risultato essere composto da terreni tossici provenienti da Porto Marghera, come del resto tutto il quartiere, e da allora non è stato mai bonificato, a dispetto delle continue richieste degli abitanti.

In una intervista di questi giorni l'architetto Gianfranco Vecchiato ha ricordato a ragione che il Villaggio San Marco avrebbe dovuto e dovrebbe avere un vincolo paesaggistico come è avvenuto per la Città Giardino di Marghera. (Mo.Zi., *«Viale San Marco modello che funziona. Tutelarlo è l'unico interesse pubblico». Vecchiato: sorpreso dal silenzio dello Iuav*, «Il Corriere della sera», Venezia-Mestre, 9 maggio 2021).

Quella della Città Giardino di Marghera è una vicenda che andrebbe ricostruita per mostrare uno dei casi in cui l'iniziativa di singoli cittadini, di studiosi e di associazioni è fondamentale. Il Ministero dei Beni Culturali vi ha posto il vincolo paesaggistico nel 2018, ma il primo passo formale era avvenuto già nel 1995, quando l'allora assessore provinciale Giorgio Sarto aveva fatto approvare in Provincia una proposta di vincolo in quanto Marghera «costituisce un insieme caratteristico del Novecento che testimonia una fase significativa della storia della città, costituendo un paesaggio urbano di notevole interesse per i caratteri d'insieme e delle sue singole parti» (l'approvazione, 2 maggio 1995, online in <https://www.veneto.beniculturali.it/sites/default/files/venezia_quartiere_giardino_marghera_dich.pdf>). A sostegno della sua iniziativa, Sarto citava gli studi storici fin lì prodotti, compresi i primi di storiAmestre, che allora aveva pochi anni di vita, ma soprattutto la sua mozione poteva contare su un robusto movimento messo in piedi da associazioni, da singoli studiosi e da gruppi di insegnanti fin dagli anni Ottanta, in cui lui stesso aveva avuto un ruolo importante. Lo fa notare anche Remi Wacogne, in uno studio recente (R. Wacogne, *La fabbrica del patrimonio urbano in Italia. Il caso della Città Giardino di Marghera*, tesi di dottorato in Architettura, città e design, Iuav, Venezia 2019, pp. 158-159, consultabile online), che cita le iniziative messe in atto presso la biblioteca di Marghera a opera di «associazioni del quartiere», «singoli studiosi», «movimenti di sinistra locali» e in particolare dei Verdi, «giovani di Marghera», oltre all'opera di «urbanisti professionisti o aspiranti tali» che ruotavano attorno a Urbanistica democratica, e di insegnanti dell'Istituto Tecnico Massari, di cui Giorgio Sarto era vicepreside.

Il vincolo a tutela del paesaggio urbano di Marghera è stato posto solo più di vent'anni dopo, nel 2018, su intervento dello Stato, tramite Soprintendenza e Ministero dei Beni Culturali. La delibera della Provincia di Venezia del 1995, infatti, non ebbe subito seguito: la Regione Veneto non dispose il vincolo, sostenendo che il paesaggio urbano era già tutelato a sufficienza dal Piano di Area della Laguna e dell'Area Veneziana (Palav). Quanto il Palav possa tutelare il paesaggio è dimostrato proprio dalla variante urbanistica che consente la costruzione della torre in viale San Marco.

2. La lettera di Lucia Gianolla che abbiamo pubblicato il 22 aprile testimonia bene il senso di incredulità e di sconcerto che gli abitanti del Quartiere XXV aprile hanno avuto alla notizia della decisione della Giunta comunale[1]. Tutti, a cominciare dai residenti, hanno sempre

[1] Ecco la lettera: «Care amiche e amici di storiAmestre, vi scrivo dopo aver saputo

dato per scontato infatti che gli spazi verdi fanno parte integrante del

– notizia di oggi 22 aprile 2021 – che la Giunta comunale di Venezia ha approvato la costruzione di una torre di 70 metri lungo il viale San Marco, a Mestre, poco prima della chiesa di San Giuseppe per chi viene da Venezia, su di un'area a cui da anni (come avviene per molte altre nel quartiere) è interdetto l'accesso, perché inquinata. Per chi non lo sapesse, il Villaggio San Marco fu costruito nei primi anni Cinquanta del Novecento, nell'ambito del progetto INA Casa, in una zona acquitrinosa, ai margini della laguna; allora fu «bonificata» utilizzando fanghi provenienti da Porto Marghera. Il quotidiano *La Nuova Venezia* (p. 22) parla di una «nuova sorpresa urbanistica». Sorpresa? Ma è così che si decidono gli interventi urbanistici, all'insaputa della cittadinanza? Ci sono altre cose sorprendenti in questa faccenda: per esempio, un palazzo di oltre 20 piani, che normalmente chiameremmo grattacielo, è diventato un «bosco verticale», a suggerire il fatto che non si tratta di cementificazione ma di verde pubblico. Altra cosa sorprendente: l'uso del termine «riqualificazione». C'è un terreno abbandonato – fino a vent'anni fa ospitava tornei di calcio di quartiere, oltre che la squadra del Real San Marco – e lo si «riqualifica» (altro termine: «valorizza»): come? tirando su un grattacielo di 70 metri.
Secondo il *Corriere del Veneto*, inserto del *Corriere della sera* (p. 9), su un edificio di 6.600 metri quadrati, ben 4.500 sono dedicati a centro commerciale. Ma abbiamo idea di quanti supermercati e centri commerciali esistono a Mestre, solo nel raggio di un paio di chilometri dal luogo di cui stiamo parlano? E poi, questa ennesima area commerciale comporterebbe la chiusura di tutti i negozi che danno su viale San Marco, e che assicurano una socialità di quartiere, grazie anche ai percorsi pedonali ai lati del viale. Nel progetto della torre, questa è una socialità da cancellare, a favore di chi fa la spesa in macchina: e non a caso è previsto un nuovo grande parcheggio.
Ci sarebbero molte altre cose da dire. Ma il motivo che mi spinge a scrivervi è per chiedervi di seguire un po' la vicenda, con gli strumenti di un'associazione storica, come avete fatto altre volte. Potrebbe essere utile cioè ricostruire innanzitutto la storia di quell'area, e in secondo luogo l'iter amministrativo (che a quanto pare non è mai stato reso pubblico), con attenzione all'uso di eufemismi – «riqualificare», «valorizzare», «restituire ai cittadini», «bosco verticale» eccetera eccetera – che servono a nascondere le cose, non discusse né condivise. Altra vicenda da ricostruire – se proprio vogliamo parlare di «riqualificare» e di «valorizzare» – riguarda la mobilitazione e l'impegno portato avanti per decenni dai cittadini per la bonifica delle aree, il mantenimento del verde pubblico, la sicurezza della viabilità, la promozione di realtà associative e sportive, e l'utilizzo degli spazi pubblici.
Per contribuire da parte mia, mando due foto di famiglia con il terreno come si presentava negli anni Sessanta: in una si vede un ragazzo che porta a spasso un cane (1961), nell'altra c'è un gregge di pecore (circa 1967).
Ringraziando dell'attenzione, Lucia Gianolla
PS In Villaggio San Marco oggi ci sono molte aree, come quella di cui stiamo parlando, a cui non si può accedere perché sono inquinate: spero che a nessuno venga in mente di «riqualificarle» tirando su altrettanti «boschi verticali».

progetto di quartiere, e che tali sarebbero rimasti; forse è questa sicurezza a spiegare perché, finora, nessuno aveva mai pensato che fossero possibili operazioni immobiliari o urbanistiche tali da stravolgere il Villaggio San Marco, né, pertanto, di sviluppare un movimento per la tutela paesaggistica del quartiere, come è avvenuto invece per la Città Giardino di Marghera.

Lo sviluppo urbano a Mestre è nato sotto il segno dell'orrore del vuoto (che va edificato) e dell'idea che la terraferma è una tabula rasa priva di segni storici da tutelare (quelli sono tutti a Venezia). Qualcosa del genere si riscontra anche in questa vicenda del progetto di torre, che viene pensata come se si trovasse in uno spazio vuoto e privo di segni storici. Però qui sta avvenendo qualcosa di nuovo, perché mai con tanta chiarezza è apparso che la città immaginata dalla Giunta Municipale di Venezia – dai costruttori non mi aspetto niente di diverso – è una città priva di quartieri, e senza socialità di quartiere.

Riprendiamo in mano il progetto del Villaggio San Marco, che prevede – a scrivere è Giuseppe Samonà nel 1951 – «unità residenziali autosufficienti», «insediamenti autonomi che dovrebbero essere svincolati dalle grandi maglie di traffico commerciale e turistico». Perno del progetto erano le «corti», immaginate e progettate sul modello dei campielli veneziani, intese «come spazi comuni [...] che devono essere di tutti e di ognuno, facilmente accessibili dalla casa e meglio ancora dal soggiorno della casa, come una prosecuzione all'aperto di essa». Quanto al terreno di cui stiamo parlando, Samonà scrive che «il parco e i campi da gioco dove s'incontrerebbero soprattutto i ragazzi» avrebbero favorito le relazioni sociali (G. Samonà, *Nuova unità residenziale a Marghera-Mestre*, in «Urbanistica», 1951, n. 7, pp. 31-34).

Ora, il mondo non è più quello del 1951, precedente al boom economico, alla motorizzazione di massa e allo sviluppo dei consumi, soprattutto di quelli pensati «in interni», individuali o familiari. Ma una cosa non è cambiata: e cioè l'idea che gli spazi urbani possano e debbano favorire le relazioni sociali, in una dimensione che è quella del quartiere.

La storia del Villaggio San Marco ha dimostrato quanto più ricca sia stata la socialità rispetto a quella sostanzialmente maschile e di ceto sociale a cui pensava Samonà, il cui progetto distingueva tra uomini «più amanti dell'individualità» (che avrebbero scelto di vivere nei palazzoni) e uomini che invece amano «fuori del lavoro la compagnia dei vicini» (e che avrebbero quindi preferito le corti). Anche senza scomodare la storia delle città italiane ed europee, settant'anni di vita del Quartiere XXV Aprile dimostrano che tutto quello che rende attraente questa zona della città, è dovuto alla socialità favorita dalle corti, dagli spazi per lo sport e per i giochi, dalle aree pedonali lungo il viale e dai negozi che vi si affacciano. Del resto l'assemblea del 3 maggio 2021 non si sarebbe mai potuta tenere senza quell'area verde davanti al supermercato Cadoro, che mi auguro a nessuno venga in mente di chiamare «un buco» in attesa di cemento.

Interessi privati vengono dichiarati di «rilevante interesse pubblico»

L'assessore all'Urbanistica del Comune di Venezia Massimiliano De Martin ha invitato a «festeggiare» dopo l'approvazione della variante urbanistica che apre la strada alla costruzione di una torre di oltre 70 metri e di un ennesimo centro commerciale in un'area prevista a verde attrezzato – in sostanza al tempo libero e allo sport – a metà viale San Marco a Mestre. Secondo De Martin la torre completerebbe il progetto dell'architetto Samonà (M. Chi., *«Era l'idea di Samonà. Così rilanciamo il centro e portiamo investimenti»*, «La Nuova Venezia», 3 luglio 2021, p. 19, e p. gui., *L'asso nella manica di De Martin. «Anche il progettista delle Corti voleva delle torri»*, «Il Gazzettino», 2 luglio 2021).

De Martin è stato eletto al Consiglio comunale con 358 voti di preferenza ed è stato legittimamente nominato assessore dal sindaco Luigi Brugnaro. Perciò ha tutti i titoli per parlare a nome della Giunta comunale, e in primo luogo del sindaco, ma non può inventarsi maestri e padri e madri (nel gruppo dei progettisti c'era Egle Renata Trincanato) ispiratori che non ha.

Che il progetto del Villaggio San Marco prevedesse un'ulteriore espansione è cosa nota: perciò limitiamoci alla formulazione del piano, che fissa i caratteri urbanistici dell'intervento. Il progetto firmato dai «capigruppo» Samonà e Piccinato (a nome di un «gruppo Architetti e Ingegneri Veneziani» formato da Bruscagnin, Cavinato, Cristofoli,

Doria, Magrini, Piccinato, Scattolin, Samonà, Trincanato, Vallot, Vianello) parla di «insediamenti autonomi, che dovrebbero essere svincolati dalle grandi maglie di traffico commerciale e turistico»; a proposito dell'area dove oggi si vuole costruire parla di un luogo «dove s'incontrerebbero soprattutto i ragazzi», per favorire le relazioni sociali e dare «impulso ad una maggiore fusione degli spiriti, creando amicizie che distruggono molte discontinuità psicologiche fra gli uomini operanti in settori diversi di lavoro»; e infine, quando parla di «torre» (in una unica occasione) si riferisce a edifici di sette piani (si veda *Nuova unità residenziale a Marghera-Mestre*, «Urbanistica», 1951, n. 7, pp. 31-34). E da allora chi ha analizzato il progetto ha messo in evidenza soprattutto il fatto che le soluzioni urbanistiche avevano «lo scopo di favorire i rapporti sociali tra gli abitanti», creando relazioni tra casa e spazio destinato alla vita di quartiere (un esempio recente L. Pujia, *La didattica dei laboratori di progettazione e l'impegno per la città. Dall'indagine sugli abitanti del quartiere INA-Casa San Giuliano a Mestre*, in *Rileggere Samonà / Re-reading Samonà*, a cura di L. Pujia, Roma-Tre Press, Roma 2020, p. 27). Niente a che vedere perciò con il progetto presentato dalla ditta Genuine s.r.l., e fatto proprio dalla Giunta e dalla maggioranza del Consiglio comunale, che, al contrario, porterebbe le «grandi maglie del traffico commerciale e turistico» dentro il quartiere, impedendo quella socialità che avvicina gli abitanti, oltre a oscurare quartiere e abitanti con l'ombra di un grattacielo.

Agli inizi di questa vicenda, circa due mesi fa, l'architetto Gianfranco Vecchiato, ex assessore all'Urbanistica del Comune di Venezia dal 2005 al 2010, si dichiarò sorpreso del silenzio dello Iuav, depositario «del testamento culturale dei progettisti della pianificazione del Villaggio», augurandosi da «alcuni docenti [...] una forte presa di posizione». Nello stesso tempo Vecchiato auspicava una parola dalla Soprintendenza intervenuta per far adottare il vincolo paesaggistico per la Città Giardino di Marghera (come si è detto, la Regione sosteneva che a proteggere il paesaggio bastasse il Pat, che tutelava sia la Città Giardino che il Villaggio San Marco).

Faccio mie le richieste dell'architetto Vecchiato, auspicando a mia volta che si formi un forte movimento di opinione pubblica che chieda conto dei motivi di «rilevante interesse pubblico» con cui è stata giustificata l'adozione di una variante urbanistica nata da interessi privati. In particolare sarebbe importante che prendesse la parola anche chi si occupa professionalmente di analisi e di progettazione urbanistica, intervenendo sul futuro della città metropolitana: se a Mestre e in terraferma si debbano o no rispettare i segni storici; se la vita urbana debba continuare a basarsi sulla monocultura turistica e sulla gentrificazione, coniugata a svuotamento, di Venezia, isole e aree di terraferma prossime a Venezia (il progetto di una torre si inserisce in un processo già in atto a Mestre nella zona di via Ca' Marcello e lungo l'asse da piazza Barche a Forte Marghera); se si voglia pensare a una socialità di quartiere oppure alla mobilità automobilistica richiesta dal proliferare di centri commerciali, in altre parole a una città fondata su relazioni sociali o esclusivamente su consumi individuali; infine se si vorrà continuare nel consumo di suolo, assecondando il record negativo che da anni Venezia e il Veneto vantano in Italia.

[2021]

OSSERVAZIONI

Mobil

Via Fratelli Bandiera

Via Fratelli Bandiera è una strada alberata a due carreggiate divise da una aiuola spartitraffico; entrambe le carreggiate sono a doppia corsia, più una di emergenza. Nell'aiuola spartitraffico si susseguono i lampioni intervallati da una fila di pioppi cipressini per un pezzo e di robinie per circa l'altra metà. Per chi viene dalla Romea o dalla Riviera del Brenta, la strada termina ai piedi del cavalcavia da cui si può prendere per Mestre, per Venezia o per la tangenziale; venendo da Mestre avete invece a destra i quartieri di Marghera e a sinistra le fabbriche della zona industriale. La strada è lunga due chilometri e mezzo; farla a piedi, tra andata e ritorno, richiede meno di due ore. Non ci sono né marciapiedi né piste ciclabili. C'è un solo semaforo, giù dal cavalcavia. Si raggiunge con l'autobus numero 9 da Mestre e con le linee extraurbane per Padova che partono da piazzale Roma.

Alla fermata dell'autobus, subito dopo il cavalcavia, tra due distributori di benzina, conviene prendere la strada laterale più bassa, sulla destra, che costeggia per una buona metà via Fratelli Bandiera ed è usata come marciapiede; qui le macchine vanno più piano e su di un lato è possibile parcheggiare. Via Fratelli Bandiera, rumorosa e delimitata da una fila di platani, rimane più alta, e fa pensare a un confine tra la città e il porto industriale. In certi casi il ciglio stradale è sostenuto da un muro di cemento, e ogni tanto ci sono degli scalini per salire.

Nel primo tratto gli edifici sono palazzine a tre piani e hanno l'intonaco rosso mattone, beige, rosa antico. Con i barbacani in cemento, le bifore e gli scuri verdi alle finestre, ricordano un po' Venezia. Nei piccoli spazi recintati intorno qualcuno ha ricavato minuscoli orti, qualcun altro cespugli di rose e lavanda; c'è chi ha preferito un filare di vite, chi un garage in lamiera. Davanti alla facciata di un villino, all'incrocio con una strada che si chiama via Minotto, ci sono due grandi magnolie.

Poi cominciano condomini più recenti di edilizia popolare, con persiane gialle e terrazzini, ma sempre a tre piani. Mentre i primi che si incontrano hanno l'ingresso direttamente sulla strada, quelli dopo hanno un po' di terreno attorno e sono recintati. Gli intonaci, generalmente rifatti da poco, sono rosso mattone e verde marcio. Si distinguono per la diversità dello stile un edificio metà rosso e metà giallino, dopo via Zambeccari, con due torri tondeggianti agli angoli della facciata (sul lato, un fascio littorio e la scritta «Anno XV» sono stati scalpellati ma sono tuttora riconoscibili), e una costruzione fatiscente, dopo via Radaelli, che richiama lo stile delle stazioni ferroviarie fasciste. Sulla facciata scrostata sono dipinti murales con colori molto vivi. La scritta più visibile, sopra l'ingresso, è «Centro sociale occupato». Accanto a un grande Pugno chiuso sono tracciati dei segni blu a caratteri cubitali nei quali si stenta a decifrare la parola «Rivolta»; sono disegnati come se fossero colti nel mezzo di un salto mortale e stessero rotolando. Le finestre al primo piano non hanno vetri e sono protette da teli di nylon a brandelli.

Poco dopo, oltrepassata una traversa che si chiama via General A. Cantore, comincia l'unico marciapiedi di questa strada più bassa. Costeggia in ordine: uno slargo in asfalto antistante una chiesa di mattoni e un edificio beige con la scritta «Patronato papa Luciani»; un giardino recintato con dentro una casa color bianco ghiaccio comunicante con la chiesa, con abbaino in stile lagunare e pronao con colonne che sembra uscito dal film *Via col vento* (dal vialetto d'ingresso una telecamera inquadra il citofono al cancello e la targhetta «Canonica»); un prefabbricato basso e lungo, come sono in genere le scuole per bambini, in uno spazio verde, anche questo recintato, con file ordinate di platani; un condominio a tre piani, che fa angolo con una traversa che si chiama via Benvenuto.

Passata questa traversa, la strada bassa porta a un giardino molto ampio e ben curato a cui si accede attraverso un cancello sovrastato dalla scritta monumentale in marmo bianco «Fondazione Enzo e Silvio Chiari». Si entra, passando sotto la scritta, tra quelle che un tempo dovevano essere le abitazioni dei custodi e oggi hanno porte e imposte chiuse; in fondo al giardino si notano due edifici color zucca a tre piani, simmetrici e con una ringhiera verde che corre per tutta la loro lunghezza formando un ballatoio; anche le persiane sono verdi. Qui la strada bassa si ferma e per raggiungere via Fratelli Bandiera si devono salire alcuni scalini. Sopra, sulla strada, per un momento la città sembra finire; macchine e camion passano veloci, e il rumore è più forte.

Il muro della «Fondazione Enzo e Silvio Chiari» confina con un piazzale che fa da deposito di autobus e con terreno più basso, coperto da rovi e robinie. Subito dopo ricompare la strada bassa, dapprima asfaltata e dopo no. Intanto gli spazi tra edifici si sono fatti più larghi. Un piazzale in ghiaia è pieno di macchine ben allineate e in vendita; in un altro sono parcheggiati i camion di un corriere; due palazzi, sempre a tre piani, hanno a pianterreno un'autofficina e un negozio di «Avvolgimenti elettrici motori». Più avanti ricompaiono i condomini dell'edilizia popolare, con gli stessi colori, gli stessi terrazzini e le stesse persiane di quelli incontrati prima. Alcuni hanno lo stemma dell'Ina Casa con il simbolo di una rondine nera o di una colomba bianca. Poi la strada bassa finisce e si ritorna su via Fratelli Bandiera, dove si incontra ancora meno gente a piedi.

Davanti a una chiesa in mattoni a vista con l'enorme scritta «A Gesù lavoratore» si apre una piazza collegata alla strada da un breve viale fiancheggiato da robinie. Può essere che di domenica mattina sia diverso, ma normalmente in piazza non si vede gente, solo macchine parcheggiate. La fila di automezzi che ogni giorno aspetta il turno del collaudo ricorda che qui, nella traversa di destra, si viene per fare la revisione della macchina o per sostenere l'esame della patente.

Prima di arrivare a una pensilina mezzo bruciata, sulla destra, a qualche decina di metri, si nota un insieme di condomini di tre-quattro piani, perlopiù intonacati di rosso; il terreno su cui sorgono sembra pensato come un campiello veneziano, senza accessi per le macchine, sicché con l'andar del tempo sono comparse strade in terra battuta e box in lamiera. Proseguendo si incontrano due edifici grigi che ospitano a pianterreno «Foderi e tappeti auto» e «L'automerci spa Trasporti Spedizioni», un'officina «Nissan Veicoli Industriali», e alla fine, quando termina la strada, un bar ristorante con vendita di tabacchi e giornali.

Se si vuol tornare a piedi verso il cavalcavia, si passa sull'altro lato della strada e si cammina sulla corsia di emergenza. Un grande spiazzo, oltre una rete di recinzione, serve da deposito per container accatastati uno sopra l'altro; sono di tanti colori, rosso pallido, celeste, verde, arancione, tutti un po' sbiaditi e tenui. Poi si costeggia un fosso orlato da olmi imponenti, al di là del quale si stende un vasto terreno incolto, per una metà ricoperto di ghiaia, vuoto ma sempre più spesso usato come deposito di container. Sullo sfondo lo sguardo si perde tra silos, serbatoi, tralicci, torri, colonne di vapore, nuvoloni grigio scuro, esili strisce giallognole che si sfilacciano nell'aria, ciminiere in cemento che ricordano la forma di una clessidra, ciminiere alte sottili dipinte a strisce orizzontali bianche e rosse. Il cielo è rigato da cavi di alta tensione. Le traverse che d'ora in poi s'incontrano sulla destra portano alle fabbriche. Sul muro grigio di un capannone dal tetto sfondato lungo via Ghega, una grande scritta cubitale in calce: «SAVA AUTOGESTITA RESISTEREMO». Se il vento viene dalla laguna vi avrà fin qui accompagnato un odore di creme bruciate misto a polvere di carbone con un retrogusto acido nauseabondo, a cui si mescola di tanto in tanto un gradevole aroma di caffè abbrustolito che qui è diventato più pungente: la scritta «Torrefazione Paco caffè» su di una palazzina a due piani con ampie vetrate vi dirà perché. Nel frattempo la fila di alberi sul lato della strada non c'è più. Ora gli edifici si susseguono uno dopo l'altro; davanti c'è uno spazio per parcheggiare.

C'è tutto per autovetture e motori: Emporio dell'Autotreno, Autofficina Assistauto, Eurcar, e poi le concessionarie d'auto Toyota, Alfa Romeo, Renault: basse, con le vetrate tirate a lucido e il tetto piatto. Altre scritte: Autoexport, Demiced demolizioni industriali. Al di là di un muro il capannone della Scac, che sta cadendo a pezzi, ricorda una chiesa romanica con le due navate laterali più basse: la facciata guarda via Fratelli Bandiera, sullo sfondo si intravedono i ponteggi di un cantiere navale. Due pannelli in plexiglass con le scritte in rosso e in nero ci informano che l'edificio lungo la strada, a due piani, uno intonacato a verde oliva e uno a verde chiaro, è lo Spaccio Dopolavoro Abbigliamento. All'angolo con una traversa che si chiama via Galvani, un bunker basso in cemento armato. Poi, costeggiando un fossato, si passa davanti a un grande spiazzo in asfalto tagliato da binari: nel mezzo è collocata una locomotiva a vapore; sul fondo lo spiazzo è chiuso da una palazzina grigia, che sembra ospitare uffici, sovrastata dalla scritta «Furlanis trasporti eccezionali e autogru», e da capannoni col tetto che richiamano il disegno delle onde del mare quando si accavallano. Oltre via Volta si incontrano un'autofficina con l'insegna Ri-Gom-Ma Michelin, le vetrate della concessionaria Peugeot-Talbot con un'altra autofficina in fianco, un cancello con grandi scritte («Veicoli commerciali Daf», «Autorent noleggio furgoni», «Fa Federauto centro controllo sicurezza»), poi la vetrina di un ufficio con la scritta «L'automobile. Nuovo e usato tutte marche», e infine l'officina di un elettrauto.

Mentre penso al continuo susseguirsi di concessionarie e autofficine, all'incrocio, l'unico col semaforo, noto che sul lato opposto della strada un bar si chiama Autobar e una trattoria Autoespresso, e così ripenso alle bandiere Toyota e Renault, a cui non avevo fatto caso, appesi a un pennone davanti l'ingresso delle rispettive concessionarie. Forse per contrasto, noto che l'edificio sulla mia destra in tinta mattone con la scritta «Galileo Industrie Ottiche», ha una grande magnolia all'entrata. Subito dopo, quasi ai piedi del cavalcavia, non mi sorprende di trovare la concessionaria della Lancia, le insegne «Autofficina Assauto» e «Autovenezia», e poi una traversa che si chiama via Della Pila. L'ultima costruzione è la fabbrica Vidal. Se il vento continua a venire dalla laguna, al cocktail aggiungete in questo punto intensi e un po' inebrianti profumi di distillati alcolici. Il vento da terra invece può essere fresco e frizzante: ma ho notato che cambia direzione facilmente, e all'improvviso.

[1994]

Due modi di giocare a calcio

1. Un conto è giocare a calcio sotto casa e un conto è farlo in una società sportiva. Il nome è lo stesso (football, calcio, pallone), ma in comune c'è ben poco. Angelo Di Livio, giocatore della Juventus, ricorda che da ragazzino in una borgata romana non volevano farlo giocare perché era «troppo forte» («L'Unità», 26 aprile 1997). Se anche fosse inventato, è plausibile. Ora, quale società sportiva rifiuterebbe un giocatore per questa ragione?

Ho fatto caso ai due differenti sistemi normativi osservando di tanto in tanto lo scorso anno un gruppetto di bambini di quinta elementare (tutti maschi tranne una bambina) che erano iscritti a una società sportiva e quindi facevano un torneo «regolare» di calcio, e contemporaneamente si ritrovavano a giocare a pallone in un campetto vicino alla scuola.

Metterò in rilievo le differenze, dando per scontate le somiglianze. Mi rivolgo perciò a chi di calcio ne sa quanto basta, e cioè: è un gioco maschile[1] che consiste nel prendere a calci una palla in un campo rettangolare; ci sono due squadre ciascuna delle quali deve portare via il pallone all'altra; c'è un arbitro che ferma e fa ripartire il gioco con un fischietto; alle due estremità del campo sono piantati in terra due pali uniti da una traversa (porta, rete); ciascuna rete è difesa da un giocatore (portiere) al quale è consentito prendere la palla con le mani; vince la squadra che riesce a far passare più volte la palla tra i pali difesi dagli avversari (fare goal).

[1] Avevo sottolineato che si tratta di un gioco maschile per far capire quanto fosse inusuale veder giocare una bambina assieme a maschietti (2023).

2. Ecco i motivi del mio interesse. Ho un figlio dell'età di quei bambini. Mi piace il gioco del pallone. Vedo sempre più bambini e bambine che «fanno uno sport», come si dice, e sempre meno invece quelli che giocano (discorsi tra genitori: «Che sport gli fai fare quest'anno?», «Un po' di sport le fa bene»). Non mi capita di vedere quasi più nessuno giocare per strada o in campetti improvvisati, perché mancano spazi adatti: a Mestre a mia memoria ce n'erano tanti, e una mappa con la descrizione delle attività che vi si facevano nelle diverse ore mostrerebbe come è cambiata la città in relativamente poco tempo. Infine sono d'accordo con chi ritiene che «ogni riflessione sul gioco e sul tempo libero porta a prendere in considerazione che cosa vi sia di sbagliato nella vita lavorativa della gente» (C. Ward, *La pratica della libertà*, Eleuthera, Milano 1996, p. 131). Quello che chiamiamo «tempo libero» obbedisce infatti alle stesse regole autoritarie che strutturano le relazioni sociali; ma a volte, soprattutto nel gioco, attività spontanee e non organizzate indicano possibili alternative libertarie ai rapporti nel lavoro e nella vita di tutti i giorni.

3. In una società sportiva il calcio è praticato in orari settimanali prestabiliti e per una durata di tempo fissa: di solito, per bambini, un paio d'ore per due pomeriggi alla settimana. La puntualità è un requisito importante. Chi arriva in ritardo viene rimproverato e a volte punito: per esempio deve fare di corsa qualche giro del campo o saltare una partita del torneo.

Gli incontri si chiamano «allenamenti». Un adulto, chiamato «mister», fa correre i bambini e fa ripetere singoli movimenti i quali, combinati assieme, dovrebbero servire al miglior controllo della palla: tiro con il piede destro e con il sinistro, passaggio, palleggio, stoppare il pallone con i piedi o con il petto, colpirlo di testa. Alla fine, e per un tempo molto più breve, c'è una partita di calcio. Il mister grida e fa gesti. I bambini cercano di mettere in pratica; quando brontolano, badano a non farsi notare. La divisa della società è d'obbligo.

Prima della partita di torneo, che si gioca in un pomeriggio differente dal giorno degli allenamenti, i bambini ricorrono a scongiuri e pratiche scaramantiche. So di uno che si metteva sempre la stessa canottiera, di un altro che diceva mentalmente preghiere, di un altro infine che si era ripromesso di non dire «stronzo» e «coglioni» per sette settimane (e quando se ne dimenticava intrecciava immediatamente indice e medio e si faceva togliere quella specie di nodo alle dita da chi gli stava vicino).

Nella partita di torneo è il mister a decidere chi gioca (i titolari) e chi sta ai bordi del campo (le riserve). Uno dei giocatori, designato dal mister, porta una fascetta al braccio che lo indica capitano della squadra. A ciascun giocatore viene assegnato un ruolo definito e un posto preciso sul terreno di gioco: per esempio chi difende non può superare la metà campo in aiuto dei compagni che cercano di fare goal. A volte il mister fa uscire un titolare e lo sostituisce con una riserva. Durante la partita il mister si sgola andando su e giù lungo la linea del campo da gioco. A guardare e fare il tifo ci sono i genitori (le aspettative dei genitori: ecco una cosa alla quale non ho prestato abbastanza attenzione).

La partita, divisa in due tempi di venti minuti ciascuno, è diretta da un adulto che fa da arbitro. Ciascuna squadra ha un uguale numero di giocatori (nel caso dei bambini, sette contro sette). Chi vince la partita fa tre punti. Il pareggio vale un punto. Chi perde, zero punti. I punteggi delle partite vengono sommati di volta in volta in modo da formare una classifica. Il posto in classifica è l'unico criterio di misura per valutare il rendimento della squadra.

Alla fine di ogni partita del torneo si tiene una «partitina» di una decina di minuti, senza punteggio, alla quale partecipano le riserve. Di solito i titolari che escono per far loro posto rientrano subito negli spogliatoi senza fermarsi.

4. Per giocare nel campetto i bambini si mettono d'accordo di volta in volta, a scuola o per telefono. Durante l'anno scolastico fanno moltissima fatica a combinare, vorrei dire che è impossibile, perché nei pomeriggi praticamente tutti hanno qualche impegno tipo rientro a scuola, catechismo, palestra, corso di chitarra, karatè. L'orario per ritrovarsi nel campetto non è mai preciso. Si dice per esempio: «tra le quattro e le quattro e mezza», oppure «sulle quattro». Qualcuno si incarica di portare il pallone. Non c'è divisa; di solito i bambini indossano la maglia della squadra di serie A con il nome del giocatore di cui sono tifosi.

Arrivati al campetto i bambini cominciano a giocare senza allenamento e senza scongiuri. I due più bravi a calcio scelgono a turno i compagni della propria squadra. L'obiettivo è avere due squadre equilibrate, perciò a volte giocano sette contro cinque. Spesso i giocatori cambiano di squadra nel corso della partita per pareggiare le forze. I ritardatari si inseriscono man mano che arrivano. Non ci sono riserve. I ruoli (chi deve fare il difensore, chi il terzino) vengono definiti all'inizio e ribaditi nel corso della partita dalle proteste o dall'incoraggiamento dei compagni di gioco, ma possono cambiare ed essere rinegoziati. L'importante è che piacciano a chi gioca: un bambino che nel torneo faceva il portiere controvoglia finalmente può giocare al centro del campo, un altro che stava in difesa ogni tanto partecipava alle azioni di attacco senza essere rimproverato, o comunque senza fare troppo caso alle lamentele dei compagni. La dimensione del campo viene proporzionata al numero dei giocatori, e così pure la grandezza delle porte. Pali, traversa e linee che delimitano il terreno di gioco sono immaginari. Se i giocatori sono troppo pochi, giocano a una porta sola. Non ci sono genitori a guardare o fare il tifo.

Un tempo esisteva la figura del proprietario del pallone. Per quanto ricordo, faceva parte delle «schiappe», ma senza di lui non si poteva giocare. Nel romanzo *Libera nos a malo* (il capitolo 12 è dedicato al calcio) Luigi Meneghello scrive che la squadra veniva formata attorno al pallone di cuoio, «un oggetto raro», «il simbolo del potere». Adesso, per quanto ne so, la figura è scomparsa, penso perché il pallone di cuoio non costa più come una volta, si trova facilmente anche nelle cartolerie, non è più legato con lo spago, ed è semplice da gonfiare.

Una partita nel campetto non si sa mai in anticipo quando finisce. Può continuare fino a che i giocatori sono stanchi e decidono di smettere, oppure perché qualcuno va via e quelli che restano sono troppo pochi o si stufano. Altre volte, ma mi è sembrato molto raramente, la partita finisce perché c'è un litigio, e le discussioni, malgrado gli sforzi dei pacieri, si ingrandiscono e allora i giocatori lasciano il campo arrabbiati ciascuno per conto proprio: in questi casi si dice che «la partita va in vacca». Le figure dell'arbitro, del mister e del capitano non esistono.

La partita si conclude con una vittoria, con un pareggio o con una sconfitta, ma i giocatori non calcolano il punteggio in base al risultato, bensì in base al numero dei goal. Ogni goal, un punto: tanti goal, tanti punti. Una partita per esempio finisce 6 a 4. Che la vittoria valga tre punti e il pareggio uno, è una regola che vale solo dove esiste una classifica da aggiornare. Qui invece ogni partita fa storia a sé.

5. Nella primavera del 1997 ho partecipato alla realizzazione di una mostra fotografica che documentava la sostituzione del gioco con lo sport a Ca' Emiliani[2].

Il Villaggio di Ca' Emiliani nacque circa sessant'anni fa. Gli sport che vi si praticavano era quelli maschili tipici dei quartieri popolari, come calcio, ciclismo, motociclismo, boxe. I bambini giocavano all'aperto, adattandosi agli spazi e alle caratteristiche dei luoghi. Nei prati si giocava con le montagnole di terra, con i fossi, con gli stagni d'acqua e con la base di cemento dei tralicci dell'alta tensione. Nei terreni argillosi si sfruttavano le buche. Nei cumuli di discarica delle fabbriche di Porto Marghera il carburo, una volta individuato, si prestava agli scoppi. Le bambine giocavano in strada vicino a casa a *campanón*, mentre i ragazzini, sempre nelle strade, giocavano a *masse e pìndolo*. Le inondazioni, che a Ca' Emiliani erano più frequenti che altrove, offrivano inedite possibilità.

Fin dalla costituzione del quartiere, autorità politiche e religiose intervengono per disciplinare il «tempo libero», sia dei bambini che degli adulti. I bambini che giocano per conto proprio sono definiti «randagi». Di qui la costituzione dell'asilo delle suore (con l'insegnamento del ricamo alle ragazze), del cinema parrocchiale e del patronato; di qui i conflitti tra parrocchia e Partito comunista sul tipo di festeggiamenti e sulle gare per la festa di quartiere del Primo Maggio.

Oggi non si vede più giocare per strada. Le macchine si sono prese tutto lo spazio. Gli abitanti sono in maggioranza anziani. I bambini sono iscritti a società sportive, non necessariamente del quartiere: i genitori li accompagnano in macchina e alla fine dell'allenamento li riportano a casa.

[1998]

[2] La mostra, promossa dall'Etam-Animazione di Comunità sotto la responsabilità di Pierangelo Bertoli, fu realizzata da Maurizio Baroni, Giorgio Bombieri, Piero Brunello, Fabio Brusò, Stefano Ghesini, Claudio Zanlorenzi, e con la collaborazione di Katiuscia Piva.

Bossi, zaini e panini

15 settembre 1996. Si parlerà di oggi come di una data storica? sono tutte così le date storiche? è un evento creato unicamente dai media? Pensieri di questo genere mi passano per la testa mentre aspetto in stazione a Mogliano Veneto il treno per Venezia delle 11,50 e mi fermo a leggere un manifesto a stampa del Partito popolare che invita i cittadini a esporre il tricolore. Sta nello stesso posto da alcuni giorni, e mi vengono questi pensieri perché noto che nessuno lo ha strappato, e nessuno del resto ha esposto la bandiera.

Salgo sul treno. Abituato alla ressa di tutte le mattine, vedo che c'è posto. Questi treni regionali hanno gli scompartimenti lunghi quanto l'intero vagone. Mi fermo in piedi vicino ad alcuni trentenni seduti, con camicia verde e una fascia al braccio con la scritta «Padania Friuli», e mi metto a leggere un foglio de «L'Unità» dedicato alla manifestazione. Il resto del giornale l'ho lasciato a casa perché nella tasca della giacca di velluto marron ho già una macchina fotografica e un quadernetto per appunti.

Dopo pochi minuti il passaggio davanti al campo profughi di Zelarino, che ha l'aspetto inconfondibile di un campo zingari, dà l'occasione di uno scambio di battute sull'ingiustizia di concedere loro 35.000 lire a testa in quanto profughi, come riportano i giornali in questi giorni. Il discorso si allarga agli extracomunitari. «È una vergogna, vengono qui in Italia a comandare». Mentre penso al fatto che dicono «Italia» e non «Padania», sento un uomo anziano alle mie spalle: «Io sono stato in Germania a lavorare, e se non lavoravi, uno o due giorni: perché non hai lavorato? Se sei malato, bene, ma per altro motivo: fuori». Nel corso della manifestazione sentirò parlare altre volte di zingari: «Hanno la Mercedes e non lavorano, dove trovano i soldi?» La stampa aveva per esempio attribuito al sindaco di Venezia Massimo Cacciari il timore di una invasione che avrebbe insozzato la città come nel concerto dei Pink Floyd. «Ma per chi ci prende? Per zingari?» ho sentito dire da due uomini che buttavano con cura nel cestino gli avanzi di un picnic.

Alla stazione di Mestre il treno si ferma. Su di un binario poco più in là ne arriva uno con gente che grida e saluta dai finestrini agitando lenzuola con la scritta «Nazion trentina», bandiere con una foglia verde (da qualche giorno so che sono quelle della Padania) e bandiere della Lega Nord. Vicino a me abbassano i finestrini. Uno grida: «Basta schiavitù» e tutti in coro «Ohè». Di là: «Ohè». Un altro uomo dal mio scompartimento fa sventolare una bandiera con l'immagine di un'aquila che al primo momento mi è sembrata austriaca, poi ho notato che aveva una testa sola, poi ho letto: «Friul». Grida: «Vinceremo». Di là: «Ohè». Nel mio scompartimento sono tutti in piedi ammirati. Un amico mi farà notare che si tratta del consueto atteggiamento dei veneti nei confronti di come sono organizzati gli altri, per esempio emiliani e toscani nei cortei della sinistra. Quando il treno riparte, tutti tornano seduti. Mentre prendo appunti, penso che nella Padania, come negli imperi, sono chiamati a far parte gruppi (Veneti, Friulani, Trentini eccetera), non individui (come invece si suppone debba accadere negli stati nazionali). Per tutto il giorno continuerò a cercare analogie e differenze col Risorgimento.

Lo sbarco alla stazione di Santa Lucia è segnato dai riti di alterità che contraddistinguono normalmente l'arrivo a Venezia di comitive dalla terraferma. Battute sui colombi, sugli scalini dei ponti, sull'acqua alta, sul pericolo di cadere in canale, sui giri assurdi, e soprattutto sulla facilità di perdersi – discorsi che sentirò per tutta la giornata. Sul piazzale della stazione si srotolano le bandiere. Si formano capannelli. Gruppetti si mettono in strada. Guardie di P.S. dappertutto, tizi in borghese che si spostano agitati da una parte all'altra con ricevitori in mano a dare ordini ai poliziotti.

Mentre passeggio in mezzo ai capannelli incontro un amico. L'uomo in sua compagnia mi dice che tutti hanno teorizzato l'estraneità dei giovani dalla politica. «Ma non è vero – osserva facendomi notare la grande quantità di giovani nel piazzale – solo che bisogna dare ai giovani una prospettiva politica, che non possono essere i giochetti di questa coalizione che va da Bertinotti a Prodi». Penso che noi tre siamo quasi sulla cinquantina. Il mio amico aggiunge di essere lì da un pezzo e di aver visto strati sociali popolari, proletari, neanche tanto di piccola borghesia, e conclude: «È chiaro che stanno mettendosi su di una strada che porta alla ex Jugoslavia, ma è la sinistra che sta regalando tutta questa gente a questa prospettiva». Chiedo se fanno qualche iniziativa. Dicono di no, e che non partecipano neppure alle contromanifestazioni in programma. «La risposta che viene data dalla sinistra – mi spiegano – è quella di un federalismo ancora più spinto, in questo modo si torna alla comunità locale e a una forma di individualismo sfrenato, e allora non ne vale la pena».

Prendo il ponte degli Scalzi, ma quando sono in cima vedo solo poliziotti e carabinieri armati, sempre più numerosi. Allora torno indietro e decido di fare Strada Nuova. Mi inserisco nel solito flusso di turisti, unendomi ogni tanto a piccoli gruppetti con bandiere. Mi supera un ragazzo con pantaloni e maglia di color verde. In fianco a me dei ragazzi in dialetto bellunese prima dicono a voce alta per farsi sentire «Ecco la nuova polizia di Bossi in divisa estiva», poi, sul ponte delle Guglie, cominciano a scherzare tra di loro sugli scalini larghi che fanno a Venezia, e che loro chiamano «fuori fase».

In Strada Nuova bandiere di San Marco camminano nella mia direzione. Una comitiva è seduta ai tavolini all'aperto di una trattoria. Vedo quarantenni con camicie verdi, berretti rossi da garibaldino, maglie bianche con la scritta «Sempre duro... e in alto», qualcuno con le mogli, e un'aria cameratesca di gita. Continuando la strada, incontro ancora poliziotti e carabinieri, ma pochi manifestanti, a piccolissimi gruppi o a due a due, in genere con qualche segno distintivo (una bandiera, un berretto, qualcosa di verde addosso, un fiocco rosa all'occhiello per indicare la nascita di «Padania»).

In campo Santi Apostoli mi fermo davanti all'edicola e osservo una signora con scarpe basse adatte a camminare, giacca leggera verde annodata al collo e borsa di un modello comune stretta al braccio, che si ferma a comperare una cartolina. Sceglie un soggetto con una maschera di carnevale, la scrive e la imbuca, poi prosegue e si unisce a una decina di persone con una bandiera della Lega che la aspettano al ponte. Dopo un po' che sto a guardare e vedo passare quasi solo turisti, mi confermo nell'idea di aver sbagliato strada (era meglio passare per l'Accademia?) e chiedo informazioni all'edicolante. Mi risponde che la mattina sono passati in molti con bandiere e camicie verdi, poi sempre di meno, adesso quasi nessuno. Non ha visto grandi gruppi, ma piccole comitive. Ha notato molti giovani e un clima allegro e tranquillo. Incrociando per esempio altri giovani con maglietta con la scritta «Italia» e «Uniti», si sono limitati a guardare senza commenti. Altre cose che ha notato è che nessuno di loro conosce la strada, sembrano spaesati, vengono dalla campagna, quasi tutti hanno lo zaino con panini; molti si sono fermati vicino all'edicola e alla fontana per un picnic sulle panchine, e spesso hanno comperato una cartolina.

Riprendo la strada e appena giù dal ponte mi fermo a leggere una poesia anonima in dialetto veneziano, scritta a computer e affissa al muro. Comincia con le parole: «I vien da la campagna». Questo mi fa pensare a qualcosa che da allora e per tutta la giornata mi sembrerà di sentire molto palpabile in città, e cioè un fastidio nei confronti della manifestazione dovuto a quella che si potrebbe probabilmente definire l'ideologia ufficiale di Venezia, e che è un insieme dei seguenti stati d'animo: insofferenza verso il turismo giornaliero (detto «mordi e fuggi»), atteggiamento da città dominante nei confronti di chi viene dalla terraferma, vanto delle origini che compensa, o forse impedisce di elaborare, l'esperienza del luogo in cui si abita («Sto a Marghera *ma* sono di Venezia»). Per contrapposizione, così mi è parso, i leghisti hanno voluto enfatizzare i segni che indicano la provenienza dalla campagna o dalla montagna.

Mi confermo in questa idea vedendo passare, mentre ancora sto leggendo la poesia, un gruppo con bandiere di San Marco e camicie verdi. Si chiamano l'uno con l'altro, sono famiglie intere con genitori e figli e hanno un'aria che ricorda una festa della classe, diciamo 1945. Un cinquantenne suona una tromba. Un altro inizia a cantare «Osteria numero uno», gli altri vorrebbero continuare ma non conoscono le parole. Un altro intona «Abbracciamoci nel tango». Gli uomini scherzano sui colombi e si lamentano di essersi dimenticati le pannocchie di mais. Dal dialetto vengono dalla provincia di Padova. Li seguo. Coro: «Amor dammi quel fazzolettino». Davanti alla chiesa di San Giovanni Grisostomo l'uomo che tiene allegra la comitiva, con camicia verde e berretto sudista, si ferma a dare una generosa manciata di moneta a un mendicante seduto davanti alla chiesa (i discorsi contro gli zingari non sono sentiti in contraddizione con l'elemosina). Un altro uomo della compagnia, con zaino e scarponi da alpino, inscena passi di danza attorno alle donne di una certa età che incrocia e canta «Gondola gondola gondolì». Due turisti si fermano divertiti, ma alle mie spalle sento un passante, infastidito per quelli che gli sembrano campagnoli in città, dire a mezza voce: «Ma no i xé boni de star a casa sua sta gente».

Giunto una mezz'ora più tardi sulla Riva davanti ai Giardini dove erano preannunciati i comizi, mi sono fermato fino alla fine della manifestazione prendendo nota dei discorsi dal palco e delle musiche trasmesse dagli altoparlanti (cori di Verdi e inno «Forza Padania libera»), girando tra la gente e soprattutto cercando tra i capannelli una conferma delle prime impressioni.

Per esempio ho continuato a far caso a tutto quello che ricorda le adunate degli alpini. In via Garibaldi ho seguito una piccola comitiva che cantava la canzone di montagna che dice «Una luce pallida appar». Per lo stesso motivo mi sono fermato a osservare un gruppetto non lontano dalla ressa di fronte al palco. Avevano due damigiane da quindici litri e distribuivano pane, formaggio e vino su bicchieri di plastica. La gente accettava volentieri e faceva complimenti per il vino. Dal dialetto direi che venivano dalle colline trevigiane. Uno di loro, un sessantenne, spiegava il suo punto di vista a un veneziano curioso, più o meno della stessa età, con queste argomentazioni: ho sempre votato D.C., come tutti in famiglia, perché seguivo quello che mi dicevano in chiesa, e invece loro prima andavano a messa e poi ci mangiavano i soldi, finalmente me ne sono accorto, adesso il Nord si è svegliato; la Chiesa: mafiosa anche quella; al Sud gli extracomunitari vanno a lavorare alla raccolta dei pomodori e sono trattati con la frusta, invece al Nord vengono e comandano loro; ci mandano qua i mafiosi; negli uffici pubblici, burocrazia, carabinieri, finanza: tutti terroni. Il veneziano gli dava ragione, ma mi è sembrato per convenienza. Entrambi esprimevano grande ammirazione per Bossi.

Un'altra cosa che ho notato è stata la presenza di curiosi e di oppositori tra i manifestanti. Dal ponte all'entrata dei Giardini, dove molti attendevano i comizi, guardo passare una famiglia in barca sul rio sottostante; dalla barca un bambino grida «Abbasso Bossi»; inaspettatamente l'uomo vicino a me sul parapetto del ponte gli batte le mani, e altrettanto fanno dal giardinetto di una casa sul canale, a una decina di metri. Quando, pochi istanti dopo, giungo sulla Riva, vedo tre ragazzi andare di fretta. Uno di loro guarda la gente con le bandiere e canticchia «Che ne faremo delle camicie nere, un bel fascio e poi le brucerem». Sono qui per la partita del Torino nel vicino stadio di Sant'Elena, è tardi e allungano il passo. Li seguo. Noto l'accento meridionale. Uno di loro legge su di un cartello «Riva dei partigiani» e dice: «Guarda che scandalo di merda. La gente è morta per difendere l'Italia e guarda queste facce di cazzo qua», poi, vedendo il busto di marmo di Giuseppe Verdi nei Giardini, aggiunge: «E proprio davanti a Garibaldi». Più tardi infine, nel momento in cui i promotori della manifestazione cercavano di sacralizzare il rito, e precisamente dopo che l'altoparlante aveva trasmesso le prime note del *Largo* di Albinoni, una voce aveva avvisato con tono grave «Ora la cerimonia assume un carattere di massima solennità attraverso la lettura della dichiarazione di indipendenza» e Umberto Bossi aveva appena cominciato a leggere scandendo le parole lentamente tra gli applausi, vedo a due passi da me, stretti tra la folla e seduti per terra, cinque ragazzi trattenersi a stento dal ridere; uno di loro imita a bocca semichiusa, con una smorfia che vorrebbe dare l'idea di un tono sguaiato, le grida «Bossi Bossi» che si sentono urlare tutto attorno; a questo punto (forse perché ha notato la mia attenzione) una ragazza gli fa sottovoce: «Attento che ci sgàmano».

Andando su e giù tra via Garibaldi e riva dei Partigiani in attesa dei comizi (era una bella giornata di sole), ho potuto tuttavia notare che non c'erano solo oppositori in incognito. Dalla finestra aperta di un appartamento su via Garibaldi, su cui passeggiavano molti gruppi di manifestanti, usciva a volume altissimo della musica che mi è sembrata araba, mentre uno striscione sul davanzale portava la scritta «Perché tanto odio?»; più tardi, accanto a quello, ne è apparso un altro con il simbolo della Padania (che pare ricordi quello della marijuana) e la scritta «Ma fumatela». Mentre fotografo il davanzale sento passare un gruppetto che canta un coro da montagna (quello della «luce pallida appar»), lo seguo e incrocio un uomo che canticchia «Bandiera rossa» in modo da farsi sentire, almeno da me. Un'ora più tardi, dopo un po' che sono stretto dalla calca che guarda il palco, ad un tratto sento una concitazione, la gente vicino a me si volta indietro e fa segni verso l'alto. Mi volto anch'io e sull'abbaino della casa che dà sulla riva vedo appese, come per asciugare, una maglietta rossa, una verde e una canottiera bianca. La gente da giù alza le braccia, fischia e grida: «Scemo, scemo, mafioso». Dalla finestra dell'abbaino compare un giovane con macchina fotografica e zoom e comincia a scattare fotografie verso di noi con aria divertita.

In quel momento sento dall'altoparlante l'annuncio «Siamo settantamila, arriviamo fino a piazza San Marco, la polizia stessa parla di cinquantamila persone», e così decido di andare a verificare. Esco a fatica dalla calca nella quale non riuscivo più a muovermi e dopo una decina di metri mi trovo in una riva semivuota. Decido di continuare verso San Marco mentre un altoparlante spara le note della sinfonia della *Forza del destino*. Ben presto mi confermo nell'impressione che i leghisti stanno accalcati all'inverosimile davanti al palco, sono disposti lungo il Bacino o sul ponte ad aspettare la barca di Bossi, ma per il resto non se ne vedono, a meno che non si confondano nel consueto flusso dei turisti. Sto per tornare indietro quando, prima del ponte dell'Arsenale, vedo due ventenni seduti per terra e un tricolore attaccato a una paratia alle loro spalle. Qualche metro più in là, sul ponte, noto un plotone di poliziotti armati con gli scudi. Mi avvicino ai ragazzi e mi accuccio per parlare con loro. Uno è di Mestre e l'altro di Milano. Mi dicono che alla partita Venezia-Parma di tre anni fa c'erano 19.000 persone, tante quanto ne contiene lo stadio, e qui sono molto meno. Dicono di votare destra e di non essere mai stati a una manifestazione politica. Avrebbero voluto andare la sera prima alla manifestazione in piazza San Marco, dove raccoglievano bandiere di tutti i tipi, ma non ci sono riusciti. Chiedo loro un'impressione sui manifestanti. Rispondono: sono venuti qui come per una sagra, non discutono di politica, parlano dialetto, ci guardano e tirano dritto.

Lascio la manifestazione alle 17.45, dopo l'annuncio «Diamo lettura della Carta dei ministri padani», quando già i primi gruppi cominciano ad andarsene. Mi fermo dai due ragazzi con la bandiera italiana alle spalle perché vedo che stanno discutendo con un manifestante. I due ragazzi gli stanno dicendo che parlare di 50.000 presenze è ridicolo. «Non vedi che è mezzo vuoto?». L'interlocutore si guarda attorno e ribatte: «Ma si vede dall'elicottero». Loro due: «Se ci fosse gente si vedrebbe anche da qua». Un altro ragazzo che si è appena aggiunto, dice che il liberismo farà stare peggio chi vive male. Una donna che sta passando per tornare alla stazione si ferma e fa al marito: «Ma cosa dice?». «Già adesso – riprende il ragazzo – gli operai e i dipendenti pagano praticamente tutto». La donna strattona il marito: «Andiamo via, sono figli di papà». Osservo che marito e moglie parlano dialetto, e i ragazzi italiano. Mentre mi allontano, sta parlando Bossi. Mi segno queste parole: «Tutti per uno, uno per tutti», «Guai a voi».

Poco prima del Ponte dei Sospiri sento dall'altoparlante che durante la giornata ci sono state elezioni lungo il Po. Mi segno questo: «Sono state aperte due milioni, due milioni e mezzo di schede». Come in tutte le manifestazioni, è arrivato il momento di discutere il numero dei partecipanti. Passando per piazza San Marco lo faccio anch'io tra me e me. Mi chiedo quanto tempo ci si possa mettere ad aprire una scheda, contare e comunicare i risultati a qualcun altro. Faccio a mente qualche somma e qualche moltiplicazione e, data l'ora (sono le sei e un quarto), concludo che i conti dell'altoparlante non tornano. Poi mi domando da dove nasce la faciloneria di quel «due milioni, due milioni e mezzo», come fossero cifre equivalenti. Penso che la differenza di mezzo milione deve sembrare irrilevante a chi ha in mente un plebiscito per sancire un'appartenenza territoriale piuttosto che un voto per testa.

Tornando verso piazzale Roma mi fermo prima alla manifestazione dei Centri Sociali in campo Santo Stefano, poi a quella in campo Santa Margherita. I leghisti invece sono stati fatti passare dalla polizia per Strada Nuova, la stessa strada dell'andata, come si fa per impedire l'incontro tra le opposte tifoserie.

[1997]

Culti domestici

È una composizione di oggetti allestita nel corridoio d'entrata di una casa in Villaggio San Marco, a Mestre. La composizione è stata costruita un po' alla volta dalla persona che vive in casa nel corso degli ultimi venti anni, a partire grosso modo dal 1992. Prima di allora alla parete erano appesi solo i tre piatti: due sono souvenir e uno ha il ritratto di papa Giovanni XXIII. Lì sotto si sono via via aggiunte epigrafi e foto di persone care defunte, a cominciare dai genitori e dalla moglie. Le fotografie più vecchie, tolte dall'album di famiglia, risalgono agli anni precedenti alla prima guerra mondiale e raffigurano i nonni materni.

Si comincia con una fotografia, sopra un mobile di casa oppure alla parete. Un po' alla volta se ne aggiungono delle altre. All'inizio una foto può essere infilata ai bordi di uno specchio o tenuta ferma con una puntina da disegno, ma col tempo tutte le foto pretendono la loro cornice. Alla fine si ha una composizione: un ritratto in evidenza al centro, e tutti gli altri disposti in alto o in basso, sulla destra o sulla sinistra, con una simmetria che si adatta allo spazio prescelto. Alcune composizioni sono allestite in camera da letto sopra il comò, e sono private. Altre invece sono in entrata, in cucina o in salotto, e sono rivolte anche agli ospiti.

Ho detto «un po' alla volta» e «col tempo». In realtà ci sono momenti precisi in cui una foto esce dall'album o dalla scatola per finire in bella mostra. Questi momenti sono le fasi della vita delle persone di famiglia – la nascita dei figli, l'uscita di casa per abitare altrove o per formare una nuova coppia, il servizio militare, il ritorno a casa, la morte.

È soprattutto quest'ultima a presiedere alla composizione di ritratti. È allora che la fotografia della persona morta lascia le altre foto con cui è conservata e cerca uno spazio tutto per sé. I morti ritornano benevoli.

I legami spezzati si ricompongono. Le generazioni separate s'incontrano nuovamente.

Ho detto «si comincia», ma quando? Fin da piccoli si impara che ci sono cose che non si possono buttare, ma è solo a un certo punto che si cerca in casa un'edicola, una nicchia, una mensola, una cornice, un ripiano in cui collocare gli antenati. Si comincia insomma a una certa età, in seguito a un dolore o al venir meno di un rapporto.

Dicono che la memoria si fondi sulla cancellazione, sull'oblio. E infatti non tutti gli antenati trovano posto nella composizione. Alcuni perché non hanno mai avuto un loro ritratto. Altri perché sono esclusi dal ricordo. I parenti, come si sa, non si possono scegliere, gli amici sì. Si scelgono anche le genealogie. Ci sono vedovi che dispongono il ritratto della moglie sopra il comò, e poi ripongono in un altro angolo della casa, uno accanto all'altro, solo i ritratti della propria famiglia di origine o di persone care della propria giovinezza. Ci sono vedove che collocano al centro la foto del marito, e poi da un lato gli antenati della propria famiglia paterna e dall'altro lato quelli della famiglia del marito. Ma in ogni caso non tutti gli zii o i cognati vi trovano posto, solo alcuni.

Gli antenati non sono i capostipiti della famiglia, più o meno leggendari, ma persone di cui si ha un ricordo personale, a volte vago o mediato dal racconto di una persona più anziana. I ritratti risalgono perciò alla generazione dei genitori, dei nonni, raramente dei bisnonni. Mettendo assieme persone che si sono incontrate da vive, chi alla fine della vita e chi all'inizio, ecco riunite tre o quattro generazioni. Col tempo i ritratti cambiano. Le persone vissute prima cedono il posto a quelle venute dopo. Ma le composizioni restano, ogni generazione ha la sua.

Accanto ai ritratti delle persone care possono prendere posto un santino, un'icona, un quadro, una statua di madonna o di un santo. Sono esseri che hanno il loro culto anche nelle chiese, ma in casa sono legate alla storia della famiglia, e quindi non chiedono riti pubblici, solo un tono e un atteggiamento confidenziale. Ricordano una persona, un viaggio o un momento particolare; spesso sono regali. Come gli antenati, sono esseri benevoli, proteggono la casa e seguono la famiglia nei traslochi.

Come avranno fatto prima dei dagherrotipi e delle fotografie? Avranno messo in mostra o in un cassetto un centrino ricamato, un libro di preghiere, un orologio, una ciocca di capelli, una lettera dalle Americhe?

[2010]

La Curva Sud dello stadio Penzo

Stadio Penzo

Lo stadio di Venezia è circondato dall'acqua. Per raggiungerlo, tutti gli spettatori devono passare su un ponte stretto, che il servizio d'ordine della società tiene chiuso fino all'ora stabilita. L'accesso è consentito solo a chi esibisce il biglietto o l'abbonamento. Ai cancelli dello stadio si fa la coda per la seconda volta.

Le gradinate circondano il campo di gioco formando un rettangolo: si usa termine «curva» solo per convenzione, per indicare i settori dove i biglietti costano meno. La «Curva Sud» è situata lungo uno dei lati minori, quello verso la riva dei Giardini della Biennale. Sul lato opposto ci sono due settori, recintati e divisi da uno spazio vuoto per evitare contatti: il più piccolo, verso la città, è destinato ai sostenitori della squadra di casa; il secondo, verso il Lido, agli ospiti. Sul lato più lungo del campo, a destra per chi guarda dalla Curva Sud, ci sono le gradinate dei «Distinti». Sulla sinistra ci sono i posti numerati della «Tribuna», gli unici al coperto.

Durante la partita, nei Distinti, in Tribuna e in gran parte della Curva nord occupata dai tifosi di casa si sta seduti; in Curva Sud e in quella dei tifosi ospiti si sta in piedi.

Dalla Curva Sud e dal settore-ospiti della Curva nord si alzano cori, slogan e battimani collettivi e ritmati; dagli altri settori solo grida individuali.

La Curva Sud può contenere circa 5000 persone; la Curva nord un po' meno perché c'è un buco tra i suoi due settori; nei Distinti c'è posto per circa 3200 persone, e in Tribuna per 1800. Totale: circa 15.000

persone. Non ho fatto ricerche, ma deve essere uno dei più piccoli, se non il più piccolo stadio di calcio di serie A in Italia. Non rispetta gli standard richiesti. Viene usato in deroga alle norme di sicurezza.

Uscendo dalla Curva Sud, tutto il pubblico si accalca e fa una nuova fila per ripassare sullo stesso unico ponte utilizzato per entrare.

Lo stadio suggerisce impressioni differenti. Roberto Ferrucci considera il Penzo «lo stadio più comodo della serie A. Utilizzando i mezzi pubblici, in poco più di mezz'ora da Mestre sei dentro, seduto al tuo posto»[1]. Tiziano Scarpa lo definisce «uno stadio baracca»[2].

Un osservatore può suddividere la Curva Sud in molti modi.

Settori di gradinate

C'è un primo settore, a ridosso della rete del campo; un secondo, più alto, diviso da una specie di ringhiera o parapetto; un terzo, più alto ancora. In omaggio all'idea di curva e sull'esempio di altri stadi, i tre settori si chiamano comunemente «anelli». Per salire al secondo e al terzo «anello» si usa una scala esterna in metallo, con i parapetti di assi di legno. Ogni «anello» è attraversato da scalette che permettono di arrivare alla gradinata prescelta; pochi le usano, la maggioranza preferisce scalare le gradinate.

Io e Giovanni, dopo aver provato un paio di postazioni, ci mettiamo «al solito posto», sul parapetto che divide il secondo anello dal primo, alle spalle del portiere. È un posto ambito, perché si vede bene e ci si può appoggiare alla ringhiera; per conquistarlo si deve arrivare per tempo, almeno un'ora e mezza prima della partita.

Prima dell'inizio del gioco, un annuncio ripete di «favorire sempre e comunque il deflusso dei disabili» nei casi di emergenza. Non risulta che qualcuno si preoccupi di favorirne l'afflusso in condizioni normali.

Le gradinate poggiano su tubi Innocenti. Quando si salta, tutta la

[1] R. Ferrucci, *Giocando a pallone sull'acqua. Venezia e il Venezia in serie A*, Marsilio, Venezia 1999, p. 21.

[2] Cfr. l'intervista riportata in A. Manzo, *Scarpa: «Col calcio si esagera»*, in «Il Gazzettino», inserto «Venezia Weekend», 29 ottobre 1998.

struttura oscilla. Le prime volte, l'elasticità dei tubi Innocenti mette un po' paura.

Più alto si sale, più la vista si allarga fino a comprendere le isole di Sant'Erasmo, delle Vignole, di Sant'Andrea, e la bocca di porto. Ogni tanto si vede passare una nave. Se il cielo è limpido, si vedono le montagne.

A parte l'ostacolo della rete di recinzione, dalla Curva Sud la partita si vede bene. A detta di chi ha fatto il confronto, si vede meglio che in molti posti della Tribuna, dove si può capitare dietro a una delle tante colonne che la ingombrano.

Tifosi

I tifosi che si autodefinirebbero «Unionisti» si mettono nel primo anello, ma si trovano anche nella parte centrale e in quella verso la terraferma del secondo anello; quelli che si autodefinirebbero «Veneziani» si dispongono invece nel secondo anello, verso il Lido. Se prendiamo i modi in cui gli uni definiscono gli altri, i primi sono «Mestrini» o «quelli di sotto»; i secondi sono «Veneziani» o «quelli di sopra». Filippo preferisce chiamare i primi «Metropolitani», e davvero questi abitano per la maggior parte nell'area metropolitana tra Venezia, Mestre, Marghera e i comuni della cintura.

Gli «Unionisti» chiamano la squadra «Unione» o «VeneziaMestre»; i «Veneziani» la chiamano «Venezia». Quando si uniscono ai cori lanciati dai primi, i secondi sostituiscono i termini «Unione» e «VeneziaMestre» con «Venezia».

I tifosi fanno capo a club o associazioni. Individuo il gruppo più vistoso, l'Ultras Unione. Col tempo riconoscerò il club Gioventù lagunare («Veneziani»). In trasferta a Firenze, nel novembre 1998, incontrerò il club Calimero formato da dipendenti della Miralanza e dai loro famigliari, riconoscibili dai cappellini tutti uguali.

Ci sono colleghi di lavoro e delle associazioni del Dopolavoro. Oggi sono capitato vicino a quelli del porto. Uno si vanta con me di aver fatto mettere lo striscione «I portuali per il Venezia».

Il sostegno di gran lunga più forte alla squadra viene dal settore dell'Ultras Unione, dove sono concentrati stendardi, bandiere e striscioni. Il tifo dei «Veneziani» si attiva soprattutto nelle pause dell'Ultras Unione; normalmente è sovrastato. La parte verso la terraferma nel secondo anello si unisce ai cori dell'Ultras Unione quando ci sono buone azioni e fischia gli avversari, ma si ritiene libera da impegni di tifo ad oltranza. Dalla mia posizione l'anello più alto non si sente.

L'unico rito che accomuna una curva così divisa è il canto della canzone veneziana «Pope oè» («l'inno»), eseguito con le sciarpe stese sopra la testa e i corpi che ondeggiano.

I modi di sostenere la squadra conservano tracce delle pratiche di andare allo stadio succedutesi negli ultimi decenni, sicché, osservando il comportamento dei tifosi, si può tracciare una sorta di stratificazione cronologica del tifo. Dietro di noi c'è uno che per tutta la partita ha sostenuto la squadra come si usava nelle squadre di promozione fino agli anni Sessanta e forse si usa ancora: cioè bestemmiava e insultava ogni volta il giocatore dei nostri che perdeva palla; al centravanti: «va' a nasconderti, tagliati i capelli, sono tiri da fare?!»; al capitano: «trentacinque anni per niente»; all'allenatore: «buttalo fuori» e così via. Ce l'aveva un po' con tutti, e voleva un altro giocatore in campo. Al tifo ultras ho già accennato: incoraggiamenti ritmati, cori, battimani, coreografie, fumogeni, sventolio di sciarpe, «Pope oè», seguendo con disciplina il capocoro. Infine c'è il tifo «post ultras»: tipi sopra i quaranta con estetica dell'ultras (sciarpa e a volte cappellino), che però riconoscono la bravura degli avversari, e se uno dei nostri chiede il rigore dicono che si è buttato apposta.

La maggioranza dei tifosi porta una sciarpa al collo. Ci sono sciarpe con prevalenza di arancione e verde («Unionisti») e sciarpe con prevalenza di nero e verde («Veneziani»). Le sciarpe simili si mettono assieme e formano una macchia. L'estetica largamente maggioritaria negli stendardi e nelle bandiere del primo settore è rasta: treccine, prevalenza del colore arancione, foglie di marijuana, lettere minuscole.

Quando piove si distinguono quelli con l'impermeabile, con l'ombrello, con un sacchetto di nylon in testa, e quelli senza niente per ripararsi. Un uomo vende impermeabili leggeri che si rompono quasi subito. Se si apre l'ombrello, quelli dietro non vedono. I più previdenti hanno il poncho.

Maschi e femmine

Le uniche distinzioni accettate in Curva Sud riguardano club di tifosi (per esempio «Ultras Unione», «Gioventù lagunare», «Club Calimero») e luoghi di provenienza (per esempio bandiere con il nome «Chioggia», «Mogliano» o «Quarto d'Altino»). Vengono ignorate, o meglio nascoste, le differenze di classe e di status. Allo stesso modo sono inesistenti i segni che identificano la differenza di genere. L'unico modello esibito – nel linguaggio, nei gesti, nelle canzoni e nel modo di vestire e di urlare – è quello maschile. Una canzone, che riprende quella famosa di Rita Pavone e che viene cantata spesso durante la partita, dice «Perché perché / la domenica mi lasci sempre sola / per andare a vedere la partita / dell'Unione perché perché / perché tifo per l'Unione alè alè».

Di conseguenza, le prime volte sembra che ci siano solo maschi. Vedo ragazzi e uomini sulle gradinate, e uomini in campo. Nel settore dell'Ultras Unione molti maschi portano un cappello alla pescatore o alla Jovanotti. Il primo anello, soprattutto nella parte centrale, di fronte ai capicoro, è occupato dai ragazzi più giovani. Le altre età si dispongono più in alto: qui si trovano anche i ragazzini fino ai dodici-tredici anni, che vengono allo stadio con il papà, con lo zio o con il nonno; dopo, crescendo con l'età, si uniscono ai coetanei e scendono verso i gradini più bassi del primo anello.

Col tempo comincio a notare coppie di fidanzati, compagnie di ragazzi e ragazze, marito e moglie. Poi individuo gruppetti di amiche. Donne e ragazze ce ne sono, ma non si distinguono per l'abbigliamento o per qualche altro segno. Solo nel secondo anno di serie A cominceranno a notarsi per un nuovo modello di sciarpe con prevalenza del colore rosa.

Parlando con altri spettatori della curva e riflettendo sulla mia esperienza, mi accorgo che le relazioni tra uomini e donne (marito-moglie, madre-figlio, fratello-sorella, tra fidanzati e così via) sono decisive, anche se restano dietro le quinte. Il marito va allo stadio e così la moglie ha un pomeriggio tutto per sé; la mamma tiene in ordine e prepara ogni domenica maglia o giubbotto bomber dell'ultras; uscendo dallo stadio il ragazzo mette da parte l'atteggiamento da giovane guerriero, si allontana dal gruppo di coetanei per rassicurare al cellulare la mamma che va tutto bene e sta tornando a casa; il papà e il figlio telefonano alla mamma a casa per dare il risultato e informare dell'ora di arrivo; la mamma prepara la cena e registra su cassetta VHS «Novantesimo minuto» per marito e figlio che tornano tardi.

Dietro il pomeriggio di un uomo allo stadio ci sono contrattazioni con la fidanzata o la moglie.

Un biglietto o un abbonamento costa, perciò bisogna discutere le priorità delle spese. Poi, il tempo libero è quello che è, e si deve decidere cosa farne. La lunghezza del viaggio fino a Sant'Elena complica le cose per chi viene dalla terraferma, soprattutto dai luoghi più lontani della provincia. I discorsi che si possono ascoltare da un ragazzo giovane in motonave, andando al Penzo, sono di questo tipo: «Per venire alla partita lascio da sola la morosa. Certe volte la convinco a seguire la squadra in trasferta facendo gita sabato e domenica, se ci sono di mezzo città che vale la pena, come per esempio Roma; ma non possiamo farlo sempre; se ci fosse lo stadio in terraferma la domenica starei via poco più di due ore e sarebbe tutto più semplice. Venezia è un bel colpo d'occhio tutte le volte, ma io ci vengo già a lavorare tutte le mattine, non c'è bisogno che perda tutto questo tempo per la partita».

Capannelli

In curva sud si notano capannelli e si intuiscono reti di amicizia. Prima della partita gli amici si chiamano l'un l'altro a voce alta e con gesti da una parte all'altra per salutarsi e scambiarsi offese per scherzo. A volte, per farsi individuare in mezzo alla folla, usano il telefonino. Allo stadio si va in compagnia. Oggi per esempio sono con mio figlio Giovanni e con il mio amico Mario. Mia figlia Giulia si è sistemata con un suo amico nell'ultimo gradino del secondo settore. Individuo alle mie spalle un ragazzo che si è laureato con me. Un po' più in alto dovrebbe esserci il libraio presso il quale faccio i miei acquisti. So che verso il centro c'è il moroso di mia nipote, con i suoi amici. Non vedo il figlio di un mio amico e collega, ma se faccio attenzione lo trovo: so più o meno dove si mette. In fondo, sulla mia sinistra, dovrebbe esserci un mio vicino di casa quando abitavo a Mestre, a volte con il gruppetto di Rifondazione Comunista del Villaggio San Marco. Ci sono facce che conosco bene: un altro vicino di casa di quando stavo a Favaro, coetanei dei tempi del Villaggio San Marco, uno che lavora alla Biblioteca Nazionale Marciana, il commesso di un'edicola di Venezia, l'uomo in fianco a me fin dalla prima partita. Tutti hanno amici, e si mettono vicini. I posti non sono fissi, ma, dato che siamo quasi tutti abbonati, finiamo per sistemarci nello stesso posto.

I discorsi avvengono tra le poche persone che si conoscono, o perché sono venute assieme allo stadio o perché familiarizzano col tempo mettendosi vicine. Come dappertutto, se si prova a inserirsi nei loro commenti alla partita, i capannelli reagiscono con stupore e tendono a ignorare l'estraneo.

Oggetto dello sguardo e diritto di parola

Non tutti in curva guardano la partita; pochissimi hanno diritto a parlare pubblicamente. Arrampicati alla rete del campo, alle spalle del portiere, un paio di ragazzi con un megafono stanno tutta la partita rivolti verso la curva. Dallo scorso anno ho saputo che si chiamano Pippo e Maggio. Col tempo appare un trabiccolo, abbastanza solido, su cui stare in piedi. Appena sotto di loro dei ragazzi giovani guardano verso la curva e contemporaneamente tengono d'occhio l'andamento della partita girando la testa verso il campo di gioco. Negli altri settori si guarda la partita e si tengono d'occhio quei giovani, con maggiore o minore interesse secondo la partecipazione al tifo.

I ragazzi arrampicati alla rete del campo hanno un megafono con il quale dettano e iniziano cori, slogan, pause, battimani, fischi. I ragazzi sotto di loro che guardano verso di noi fanno segni con le mani invitando i sostenitori a seguire le indicazioni. Col tempo imparerò i nomi e i soprannomi: uno è «il Bae», ma si chiama Francesco, un altro è Franz, un altro ancora è Arnaldo. Qualcuno batte su tamburi per dare il tempo. A differenza degli altri settori della curva, il posto in cui stanno ha un nome, si chiama «balconata». Si tratta di un posto di privilegio. I tifosi dell'Ultras Unione che affollano le gradinate della curva obbediscono, partecipano. I cori partono da giù e risalgono verso l'alto. Il contrario non avviene mai.

Il megafono ce l'hanno solo Pippo e Maggio. A volte, dietro loro consenso, viene momentaneamente usato da qualcuno dei ragazzi che stanno in balconata. Col tempo il megafono verrà sostituito con un microfono e due altoparlanti, che però non funzionano quasi mai.

L'analogia tra rito calcistico e rito religioso viene in mente subito. Ecco la massa dei fedeli; ecco i membri delle confraternite; ecco gli officianti. Ciascun gruppo ha il proprio posto, a diversa distanza dallo spazio consacrato. I celebranti arrivano all'ultimo minuto e impugnano il megafono. Tra i fedeli ci sono quelli che non mancano mai: arrivano in anticipo, ritirano il foglio che annuncia il programma all'entrata della curva, si dispongono vicino allo spazio riservato agli officianti, sanno le canzoni a memoria, conoscono la sequenza dei gesti, seguono attivamente le diverse fasi del rito. Altri invece partecipano saltuariamente, solo nelle feste più importanti; quando lo fanno, arrivano all'ultimo momento, trovano posto nelle ultime file, continuano a parlare con il vicino di gradinata, ignorano i richiami del celebrante, partecipano il minimo necessario – con fischi o con applausi, magari solo alla fine della partita – e lasciano per primi lo stadio.

Lingua, passaporto

La lingua ufficiale della curva sud – quella che usano i capicoro – è il dialetto veneziano, ma si parla il dialetto in tutte le sfumature in uso nella provincia di Venezia. Le diverse cadenze svelano la provenienza e i percorsi per raggiungere lo stadio: quelli di Venezia; quelli di Mestre; quelli di Marghera; i chioggiotti con quelli di Sottomarina; uno da Rovigo; quelli in motonave dal Cavallino e da Treporti; quelli della Riviera del Brenta che usano termini padovani e che lasciano la macchina prima del Ponte della Libertà; quelli raccolti dagli autobus lungo la Castellana; ragazzi del liceo di Mogliano che hanno la cantilena trevigiana; mestrini che hanno trovato casa a Marcon.

Siamo tutti bianchi con nazionalità italiana. Quattro cinque neri, uno dei quali si porta dietro un tamburo, stanno in balconata. Una coppia di giapponesi non manca mai: occupa più o meno lo stesso posto, nell'ultima fila del primo anello.

Post scriptum

La geografia di una curva si assesta di continuo. Nei campionati successivi a quelli che raccontiamo, tre gruppi «unionisti» si sono spartiti il primo anello: all'Ultras Unione, che è rimasta al centro, si sono affiancati i Vecchi Ultras da una parte, e i Rude Fans dall'altra. La competizione e il contrasto tra di loro ha cambiato il clima della curva. Nel secondo settore ha inoltre fatto la sua comparsa la Brigata Venezia.

Anche i singoli individui cambiano di posto. Giovanni ha raggiunto l'età in cui si hanno altri interessi e allo stadio si va con gli amici. Per lui è arrivato il momento di scendere verso il basso del primo settore. Io sono rimasto nella parte centrale della curva, dietro la porta, ma ho scavalcato la ringhiera, passando dalla prima fila del secondo anello all'ultima del primo. Quando viene, Filippo si mette vicino a me. Nei prossimi mesi vedrò se seguire le partite con altri amici miei coetanei o se passare la domenica in altro modo. Comunque sia, dalla mia nuova posizione non potrei più scrivere capitoli come *Abbracci* o *Felicità*.

[2001]

Un 25 aprile a Mogliano Veneto

È previsto che la manifestazione, banda comunale in testa, parta dalla piazza di Mogliano Veneto alle dodici, ma io arrivo in anticipo per assistere all'apertura della cerimonia. In programma ci sono: alzabandiera, messa, inni, deposizione delle corone di alloro, e ammainabandiera alla fine della giornata. Leggendo i manifesti che annunciano la giornata – ce ne sono in più punti della piazza – mi rendo conto che le polemiche dei giorni scorsi sulla canzone più consona (se il *Piave* o *Bella ciao*) hanno trascurato il fatto che questo è comunque un cerimoniale da 4 novembre. Penso che sarebbe bello un concorso di idee su come vorremmo la festa del 25 aprile, rifletto sul fatto che le polemiche sul passato sono così accese proprio perché implicano un'idea di futuro che vogliamo (o di cui abbiamo paura).

1. S'inizia alle undici, e a quell'ora mi avvicino al monumento ai caduti: un monumento come tanti, sormontato da un uomo a petto nudo con gladio scudo ed elmetto, e in fianco una vittoria alata con corona d'alloro in mano. Mi accorgo dell'inizio della cerimonia sentendo suonare l'inno di Mameli. Le autorità sono schierate con le spalle al municipio e guardano il monumento in una posa che ricorda l'attenti. Nel gruppo di tutti uomini, riconosco il sindaco dalla fascia tricolore e dai riccioli con cui appare nelle fotografie. Non ricordo se a un lato oppure a semicerchio stanno i rappresentanti delle associazioni di reduci e dell'Anpi; in fianco, la banda. Squilli di tromba, ordini militari, l'inno del Piave e alla fine, dopo altre parole scandite nel silenzio, le autorità e i rappresentanti delle associazioni, preceduti dalla musica, formano un corteo che si avvia verso la chiesa. E immediatamente una piccola folla, disposta ai due lati del percorso, intona *Bella ciao* accompagnandola

con il battito delle mani. Viene distribuito un foglio con le parole della canzone, ma molti rifiutano perché dicono di conoscerla già.

Alla fine della canzone il corteo si è ormai allontanato e la folla prima applaude e poi si spezzetta in tanti capannelli di persone che si salutano. Anch'io mi fermo con un'amica che vedo di rado. I capannelli si sciolgono e si riformano, si capisce che tutti abitano a Mogliano, perlopiù sopra i quarant'anni di età. Appuntamento a quando il corteo uscirà dalla chiesa.

Un gruppetto di ventenni arriva in questo momento, s'informano. Capisco che c'erano anche alla contestazione a Gentilini in questa piazza nel novembre dello scorso anno[1]. Si farà altrettanto tra un'ora, nessuno sa bene come – se si contesta o «si canta per noi», se si aspetta in piazza o si seguirà il corteo ufficiale che ha in programma un piccolo percorso, e così via. Ma nessuno si cura nemmeno di saperlo o di avere la linea. C'è un'aria di festa, leggera, c'è il piacere d'incontrarsi. Mi fermo a chiacchierare con una ragazza che è lì con il cane a guinzaglio, come per una passeggiata. E poi c'è un bel sole e il brusio consueto dei mercatini. Nelle vie del centro infatti ci sono i banchetti, disposti lì fin dalla mattina presto, e la gente passeggia guardando gli oggetti e fermandosi a domandare il prezzo e a contrattare. Anch'io passo tra i banchetti della piazza e mi fermo da una coppia di ragazzi che conosco.

2. Ecco, la musica della banda annuncia l'uscita di chiesa. La folla, che finora ha aspettato vicino al monumento, si mette ai lati della strada e lascia passare il corteo: prima la musica a tempo di marcia, poi le autorità, e infine i rappresentanti d'arma con i gonfaloni. Le associazioni partigiane sono applaudite. Che si fa? Si aspetta che torni indietro il corteo? Un primo gruppo si accoda, e tutti dietro.

«Ma che cazzo ci fa la bandiera di Che Guevara?» sbotta in dialetto un

[1] Il 9 novembre 2009, il «Comitato cittadini indignati» aveva organizzato una protesta contro l'iniziativa del sindaco di Mogliano Veneto, Giovanni Azzolini, di ospitare e patrocinare la presentazione pubblica, presso il municipio, del libro di P. Calia, *Gentilini il sindaco sceriffo* (edizioni Anordest), «biografia autorizzata» dell'ex sindaco e allora pro-sindaco di Treviso, Giancarlo Gentilini. Si veda G. Vivian, *Cittadine e cittadini si indignano e negano la piazza a Gentilini*, storiamestre.it, 14 novembre 2009, <https://storiamestre.it/2009/11/moglianoantirazzista/>).

uomo sul marciapiede, parlando con una donna. Dopo il corteo ufficiale si vedono infatti due tre bandiere del PD, altrettante di Rifondazione Comunista, un paio di tricolori e una bandiera rossa, più alta di tutte, con l'icona del Che. Dietro, nessun'altra bandiera, né striscioni, né cartelli. Una signora distribuisce dei piccoli foglietti con la scritta «e le genti che passeranno / BELLA CIAO» con uno spillo pronto all'uso, e parecchi se lo appuntano sulla camicia: con il caldo che c'è, sono sparite giacche e maglie, si vedono camicie e magliette a mezza manica. Mi accodo anch'io.

Dalle prime file sento partire *Bella ciao* e in breve, risalendo verso le ultime file dove mi trovo, la canzone viene cantata da tutti. Uno spettatore sul marciapiede vedrebbe sfilare davanti a sé prima la banda con ritmi di marcia, dietro il piccolo corteo con le autorità e i rappresentanti delle associazioni d'arma in silenzio, e alla fine il grosso dei partecipanti, uomini e donne di ogni età, al canto di *Bella ciao*.

Dopo poche centinaia di metri si arriva alla strada statale Terraglio, e lì si prende a sinistra, in direzione di Mestre. Dai marciapiedi arrivano applausi, e parecchi si uniscono alla canzone e al battito delle mani. Prima del semaforo e del sottopasso, sulla destra, ci si ferma davanti a un monumento. La banda smette la sua musica; noi, che arriviamo subito dopo, continuiamo a cantare la canzone fino all'ultima strofa, mentre la banda e il cerimoniale sono costretti ad aspettare che noi finiamo. E adesso? Il direttore della banda sta per dare il via alla musica, quando vedo il marito della mia dottoressa avvicinarsi e bloccarlo per dirgli qualcosa. I due discutono animatamente. Al termine della manifestazione mi farò raccontare e capirò meglio. Ma già adesso è chiaro che contesta la musica che stanno per suonare. Alla fine il direttore della banda attacca il *Piave*. Il *Piave* il 25 aprile? Dai manifestanti partono fischi. Le autorità e le persone vicine, si capisce che vorrebbero silenzio. I manifestanti, così mi è sembrato, erano incerti: chi stava in silenzio esibendo disapprovazione, chi fischiava. Quando la banda finisce, il corteo si rimette in moto e cominciamo a cantare di nuovo *Bella ciao*, accompagnati da parecchia gente sul marciapiede. Si torna per il Terraglio verso il centro.

Alla fine della canzone arriviamo a una lapide posta in alto sulla destra, poco prima del semaforo. Anche lì, stessa scena: tutti fermi, rivedo lo stesso uomo di prima bloccare il direttore e avere con lui un altro diverbio, poi la banda attacca il *Piave*. Lascio i manifestanti e passo sotto i portici per cogliere le reazioni e non faccio in tempo ad arrivare davanti alla storica caffetteria di Mogliano che sento un uomo dire a voce alta sotto i portici, per farsi sentire: «Questi signori hanno fischiato il *Piave*!». Forse le parole «questi signori», forse il tono (mi è sembrato un falsetto stridulo, ma forse è stata una mia impressione), forse l'aspetto dei portici: fatto sta che mi sono sentito catapultare nell'atmosfera del primo dopoguerra che ho letto in qualche libro di storia, quando il *Piave* era interrotto da *Bandiera rossa*; ma subito dopo ho pensato agli anni Trenta, quando il *Piave* era un inno del regime fascista... E oggi, a distanza di tanto tempo, non dovremmo sentire il bisogno di ricordare la prima guerra mondiale con altri sentimenti, con altre canzoni?

Con questi pensieri lascio i portici e mi unisco di nuovo alla manifestazione. Questa volta mi metto nella prima fila: davanti a me la musica della banda e il corteo in silenzio, in fianco e dietro di me la gente che canta. Ai lati della strada avverto simpatia, e voci che si uniscono alla nostra.

3. In piazza il cerimoniale prevede il discorso del sindaco. E il sindaco prende la parola. Ricorda l'impegno del Comune per celebrare la Resistenza con una serie di manifestazioni nel corso di una settimana. La piazza ascolta in silenzio. Poi il sindaco, accennando alle polemiche, ribadisce che però l'inno di Mogliano è la canzone del *Piave*. Cominciano i fischi e le grida «vergogna». Si sente più volte lo slogan «il 25 aprile / non è il 4 novembre». Ho visto dall'altro lato della strada un uomo lasciare il suo banchetto al mercatino e avvicinarsi alla manifestazione gridando al sindaco qualcosa come «pagliaccio» e «buffone». La piazza ha intonato *Bella ciao*. Poi mi sono accorto che anche dall'altro lato del monumento cantavano, e che non eravamo a tempo, un verso dalla nostra parte finiva mentre dall'altra parte era ancora all'inizio. Solo un po' alla volta siamo entrati in sintonia. Nello spazio cerimoniale davanti al monumento dei caduti c'era silenzio, mentre tutto intorno si cantava. Ogni tanto il sindaco diceva: «Ecco un esempio della tolleranza, ecco un esempio della democrazia». Molti avranno pensato come me: ma che democrazia è se cancella la Resistenza e la Costituzione, e non prevede il dissenso? Noto dalla parte dei banchetti i due ragazzi che conosco cantare *Bella ciao* battendo le mani, e la ragazza muoversi come ballando. Alla fine mi diranno che dalla loro posizione sembrava che *Bella ciao* fosse cantata da tutti. Si è

avvicinato al microfono il presidente dell'Anpi di Mogliano per chiedere di lasciar parlare il sindaco. Ma la canzone è continuata normalmente fino alla fine, con la replica rituale dei versi «è questo il fiore del partigiano / morto per la libertà». Allora ha ripreso a parlare il sindaco, e, avvicinandosi alla conclusione, ha invitato a comperare il bòccolo allo stand della Croce rossa, per celebrare in questo modo la festa di San Marco. E qui è stato nuovamente fischiato e ha dovuto sospendere brevemente il discorso. Poi ha ripreso, per chiudere subito dopo.

È il momento in cui tocca alla banda suonare *Bella ciao*. La piazza si unisce e canta. Ma dopo due tre strofe, la banda smette di suonare, e la piazza continua fino alla fine.

Giunto il momento della chiusura, la banda suona l'inno di Mameli. Mi chiedo cosa faranno i manifestanti. Dopo un attimo di incertezza, la piazza si mette a cantare *Fratelli d'Italia*. Non è il tono solenne di chi canta un inno (con la mano sul petto e sull'attenti), ma un tono allegro, di festa. Vicino a me un giovane si toglie dal collo il fazzoletto tricolore e lo stende davanti a sé tenendolo con le braccia stese, come la sciarpa in una curva dello stadio.

4. Tornando verso casa faccio un pezzo di strada a piedi insieme al marito della mia dottoressa. Mi dice di essersi avvicinato una prima volta al direttore della banda davanti al monumento sul Terraglio, per chiedergli perché non suonava *Bella ciao*, visto che era il 25 aprile e non il 4 novembre. Di qui un primo battibecco. Il direttore gli aveva risposto che avrebbero suonato *Bella ciao* non lì, ma alla terza tappa, come prescritto dal sindaco. Più tardi, sotto la lapide sul Terraglio, pensando che fosse quello il turno (avevano suonato il *Piave* già due volte), l'aveva fermato ritardando l'inizio della musica, con un altro diverbio. Mi dice che a lui costa fare queste cose, ma sente che è giusto disturbare una cosa inaccettabile che si vuol far passare come normale.

Prima di lasciarci, mi racconta un dialogo sentito a un banchetto del mercatino. Un uomo diceva all'altro: «Perché dovremmo cantare *Bella ciao*? sarebbe come se noi, nell'anniversario dell'uccisione di Mussolini, obbligassimo tutti a cantare una canzone per onorare la sua figura». Era uno di quei banchetti nostalgici – aggiunge davanti alla mia incredulità –, che vendono medaglie militari e ritratti di Mussolini.

[2010]

POSTFAZIONE

Mestre era un mostro

di Matteo Melchiorre

> Abbiamo imparato che se uno vuol conoscere un luogo o una situazione, va a vedere di persona.
> Piero Brunello, *Lettera a Erodoto*

1. Quando avevo non più di dieci anni, e abitavo dove abitavo, ossia in un paese delle Prealpi venete che contava allora un 700 abitanti più o meno, era legittimo eccome avere dei dubbi sull'esistenza di Mestre. Per via di quella sua terminazione *-tre* che era la stessa di Fel-*tre*, città nostra, vicinissima, e della cui rassicurante esistenza non potevamo dubitare, Mestre era certo una realtà plausibile. Ma poteva riferirsi a un luogo fino in fondo reale, agli occhi di noi che avevamo, appunto, su per giù dieci anni, una parola, Mestre, il cui pieno significato sembrava essere posseduto soltanto da rarissimi tra gli adulti che ci stavano intorno?

Quest'ultimi, tra di loro, dicevano «Mestre» come si dice una parola che alluda a cose segrete, in certo modo anche scandalose. Dicevano «Mestre» e sembrava che si scambiassero, quei compaesani adulti, coraggiosi e indubbiamente esperti, cognizioni relative a un immane pericolo dal quale era possibile scampare soltanto per un soffio, per un caso fortuito; pericolo, inutile dirlo, che si annidava, minaccioso, non soltanto nel luogo-Mestre, ma quasi nella stessa parola: «Mestre». Posto che fosse reale oltre che plausibile, per noi piccoli, dunque, Mestre era un mostro.

2. Era una città mostro, un organismo vivo di natura mostruosa, che le chiacchiere paesane in cui eravamo immersi (oggi si direbbe lo

story-telling) ci descrivevano, unanimi, come un luogo lontano, fosco: una città grigia, non bella, calda d'estate, umida di nebbia durante l'inverno, cementificata, attorniata da industrie, da scoli, da fumi, da draghi che sollevavano navi e container, che alitavano fiamme capaci di sciogliere il ferro e di trasformare la natura delle sostanze.

Poteva esistere, a voler essere ragionevoli, una città così? No di certo. Quel mostro di nome Mestre non poteva essere, invece, una falsificazione degli adulti del nostro paese? Una montatura. Un loro modo per dirsi qualcosa, oppure per tenere noi sull'allerta in merito a certe questioni, di cui eravamo però del tutto inconsapevoli.

3. Che potesse esservi di mezzo un minimo di alterazione, del resto, si poteva anche supporlo, dal momento che v'era pur sempre, nel nostro paese, per cominciare, il papà di Ivan, il quale si chiamava Denis. Girava con una Panda Van di color bianco sporco e lavorava con la Sip. Era un tecnico. Metteva le mani nei grovigli di cavi delle centrali telefoniche, monitorava le linee, collegava telefoni e cabine, giuntava fili.

Ma questo impiego di per sé tanto raro, anzi unico nel paese in cui vivevamo, era il meno. La cosa grande, sorprendente, segnalata, commiserabile, era quest'altra: come testimoniato dalla targa "Venezia" sulla Panda autocarro, il papà di Ivan, Denis, lavorava a Mestre. Prima di tutto, dunque, Denis era un coraggioso che tutti i giorni attraversava l'oceano frapposto tra il nostro paese e Mestre. Andava la mattina e tornava la sera, ed era incredibile vederlo, magari poco prima di cena, nel cortile di qualcuno o fuori di un bar, che parlava come niente fosse, ossia come tutti gli altri, e sapere che invece, quello stesso giorno, era stato al cospetto del mostro, e anzi come dentro le sue stesse viscere, ed era tornato in su.

Trovandosi a commentare la cosa, non pochi dicevano di Denis che lavorava a Mestre, «poveretto», sottintendendo con ciò che era uno più sfortunato degli altri, costretto ai chilometri e, soprattutto, a muoversi nella babele industriale, a gironzolare, forse spaesato, arreso, con la Panda Van, in quei dintorni del mostro, tra pianure, fabbriche, cementi e caos sempiterni. Alcuni, specie le donne, ossia le mogli del nostro paese, lo compativano apertamente per questa faccenda del lavoro a Mestre. Io, bambino, forse anche montato da queste donne che governavavano il nostro scibile etico, immaginavo con orrore le partenze del papà di Ivan, per andare in quella Mestre spaventosa, in quel luogo così terribile della cui esistenza non era dunque forse più lecito, mano mano che si cresceva, dubitare.

4. Non si poteva forse più dubitare dell'esistenza di Mestre. Ma della sua natura? Denis, che lavorava a Mestre, era un cosmonauta, un ricognitore *in partibus*, ai miei occhi di allora, e con il suo andare e tornare quotidiano comprometteva in qualche modo la credibilità di Mestre-mostro. Tuttavia il caso specifico di Denis, uomo allegro, sorridente, positivo, non scalfiva in alcun modo, e anzi paradossalmente consolidava, il teatro della città mostruoso che nel nostro paese veniva messo in scena allorché ci si trovasse a parlare di Mestre.

Vi fu poi un secondo ricognitore, di nome Massimiliano. Era venuto ad abitare nel nostro stesso condominio, su in mansarda, con la Susi sua morosa. Aveva una Renault 5 Sport, occhi azzurri e capelli rasati. Del resto, finanziere, faceva vita di caserma. Anche lui, orribile a dirsi, lavorava a Mestre. Per via dei turni potevi vederlo partire magari nella tarda mattinata, quando nel nostro paese si cominciava a mettere su l'acqua per la pasta, o sentirlo accendere la Renault in piena notte, mentre noi eravamo ben sotto le coperte.

Anche di Massimiliano si diceva con compassione, in paese, che, «poveretto», lavorava, va ben lontano, ma a Mestre. E cioè, fra tutti i possibili lontani, nel peggiore dei lontani (lontani nostrani, s'intende).

Secondo me Massimiliano non andava a Mestre tutti i giorni, come il papà di Ivan. Io credo infatti che ogni tanto dormisse in caserma. Il che era peggio ancora: dormire in una città mostruosa, e tanto più in una caserma, doveva essere, così pensavo, un'eventualità agghiacciante. Per quale motivo sennò, mi dicevo, Massimiliano è sempre così rattristato, o profondamente impensierito? Mi ero fatto l'idea, insomma, che a Mestre doveva esservi anche qualcosa come un'infelicità, che poteva penetrare gli animi.

5. Nel frattempo un giorno andai a Venezia con i miei genitori. All'andata dopo un po' di strada mi addormentai. Mi svegliai che eravamo fermi al parcheggio del Tronchetto. Misi piede sullo spiazzo d'a-

sfalto e vidi, di là della laguna, tutto quell'arsenale schierato di silos, ciminiere, gru, carroponti. Sembravano mostri in effetti. Ne avevano le posture, le espressioni, la stazza, la disumanità. Chiesi. Mi dissero che lì era Marghera, cioè Mestre più o meno.

Allora, dato per inteso che Marghera più o meno era Mestre, trassi le mie prime conclusioni:

a. Mestre esiste indubbiamente;

b. Mestre non è un mostro;

c. Mestre è una cosa di cemento, mattoni e ferro e assomiglia a tanti mostri messi insieme.

Al ritorno da Venezia, rimasi ben sveglio e passammo vicini a quelle bestie orripilanti di Mestre (cioè di Marghera). Mi fecero più impressione di Rialto, di San Marco, della Salute e compagnia bella. Poi, lasciati indietro questi mostri, ci infilammo nel labirinto degli svincoli, ben dentro un ingorgo di macchine e camion. Saltammo fuori, a un certo punto, sulla strada, amenissima, costeggiata da platani, che portava in su, verso Treviso.

Benché non si potesse dire che di Mestre avessi visto alcunché, tornai a casa con un'idea precisa: Mestre era la culla di un disordine sfuggente, aggravato dal fervore industriale, tra ciminiere e grandi silos, una città tutta periferia, e strade trafficate, svincoli, sottopassi, sovrappassi, ellissi. Viverci? Impensabile.

6. Sennonché, nel nostro paese, la Francesca, la quale era una ragazza sui diciotto anni, si diplomò geometra. La ricordo più che bene. I capelli corti. Il viso dolcissimo, tondo. Occhi chiari. Minuta. Silenziosa. Andava in moto. Bene. Questa Francesca veniva spesso a trovare un ragazzo mio vicino di casa, Gianluca, che era stato suo compagno di classe ai Geometri. Diversamente da Gianluca, che da geometra si fece muratore, la Francesca dopo il Geometri si iscrisse ad Architettura. Andò a studiare a Roma. Tornava nel nostro paese ogni tanto, e un saluto a Gianluca veniva a darlo. Mi stupiva e allarmava questa ragazza che tornava da Roma, quando la vedevo a parlare con Gianluca. Mi sembrava che il suo percorso segnasse una via da seguire, difficile ma necessaria e inevitabile. Lasciamo stare. Il punto è Mestre.

Per via, credo, della vecchia amicizia tra Gianluca e la Francesca, la madre di quest'ultima, non pochi anni dopo il diploma, venne un giorno a sfogarsi con la madre di Gianluca. Fatalità, ero lì anch'io e sentii ogni cosa. Sapevamo tutti benissimo che la Francesca, a Roma, lo scorso anno, si era laureata e sapevamo anche che la Francesca stessa era tornata nel nostro paese e che nel nostro paese, benché in via transitoria, avrebbe potuto continuare a collaborare con l'architetto Zugliàn (tant'è vero, aggiungo io, che fu lei, la Francesca, a disegnare la sezione dell'alzato per la nostra casa di Tomo).

La madre della Francesca, tuttavia, parlando con la madre di Gianluca, si dichiarò quel giorno «in angoscia». Il motivo? Questo: che la Francesca aveva trovato un impiego buonissimo, stabile, in un buonissimo studio di architettura, ed era una di quelle occasioni da non farsi scappare. Il fatto è che quello studio buonissimo e quell'occasione preziosa si trovavano a Mestre e che la Francesca, senza esitazioni, aveva deciso di andare a vivere a Mestre.

Sebbene fosse sensibilmente meno lontana di Roma, Mestre, per quello che essa, a cavallo tra l'esistente e l'inesistente, rappresentava nel nostro paese, precipitò la madre della Francesca nella disperazione e nell'angoscia: «Ma proprio a Mestre doveva andarmi?», la sentii dire. «Con tutti i posti possibili del mondo: proprio a Mestre doveva finire?». Finire, disse. Come se andare a Mestre fosse la fine.

7. Ecco. Nel mio mondo prealpino, e come ho detto, siamo a cavallo tra gli anni Ottanta e Novanta, Mestre, inspiegabilmente, era questa cosa qui. Se per noi, bambini e ragazzi, Mestre era come un mostro, per gli adulti evocava la paura e lo sconcerto nei confronti di un mondo che era colto come troppo diverso dal nostro per crederlo ragionevolmente abitabile. Mestre non poteva essere innocua. A Mestre poteva sempre capitare qualcosa.

Credo ora, ripensandoci, che Mestre, quassù nel nostro paese, prima che un luogo di cui si potesse fare concreta esperienza, fosse soltanto il nome dato a un concetto, a un'idea, alla metafora di qualcosa di malamente conosciuto, o perché no a una condizione di lontano e imprecisabile smarrimento, o paura.

Nasceva così una specie di terra d'oltremare riempita, anzi: letteralmente costruita, chiamando a raccolta i tratti negativi, e i correlati riflessi urbanistici e ambientali, propri dell'ordine economico-sociale contemporaneo. Era insomma l'ordine economico-sociale che nel nostro paese, allora, cominciava sì a intravedersi sempre meglio, ma che eran ben lontano dal diventare una realtà di oppressione e asfissia capace di appropriarsi del nostro quotidiano. E invece Mestre era il luogo (o la condizione) in cui ciò era già da tempo avvenuto.

Insomma: si diceva Mestre, nel nostro paese, ed ecco pronta la veduta della città addensata, cementificata, accecata, fumigata, attorcigliata dagli asfalti, dalle fabbriche, dalle imprese, dalla fatica, dall'ingiustizia, dalle malattie polmonari. Era una città da cui era bene guardarsi. Il modello negativo, la proiezione estrema della nostra potenziale parabola di sviluppo.

8. Ma perché Mestre? Perché non Padova o Vicenza, senza fare troppa strada? Non ne ho tuttora un'idea precisa, ma credo che possano essere prese in considerazione un paio di spiegazioni.

Dopo Mestre, innanzitutto, c'è pur sempre Venezia, e ho presente come in una certa casa del nostro paese ci fosse una signora che teneva proprio lì, sul tavolino del telefono, all'ingresso, la foto di lei e di suo marito in viaggio di nozze. Eccoli là: davanti alla basilica di San Marco. E anche mia nonna, di un altro paese non lontano dal nostro, ha sempre avuto piacere di ricordare il suo viaggio di nozze: a Venezia, anche lei, e per risparmiare mangiavano in una mensa anziché in ristorante.

Viaggi di nozze a parte, tutti quanti o quasi, nel nostro paese e nei suoi dintorni, diciamo dal secondo dopoguerra in avanti, tutti quanti o quasi, dicevo, prima o poi sono andati a Venezia. Magari una volta sola nella vita, o un paio di volte, ma si andava; e Venezia, si sa, è un altro mondo, è l'isola, l'acqua intorno, l'acqua in mezzo, i ponti, i canali e così via. Ma per raggiungere, dal nostro mondo, questo altro mondo, l'esotico qua vicino, Mestre, con Marghera sua sorella più rùspega lì accanto, era dogana inevitabile. Lì si passa con il treno, e da lì si prende il ponte che stacca attraverso la laguna puntando diritto su Venezia.

Voglio dire: due sposi del nostro paese che fossero andati a farsi il loro giro a Venezia, lasciato il nostro mondo di fondovalle, montagne e torrenti, usciti nella pianura di campagne, strade, paesi e qualche in fondo modesta città, prima di balzare nella perla della laguna, anzi quasi giunti in vista di essa, dovevano pagare una gabella emotiva passando per Mestre. Dovevano prima guardare le grandiose industrie. Le ciminiere. La proliferazione urbanistica. I carroponti. Le gru. Forse confondevano Mestre con Marghera, ma pazienza: per la mappa mentale del nostro paese erano, esattamente, la stessa cosa.

9. Potrebbe esservi poi una seconda spiegazione, di cui però non riesco ad avere una memoria particolareggiata. V'erano, nel nostro paese, un paio di famiglie che chiamavamo "i Veneziani". Erano Veneziani di Terraferma, è ovvio. La prima famiglia, quando io ero bambino e ragazzo, era già radicata in paese da un numero d'anni sufficiente a rendere la loro lontana origine perilagunare una faccenda ampiamente secondaria; essi stessi, i veneziani di questa prima famiglia, non ne parlavano affatto. Erano dentro le nostre cose e i nostri pensieri come chiunque altro. Ma che a loro tempo non abbiano proposto, essi, una qualche più o meno casuale propaganda negativa sul conto di Mestre?

L'altra famiglia di Veneziani, invece, era nuova. Era una coppia di neo-pensionati. Venivano, precisamente, da Mestre. Al loro insediamento in città, avevo una dozzina d'anni, sicché ho ricordi abbastanza precisi circa i racconti che i due neo-pensionati, marito e moglie, erano soliti offrire della città che avevano lasciato, e nella quale tornavano di tanto in tanto per i figli, già adulti, e per qualche faccenda cui tener dietro. Dicevano che quassù, nel nostro paese, c'era aria buona e laggiù, nella loro città, specie in certi giorni, un'aria irrespirabile. Quassù si poteva stare tranquilli e ascoltare gli uccelli, laggiù c'era sempre rumore, sempre da correre, e qualche passero troppo addomesticato alla vita urbana. Quassù, dicevano, è un altro vivere.

Non voglio dire che questa coppia di neo-pensionati sia la responsabile della pessima narrazione che, nel nostro paese, si era già ben prima di loro imbastita intorno alla realtà, o all'idea, di Mestre; voglio dire che forse, da qualche parte, poté incidere, in questa stessa narrazione, accanto alla raffigurazione prodotta da fuori Mestre, ossia da noi paesani, le raffigurazioni importate qua da noi, per così dire, direttamente dal dentro, ossia da Mestre (e dintorni).

Servirebbe, ma non ho tempo per farlo, uno studio puntuale sull'immigrazione, stabile o temporanea, nelle Prealpi bellunesi, dall'inizio agli anni Ottanta del Novecento, della categoria indicata *in loco* come "Veneziani" (ossia, per la gran parte, gente dell'antico Ducato marciano, dell'area metropolitana costiero-lagunare).

10. La prima volta che andai a Mestre non vidi Mestre. Vi arrivai infatti una sera di dicembre, intorno alle nove, con mio padre. Andavamo a Roma. Avevo undici anni e c'era un treno notte che faceva Mestre-Roma Tiburtina. Perciò arrivammo a Mestre, lasciammo la macchina in un parcheggio a pagamento custodito non lontano dalla stazione e poi si trattò di fare poche decine di metri, lì in zona ferrovia, ed entrare in stazione.

Certo che ho memoria di una certa qual curiosità spaventata nei confronti di Mestre, la città-mostro della cui esistenza, trovandomici dentro, avevo smesso di dubitare. Però c'era il treno. C'era da andare a Roma. Vuoi mettere? Roma. Mestre era l'ultimo dei pensieri.

Anche quando tornammo, così come alla partenza, non vidi Mestre. Un treno veloce preso nel pomeriggio, infatti, ci lasciò a Mestre alle 22. In quell'occasione, comunque, ebbi modo di consolidare un aspetto della narrazione su Mestre che avevo appreso nel nostro paese e di cui avevo già fatto esperienza qualche anno prima, tornando, come ho detto, da una gita a Venezia.

Parlo dello sgomento viabilistico. Mi sembrò ancora più sconcertante, stavolta, il gioco di strade, svincoli e sottopassi dentro il quale mio padre guidava pacifico, è vero, ma stando sempre bene in campana, per non sbagliare l'uscita, la svolta, il semaforo, o si sarebbe finiti dio sa dove. Forse a Trieste. O addirittura: a Rovigo.

11. Le cose non cambiarono affatto al mio primo consapevole viaggio a Venezia in solitaria, sui 16 o 17 anni. La vista, lungo la linea ferroviaria, dell'intorno di Mestre, mi riempì il cuore d'inquietudine. Mi sentii via via letteralmente sempre più minacciato da un pericolo incombente, che lasciò infine spazio a uno smarrimento assoluto, una volta che il treno si lasciò Mestre alle spalle e prese il ponte per attraversare la laguna.

A buttarmi dentro quell'ansia era stata una vista in particolare. Mi riferisco alla germinazione di condominii altissimi, non troppo nuovi né troppo vecchi, che si vedono sulla destra, ovverosia a Marghera, scendendo in treno da Treviso, ormai a ridosso della stazione di Mestre. Pensavo come fosse possibile viverci, lì dentro. Che genere di destini potessero compiersi in quei tristi appartamenti. Con quale animo se ne uscisse e vi si ritornasse. Che vista straziante potessero offrire quelle finestre. Cose del genere. In breve: il mondo di cui quei condominii erano espressione rappresentava per me, allora, quanto di più angosciante la vita potesse riservare.

12. Un paio d'anni dopo mi iscrissi all'Università. Scelsi Venezia per certe opportune ragioni. Mestre, per me, continuava intanto a essere la città-mostro, e però, ancora prima che io iniziassi quel genere di pratiche necessarie a trovare un posto in cui dormire, era sentire comune, tra gli studenti delle mie zone e le loro famiglie, sempre che non si trattasse di famiglie di larghe disponibilità, che a non voler fare tanto gli schizzinosi e a essere persone che avessero a cuore i sacrifici della famiglia, era pur sempre lodevole, per noi fuorisede, prendere affitto non a Venezia, ma a Mestre. Gli appartamenti in affitto costavano meno e la scomodità era non più che relativa: pochi minuti di treno o di autobus, ed eccoti nella perla delle lagune.

Venne dunque, anche per me, il momento di far fronte a questa eventualità: Mestre, con un poco di sollievo economico della famiglia, o Venezia? Rifiutai nella maniera più categorica e villana. Mestre? Mai. Pendolare piuttosto: un abbonamento annuale del treno e 180 chilometri al giorno, 90 in andata e altrettanti al ritorno. Tutti i giorni, col vento, con la pioggia, con la neve e con il sole. Ma a Mestre, no. E perciò, è ovvio, fu Venezia (Calle Lunga San Pantalon).

13. Ogni tanto, dalle Fondamenta Nuove, vedevo degli strabilianti tramonti accendersi ben tesi sull'arco Marghera-Mestre-Tessera. Dicevano alcuni studenti che quei colori stupendi, come risaputo, erano determinati dall'inquinamento di Mestre, ossia di Marghera, dalle emissioni chimiche, dai vapori, dai petroli, dai particolati sospesi per aria. Continuavano dunque a non esserci ragioni per mettere in dubbio alla radice quella brutta fama di Mestre, città da girarci al largo, che avevo fatto mia dai tempi del nostro paese e a cui continuavo a tenere fede. Era così. Punto.

Però pian piano cominciavo a comparare questa città innominabile, dico Mestre, con altre che avevo nel frattempo avuto occasione di vedere. Mestre doveva essere un po' Genova e un po' Padova. Di quest'ultima aveva la pericolosità intrinseca, la delinquenza tossica nascosta ai crocicchi. Di Genova aveva la crosta portual-industriale, ma non lo scoscendimento del darsi della terra al mare. Ma era anche un po' Milano, per via dell'affastellarsi, qui sulla laguna come nel cuore della Lombardia, dei centri direzionali di alcune celebri aziende, e, soprattutto, per via dell'addensato urbanistico e viabilistico. Erano così diversi, in fondo, i palazzoni lungo ferrovia di Mestre-Marghera e i palazzoni di Sesto San Giovanni o Cinisello?

In breve, vuoi per debolezza caratteriale, vuoi perché avevo altro a cui pensare, vuoi infine per un'inconsistente e sciocca scaramanzia cui mi ero votato, riuscii a non metter piede a Mestre per tutto il tempo della cosiddetta Laurea Triennale.

14. Come capita (o capitava allora?) in quegli anni formidabili in cui si studia da fuorisede, ogni giorno, pur di volerlo, c'è modo di imparare qualcosa che se va bene allarga lo sguardo e se va benissimo ti offre una strada. Un pomeriggio, insomma, in biblioteca a Venezia, inciampai nella rivista «Altrochemestre». Ironia della sorte: giunsi a quella rivista poiché essa aveva ospitato anni prima l'intervista a un poeta che viveva in un paese attaccato al mio. Dalla rivista «Altrochemestre», che lessi in biblioteca un numero dopo l'altro, finì che conobbi Piero Brunello, che della rivista era una delle anime assieme a Luca Pes, e quindi, a ruota, l'associazione *storiAmestre*. Ma sono cose di cui ho già scritto altrove, e non voglio ripetermi.

Il fatto è un altro. Cominciai a leggere e ad ascoltare con molto interesse e grande curiosità quel che i miei amici scrivessero o dicessero di Mestre. Guardavo con animo via via meno inquieto i palazzoni di Marghera, che per me erano comunque un sigillo di Mestre. Imparavo che Mestre era un goniometro. Imparavo che "dentro" Mestre c'erano posti diversi, come ad esempio Zelarino. Conoscevo persone che avevano, a Mestre, morose, amici, figli, librerie. Venni anche a conoscenza del fatto che Mestre non era affatto una villafranca venuta su in un secolo scarso a suon di pionieri industriali, ma una città, come si suol dire, con i suoi pregressi storici.

Eppure Mestre restava ciò nonostante la città innominabile della mia infanzia, la città da cui guardarsi, e continuavo a non metterci piede. Poi capitò che venni invitato a parlare a un convegno che si svolgeva a Mestre.

E così venne il giorno in cui uscii dalla stazione di Mestre e presi dritto su per via Piave, pronto a esplorare la città-mostro, con le mie gambe e i miei occhi.

15. È così che prima o poi si regolano i conti con le paure, con l'ignoranza e con i perimetri delle cose che si sono appresi da bambini e da ragazzi. Si va a vedere con i propri occhi, e ci si fa un'idea.

Era un principio fondamentale, questo dell'andare a vedere, che sapevo da un pezzo. L'avevo letto infatti ben chiaro (sarà mica un caso) in uno scritto di Piero Brunello che si trova ora in questo libro alle pagine 25-27: *Lettera a Erodoto*. Dice questo principio che «se uno vuol conoscere un luogo o una situazione, va a vedere di persona».

Ma un conto è saper ripetere, o dire con altre parole, una cosa che si è appresa da qualcun altro, e un conto è saperla e sentirla dentro di sé, innestata, combinata con il nostro essere.

Solo il giorno in cui andai a Mestre, insomma, compresi e feci mio, nel senso più altruistico del termine, quel semplice passo della *Lettera a Erodoto*. Andare a vedere, di persona. Non accomodarsi nelle narrazioni confezionate al tavolo. Vedere, e registrare. Ed è una cosa, questa, che a me sembra vera, necessaria, ogni giorno di più.

16. Com'è naturale sono poi tornato a Mestre più e più volte. Vi ho presentato i miei libri. Ho fatto compere. Ho consultato biblioteche. Ho mangiato in eccellenti pizzerie o ristoranti. Ho bevuto qualche ombra in piazza Ferretto. Mi sono fatto accompagnare a vedere Villaggio San Marco. Sono andato a casa di amici. Vi ho anche sostenuto quattro attempati e stupidissimi esami universitari per poter accedere all'insegnamento scolastico.

Tuttavia basta un sia pur minimo imprevisto, come ad esempio il tempo che da bello diventi brutto, o che salti fuori non dico un temporale, ma una pioviggine appena appena, e a me pare che Mestre, quel vecchio mostro di quando ero piccolo, rialzi un poco la cresta, e ributti fuori qualcosa delle vecchie sgrinfie.

Del resto quel vecchio ritratto paesano di Mestre città-mostro può essere rovesciato, abbattuto, ma non può essere sgretolato o annientato. Certe cose, e segnatamente quelle narrate, sono sieri che magari col tempo si diluiscono, ma non si espurgano del tutto. Rimane appunto il retrogusto, poco più di una nota forse. Ma c'è.

17. A ogni modo, anche ammettendo il persistere di qualche ombra della vecchia inquietudine, Mestre, la città-mostro della cui esistenza, da bambino, ritenevo giusto, o meglio prudente, dubitare, fa parte ormai della geografia che mi orienta, e non di quella che mi disorienta. Ne ho avuto una prova poche settimane fa.

Tornavo in aereo da un viaggio, ed era notte fin dall'imbarco. In un primo momento andavamo sopra profondissime, ma piuttosto rade, costellazioni di luci terrene, di paesi, città, strade, sparpagliate in regioni che ignoravo del tutto. Poi le luci scomparvero all'apparire del buio liquido del mare. Poi ricomparvero, più numerose di prima, su di una distesa di luoghi a me appena-appena meno incogniti dei primi. Quindi le luci scomparvero di nuovo. Vennero inghiottite un po' alla volta da nubi spesse, eppure, dall'interno, tutt'altro che dense, che venivano accese ogni tanto da qualche fulmine o spostate da gran soffi di vento.

Quando finalmente, con l'aereo che stava pian piano riavvicinandosi a terra, uscimmo fuori da questi vapori ciechi, vidi fiorire, poche centinaia di metri sotto di me, calde, gialle, arancioni e rosse, proprio sotto, le luci di Mestre e quelle di Marghera.

Eccoci a casa. Così mi sono detto, ed è stata perciò, più o meno, una bestemmia: come se simili cose potessero essere fino a tal punto relative. Deve essere tuttavia scattato un qualche strambo, ma sincero, automatismo; non saprei dire se di natura logica, emotiva o chissà cos'altro. Fatto sta che da quelle sottostanti luci nella notte venne su il conforto esatto di quando davvero si giunge in vista di casa: una stranezza di cui non so darmi tuttora una valida spiegazione.

Notizie sui testi e sulle illustrazioni

Ai testi pubblicati nel Quaderno n. 17 di storiAmestre, *Mestre è un goniometro. Note, incontri e sopralluoghi* (2019) sono qui aggiunte l'*Introduzione*, la *Postfazione* di Matteo Melchiorre e undici interventi (*Due modi di giocare a calcio*; *Catechismo veneto*; *Gita fuori porta per la Pedemontana Veneta*; *Quartieri invisibili, città immaginate*; sei interventi nella sezione "Archivi domestici"). Di seguito i luoghi dove i testi sono apparsi per la prima volta, ad esclusione naturalmente di quelli nuovi, con minime modifiche e correzioni, oltre ad alcune notizie relative alla loro composizione. Tutti i link sono stati consultati l'ultima volta il 16 maggio 2023.

Lettera a Erodoto

«Altrochemestre. Documentazione e storia del tempo presente», 4, 1996, p. 58.

Dubbi sull'esistenza di Mestre e prove della sua inesistenza

«Oltre il ponte», VIII, 1990, 31, pp. 147-161.

Il testo nacque da conversazioni con Bepi Molin in vista di un discorso da tenere presso il Centro Civico di Carpenedo-Bissuola il 19 aprile 1990 per l'uscita dei primi due volumi di storiAmestre, (*Mestre infedele*, cit.; *La città invisibile*, cit.).

Non era pensato per la stampa. Fu Bruno Anastasia, presente all'incontro, a ospitarlo nella sezione «C'è dell'ordine in questa follia» della rivista «Oltre il ponte».

È apparso poi in appendice a *Mestre finestre e controfinestre. Canzoni scritte e cantate da Gigio Brunello. Parole di Gigio Brunello, Piero*

Brunello, Bepi Molin. Arrangiamenti di Gabriele Florettini, con una sua canzone. Illustrazioni di Gyula Molnar, Stamperia Cetid, Mestre 1993, pp. 34-41, e ancora online in storiamestre.it, 20 febbraio 2009, <https://storiamestre.it/2009/02/dubbiesistenza/>, con qualche taglio alla *Premessa*, troppo legata all'occasione. Quest'ultima è la versione che qui si ripropone.

Al posto del posto
In *Mestre finestre e controfinestre,* cit., 1993, pp. n.n.

L'ordine della città metropolitana
Prefazione in Beretta, *Fare ordine nella città*, cit., pp. 9-15.

Archeologia
Testo dell'intervento tenuto sotto il titolo *Mestre, esempio di ordine urbanistico e sociale* nella serie di incontri promossa dagli Itinerari educativi del Comune di Venezia, *Paesaggi urbani del Novecento. Case, interni, orti e condomini*, presso il Centro di documentazione educativa, in via Pio X, n. 4, Mestre, 27 novembre 2003.

L'aria di Marghera
Appunti, 2002.

Mestre è un goniometro
Testo dell'intervento tenuto il 10 novembre 2007, presso la sala consiliare della Municipalità di Chirignago Zelarino, nell'ambito dell'incontro *Sguardi sulla città. Atlanti, confini, immagini e documenti per un archivio sulla città contemporanea*, che accompagnava l'inaugurazione del «Centro di documentazione sulla città contemporanea», online in storiamestre.it, 17 aprile 2009, <https://storiamestre.it/2009/04/mestre-e-un-goniometro/>.

La città-macchina
Online in storiamestre.it, 7 giugno 2009, <https://storiamestre.it/2009/06/le-fortificazioni-sono-concepite-per-essere-future-rovine/>, con il titolo *Le fortificazioni sono concepite per essere future*

rovine, in occasione della terza edizione (2009) del volume *I forti di Mestre,* cit.

I punti 2 e 3 sono ripresi da *L'immaginario degli ingegneri militari*, scritto in occasione della seconda edizione del libro (Cierre, Sommacampagna, Verona, 1997), pubblicata allora nel sito del Coordinamento per il recupero del campo trincerato di Mestre, non più consultabile.

La ballata di Giacomo De Lazzari

In *Mestre finestre e controfinestre,* cit., 1993, pp. n.n.

Pensieri nati nei sopralluoghi in bicicletta, prima della costruzione della bretella per l'aeroporto, nei paesi dove visse Giacomo De Lazzari, sulle cui vicende scrissi *Emigranti*, in *Storia d'Italia Einaudi, Il Veneto,* a cura di S. Lanaro, Torino 1984, pp. 579-634.

Mestre da Fort Alamo alla stazione

«Altrochemestre. Documentazione e storia del tempo presente», 1, primavera 1994, pp. 36-37.

Montaggio di brani tratti da alcune interviste ad Antonio Pelosi nei primi mesi del 1993, nate dopo aver letto negli appunti autobiografici che Antonio mi aveva permesso di vedere: «Siamo un esercito di fantasmi silenziosi che si aggirano giorno e notte per Mestre»; e più avanti: «In un bar di Mestre. Davano ai barboni tazze con striscia rossa, per i borghesi tazzine di lusso. Nessuno se ne accorgeva».

Radio libere

Testo dell'intervista di Piero Brunello e Claudio Zanlorenzi a Loris Bertocco, ottobre 1999, pubblicata in Piero Brunello, *Storia e canzoni in Italia: il Novecento*, con allegati due cd di canzoni a cura di Antonella De Palma e Cesare Bermani, Comune di Venezia-Assessorato Pubblica Istruzione-Itinerari Educativi, Venezia 2000, pp. 324-328; ripubblicato online in storiamestre.it, 12 ottobre 2017, <https://storiamestre.it/2017/10/suonifinesecolo/> per ricordare Loris Bertocco, appena scomparso (1958-2017). Loris ha scelto di morire in una clinica di Zurigo l'11 ottobre 2017.

Lavorare in nero, dormire nei treni

Testimonianza raccolta nell'aprile-giugno 1993, pubblicata con il titolo *Un rumeno in Italia. Intervista di Piero Brunello a Ovidiu P.*, in «Altrochemestre. Documentazione e storia del tempo presente», 2, autunno 1994, pp. 4-6, Sono state corrette le oscillazioni tra «rumeno» e «romeno», preferendo la forma prevalente nell'originale, ovvero «romeno».

Treni per Porto Marghera

Brani tratti da una dozzina di interviste a ex operai di Porto Marghera condotte a Meolo nei primi mesi del 2009 da Piero Brunello e Mario Davanzo;, svolte in dialetto da Piero Brunello e trascritte in italiano da Mario Davanzo; la scelta di brani che qui si pubblica è online in storiamestre.it, 30 aprile 2017, <https://storiamestre.it/2017/04/turnisti-pendolari-raccontano/>. Sulla base delle interviste venne realizzato il video *Come sono diventato operaio a Porto Marghera. Interviste a Meolo (2008-2009)*, presentato al convegno *Movimento operaio: storiografia e nuove prospettive* promosso da storiAmestre il 29-30 maggio 2009 al Centro Candiani a Mestre.

Non gelosia, ma onore

Intervento tenuto il 14 novembre 2009 in occasione della presentazione di Lucio Sponza, *L'onore e la legge. Un dramma d'amore a Venezia (1924)*, quiedit, Verona 2009 (Quaderni di storiAmestre, 9, inverno 2008-2009); online in storiamestre.it, 17 settembre 2010, URL <https://storiamestre.it/2010/09/gelosiaonore/>, con il sottotitolo *Sul Quaderno di Lucio Sponza.*

Per Arnaldo Checchin

Discorso in occasione dello scoprimento presso il Forte Mezzacapo a Zelarino (Venezia) il 5 novembre 2017 di una targa per Arnaldo Checchin, un giovane soldato di Trivignano, mandato a morte per fucilazione a Noale dopo processo sommario, cioè senza processo, l'8 novembre 1917, pochi giorni dopo Caporetto.

Come nasce un «campo profughi»

Intervista, maggio 1995, in preparazione del convegno promosso da storiAmestre e dalla rivista «Altrochemestre. Documentazione e storia del tempo presente», *Campi profughi a Mestre e in Italia. Storia e progetti (1992-1995)*, Mestre 2-3 giugno 1995, del volume *Urbanistica del disprezzo. Campi rom e società italiana*, a cura di P. Brunello, manifestolibri, Roma 1996, e del saggio *Oralità e urbanistica del disprezzo. A proposito del rapporto tra zingari e città*, in *Introduzione alla storia orale*, II, *Esperienze di ricerca*, a cura di C. Bermani, Odradek, Roma 2001, pp. 135-145.

Babbo Natale sulle scale mobili di Coin

«Altrochemestre. Documentazione e storia del tempo presente», 5, 1997, pp. 61-62.

Catechismo veneto

Intervento al convegno «Identici a chi?», Mestre, 31 marzo 2001, in *Identici a chi?* cit, pp. 31-33; ripubblicato tranne il periodo finale. Ho modificato il brano iniziale per rendere comprensibili riferimenti che al convegno potevano essere colti facilmente.

San Nicolò a Mestre

Online in storiamestre.it, 8 dicembre 2012, URL <https://storiamestre.it/2012/12/sannicolo/>.

Uscito sotto il titolo *Riti, ricordi e filastrocche. Ancora su Sannicolò*, presentato come lettera alla redazione del sito firmata con lo pseudonimo Giacomo Dall'Agnol.

Prima del Villaggio

Brani da un'intervista di Gian Pietro Francescon e Lucio Brunello a Luciano Schio, all'aperto in via Vittoria in Villaggio San Marco, 28 settembre 2021; come quelle successive, l'intervista qui trascritta in italiano si è svolta in dialetto.

Bambine

Brani da un'intervista di Gian Pietro Francescon e Lucio Brunello a Anna Maria [detta Diana] Marzo, all'aperto in corte Lunardo in Villaggio San Marco, 21 settembre 2021.

Da una camera in affitto a una casa
Brani tratti da pagine di ricordi di Egidio Brunello (1992-2000).

Mio papà Tonìn. Storia di un subaffitto
Brani da un'intervista di Lucio e Piero Brunello a Luciano Zennaro, panchina davanti a Corte Rosaura in Villaggio San Marco, 23 settembre 2021.

Ricordi di famiglia, con l'aiuto di una zia
Discorso di Giannarosa Vivian all'incontro promosso da storiAmestre, «A che cosa si pensa quando si dice la parola "Mestre"»?, Centro Civico in via Sernaglia, Mestre, 18 dicembre 2003.

Gli arsenalotti e il pullman rovesciato
Brani da un'intervista di Gian Pietro Francescon e Lucio Brunello a Vittorio Norsa, all'aperto in piazzetta Canova in Villaggio San Marco, 12 luglio 2021.

Pionieri
«Altrochemestre. Documentazione e storia del tempo presente», 4, 1996, pp. 10-11.

Uomini in fabbrica, donne in casa, bambini all'aperto
Brani tratta dalla *Relazione sul metodo adottato e sui risultati ottenuti per determinare le caratteristiche di un quartiere residenziale per lavoratori nella zona industriale di Marghera*, di Giuseppe Samonà. Venezia 16 giugno 1947; manoscritto in Iuav-Istituto Universitario di Architettura di Venezia, *Fondo Samonà Giuseppe e Alberto*, fasc. "Inchiesta tipo per determinare le caratteristiche di un quartiere di abitazione nel centro industriale di Marghera"; trascrizione di Mario Tonello; la relazione comprende 10 pagine.

Spazi verdi in città
«la Nuova Venezia», 19 marzo 1986, sotto il titolo *Navigatori certo,*

ma anche contadini. La difficile tutela delle vocazioni agricole in zone altamente urbanizzate. Una pubblicazione del «Bollettino economico» del Comune di Venezia offre punti di riflessione.

Per un museo del Novecento

Testo della relazione al convegno *Un museo a Mestre? Per un museo del Novecento* promosso da sAm presso il Municipio di Mestre, via Palazzo a Mestre il 28 giugno 1996, in *Un museo a Mestre?*, cit., pp. 15-23.

Una città disciplinare

«Terra d'Este. Rivista di storia e cultura», a. XIV, 2004, n. 27/28, pp. 161-7.

Un museo non sono cose da vedere, ma un modo di vedere le cose

Testo dell'intervento all'incontro pubblico tenutosi il 16 maggio 2009 al Centro Culturale Candiani di Mestre sul tema *Quale museo del 900 a Mestre? Temi, archivi e immagini della città*, in storiamestre.it, 6 giugno 2009, <https://storiamestre.it/2009/06/un-museo-non-sono-cose-da-vedere-ma-un-modo-di-vedere-le-cose/>.

Gli spazi pubblici non sono di proprietà delle giunte comunali

Testo del discorso tenuto – sotto il titolo *Gli spazi urbani* – all'incontro «Quartieri in movimento. Appunti per la città che vogliamo», 12 aprile 2019, presso la Sala del Consiglio di Municipalità di Zelarino, in storiamestre.it, 15 aprile 2019, <https://storiamestre.it/2019/04/spazi-pubblici/>.

Polvere della storia e gerarchie dell'archivistica

Intervento tenuto il 14 maggio 2015, in occasione della riapertura della sede dell'Archivio di Stato di Venezia alla Giudecca; online in storiamestre.it, 21 maggio 2015, <https://storiamestre.it/2015/05/polvere-e-gerarchie-asv/>, con il sottotitolo *Studiare l'Ottocento e il Novecento all'Archivio di Stato di Venezia.*

Gita fuori porta per la Pedemontana Veneta

Comprende tre scritti sulla superstrada veneta, con qualche taglio: *«Paroni a casa nostra». La superstrada Pedemontana, la gestione del denaro pubblico e i rapporti tra istituzioni e cittadini*, <https://storiamestre.it/2016/11/la-superstrada-pedemontana/>, 14/11/2016; *«Paroni a casa nostra». Costi e oneri della superstrada pedemontana*, URL <https://storiamestre.it/2018/01/paroni-a-casa-nostra-2/>, 10/01/2018; *«Paroni a casa nostra». Che legalità, che paese, e che strade? Torniamo sulla Pedemontana Veneta*, <https://storiamestre.it/2018/10/paroni-a-casa-nostra-3/>, 11/10/2018.

Quartieri invisibili, città immaginate

Comprende *Quartieri invisibili, città immaginate. Considerazioni a partire dall'assemblea del Villaggio San Marco (3 maggio 2021)*, <https://storiamestre.it/2021/05/quartieri-invisibili-citta-immaginate/>, 11 maggio 2021, e *In attesa di altre voci. A margine di un commento dell'assessore all'Urbanistica del Comune di Venezia*, <https://storiamestre.it/2021/07/in-attesa-di-altre-voci/>, 6 luglio 2021.

Via Fratelli Bandiera

«Altrochemestre. Documentazione e storia del tempo presente», 1, primavera 1994, pp. 12-13.

Due modi di giocare a calcio

«Altrochemestre. Documentazione e storia del tempo presente», 6, primavera 1998, pp. 33-34.

Bossi, zaini e panini

«Altrochemestre. Documentazione e storia del tempo presente», 5, 1997, pp. 53-56.

Culti domestici

Online in storiamestre.it, 11 febbraio 2013, <https://storiamestre.it/2013/02/oggetticulto/>.

Tranne il primo capoverso, che descrive la composizione, il testo riprende *Si comincia con una fotografia / It begins with a photograph*, in Maria Morganti, *Un diario tira l'altro. Diari incrociati / One diary leads to another. Crisscross diaries*, Corraini, Mantova 2010, pp. 45-46. Si ringrazia Maria Morganti per averne permesso la pubblicazione.

La Curva Sud dello stadio Penzo

In Filippo Benfante, Piero Brunello, *Lettere dalla curva sud. Venezia 1998-2000*, Odradek, Roma 2001, pp. 9-17 (testo del capitolo *Geografie*, con l'omissione dell'esergo e delle «letture» di fine capitolo).

Un 25 aprile a Mogliano Veneto

Online in storiamestre.it, 27 aprile 2010, <https://storiamestre.it/2010/04/25aprilemogliano/>.

Firmato con lo pseudonimo Antonio (Toni) Scanferlato.

Elenco delle illustrazioni

p. 140 *Baraka gde živi dete od 7 meseci / Baracca dove vive un bambino di 7 mesi*, Mostra allestita per il convegno "Campi profughi a Mestre e in Italia. Storia e progetti (1992-1995)", Mestre 2-3 giugno 1995, foto di Fabio Brusò.

p. 156 Terreno dove sarebbe sorto il campo della squadra di calcio "Real San Marco", primi anni Sessanta (1964?), Archivio di famiglia Lucia Gianolla.

p. 164 Due bambine, Villaggio San Marco, sullo sfondo l'osteria della Veronica, 1962, Archivio privato.

p. 181 "Chiesa baracca", Villaggio San Marco, anni Cinquanta, Archivio della parrocchia di San Lorenzo, copia in Archivio Laboratorio Mestre Novecento.

p. 184 Villaggio San Marco, foto s.d. in Archivio Ater, copia in Archivio Laboratorio Mestre Novecento.

p. 199 Acquarello di Gigio Brunello, copertina di «Altrochemestre. Documentazione e storia del tempo presente», n. 1 (1994).

p. 210 Manifestazione, 1 agosto 1968, foto di Enzo Manderino, copia in Archivio Laboratorio Mestre Novecento.

p. 252 Il percorso della superstrada Pedemontana Veneta, da un articolo pubblicato nel gennaio 2012 sul sito <https://geograficamente.wordpress.com>.

p. 262 Via Fratelli Bandiera, cartolina illustrata, 1978.

p. 282 Disegno a matita di Lanfranco Lanza, rielaborazione della foto pubblicata in storiamestre.it, 11 febbraio 2013, URL <https://storiamestre.it/2013/02/oggetticulto/>.

Indice dei nomi

DICEMBRE 2023

CIERRE GRUPPO EDITORIALE
via Ciro Ferrari, 5
37066 Caselle di Sommacampagna, Verona
www.cierrenet.it

Stampato da
CIERRE GRAFICA
tel. 045 8580900 - fax 045 8580907
grafica@cierrenet.it

per conto di
CIERRE EDIZIONI
tel. 045 8581572
edizioni@cierrenet.it

distribuzione libraria a cura di
CIERREVECCHI SRL
via Breda, 26
35010 Limena, Padova
tel. 049 8840299 - fax 049 8840277
fornitori@cierrevecchi.it